U0067892

歲月不靜好

人權衛士說中國

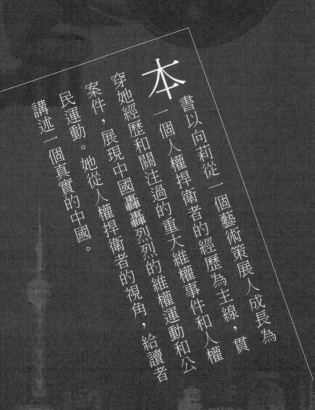

本書以向莉從一個藝術策展人成長為一個人權捍衛者的經歷為主線，貫穿她經歷和關注過的重大維權事件和人權案件，展現中國轟轟烈烈的維權運動和公民運動。她從人權捍衛者的視角，給讀者講述一個真實的中國。

向莉 著

此書獻給所有的中國人權捍衛者

感謝 Robert Shaw 對此書的貢獻

此書得到了來自美國勞改研究基金會的部分財政資助

目錄

序一

這裡的葡萄還是生脆的

蘇曉康

　　她是一個七〇後，出生在文革結束那年；而九〇年代中國的"起飛"，則註定要塞給他們一個"歲月靜好"，雖然她不一定熟悉張愛玲，因為她讀美術史，出來教書和經營畫廊。一個辦畫展的，大概不會是"蟻族"，更不屬於"弱勢群體"，不知為啥藝術卻拴不住她的心，也許互聯網轟毀了她的"洗腦三觀"，也許丁志健之死驚破了她的平靜，總之她在象牙塔裡醒來，一發不可收拾。她這種人，若生在四十年代，大概會投奔延安，當時稱為"理想主義者"，然而現在他們自稱"人權捍衛者"，在中國是異類、稀罕、危險，卻絕對前衛，雖然她"幹革命"時不慎讓愛犬"奧巴馬"誤食毒藥而亡，被員警追蹤之際還不忘抱走黑貓"黑澤明"。

　　我秉承對自己內心的承諾，要為人權盡點棉薄，2014年初飛往亞洲某熱帶雨林都市，雖然我的傷殘之妻，搭乘飛機已頗艱難，我也只有扶攜她同行，只為那邊的一個"人權捍衛者"培訓班。在那裡我遇到了從國內出來的一批傳奇人物，不管是律師、訪民代表、拆遷受害者、女權NGO、個體維權者，個個都是一身風采，人人擁有一部精彩傳說，如一位人稱"大姐"的幹練領頭人、一個反叛的法官、一位社會運動研究者、一個因參加"讀書會"而被判刑十年的大學生、一個自稱"達蘭沙拉異見者"流亡藏人等等，其中就有這個女孩叫向莉，留著很長的頭髮。由國際專業人士對他們做培訓之外，他們還做"模擬庭審"、收集"黑監獄"證據、擬寫"民間報告"、網路技術、自我保護等實際操作。

我津津有味在旁觀察，課餘也跟不少人閒聊，通過他們瞭解中國，常常一聊就到深夜。我跟他們大部分人，從此難得再見面，因為他們都堅守在裡面，不輕易出國的。可是向莉卻成了一個例外，其中緣故她也寫在這本書裡：

　　「天津國保隊長人挺橫，瞪著眼睛跟我說："你別以為我們不知道你來天津幹嘛的！趕緊說！"我說："我是中國公民，想走到哪就走到哪，這是我的自由！我不能來天津嗎？哪條法律規定我不能來天津？"國保隊長又問："這兩天你住在哪裡？"我說："我住在天津海河邊上的長椅上。"我必須保護幫助我的天津朋友。他們說："我們不信。"我說："彼此彼此，你們說的話我也一句不信！"國保不知道從哪裡翻出一張我與《河殤》的作者蘇曉康先生的照片，他們指著照片問我："你什麼時候認識他的？"我說："不記得是在哪碰到的帥哥。我看他挺帥，就合了一張影！"那個國保隊長惡狠狠地說："把手機密碼交出來！"我說："絕不給！這是我的隱私。有本事你們把手機砸了，回頭你們賠我新手機。"」

　　這些年我會不定期參加人權培訓活動，常常臨時起一個名字，為了不給國內出來的人添麻煩，況且我去國已多年，"幾〇後"的年輕人不認識我。有一次在歐洲，我給他們講方勵之八九年在北京被員警圍堵的故事，我說方勵之後來跟我描繪他們當時的感覺："就像在荒野裡被一群狼圍追堵截"，這個形容給我印象深極了，我也把它傳遞給今天的人權捍衛者們，我說"荒野的感覺"，也會擴展到你們身上，包括國內無數維權律師、異見知識份子、訪民、民營老闆，甚至主張復辟文革的左派們。但是，我完全沒有料到向莉遭遇的情形。她一旦被打上這個符號，在國內就沒有安全了。

她從雲南的一個邊陲城市，"通過秘密方式跨越中國國境，進入東南亞某國的莽莽叢林裡，由此正式踏上逃亡之路"，但是在泰國她被"告密"而落入移民監獄，她心愛的一頭長髮也險些被獄方強行剪掉，但是她卻在極壓抑的環境中，靠著信仰的支撐保持快樂和平靜，那頭髮竟然沒有長出一根白髮。他們是坐牢要哼曲寫詩的一代人，她的一首詩結尾寫道：

　　從洱海到依江
　　從蒼山到金塔
　　你說快來吧
　　這裡的葡萄已經熟透

七〇後來到我們的流亡群落裡，顯示中國的政治壓制已經蔓延到新一代人，這恰好反映了更多的世代在覺醒。對向莉而言，流亡是新的挑戰，"這裡的葡萄還是生脆的"，但卻是一個全新的天地，她還年輕。

2020 年 4 月

序二

反抗的詩情畫意

夏明

　　向莉屬於"毛後"時代成長的一代，在我眼中是一個年輕女性反叛者。作為一個人權活動積極分子，她的自傳體回憶錄《歲月不靜好》通過自己參與"新公民運動"、"建三江事件"等重大社會運動和人權抗爭事件，向讀者呈現了中國在 2012 年後出現的一批維權律師、上訪訪民和人權捍衛者在習近平執政後抗爭、維權的可歌可泣的行動，以及後來他們被捕、被迫逃亡直至"709 大鎮壓"的紅色恐怖。

　　由於我長期關注中國的政治發展，尤其是其民主化過程，有機會閱讀了不少民主運動人士、人權活動積極分子的個人敘述、回憶錄，還是比較熟悉中國大地過去 70 多年（我必須指出八十年代的中期有過一個"小陽春"）飛揚跋扈和無處不在的邪惡。我現在主持的勞改研究基金會曾出版和收集的《黑色文庫》近 40 本著作足夠令人窒息，甚至讓人感到中共專制暴力的肆意妄為令今人無處可逃、令人絕望，也可能令人瘋狂。在向莉投身於人權抗爭活動之前，維權活動和《零八憲章》運動都已經發動起對中共專制利維坦的正面交鋒。我讀到、評過徐友漁、華澤主編的《遭遇員警》，這是對"政法王"周永康維穩體制的個人和系統控訴，而向莉的著述是對習近平治下"沒有薄熙來的薄熙來路線、沒有周永康的維穩體系"的血淚記錄和控訴揭露。對此我不想多談，讀者自然會慢慢讀到，而這裡只引用一件事來反映中共暴政的邪惡：在前往黑龍江建三江農墾局幫助解救受關押的法輪功信徒時，維權律師肉體受盡酷刑折磨，"統計起來，四位律師在醫院的檢查結果是他們總共被打折了 24 根肋骨，分別是唐吉田 10 根、江天勇 8 根、王成 3 根、張俊傑 3 根。有人說，中國走向法治的道路是律師們用一根根肋骨鋪就的！」而據作者說，建三江那片黑土地是中國最早見到太陽的地方！因為那也是我從未走訪過的祖籍地，我也希望有一天自由民主法治的太陽最早在那裡升起。

在過去十來年的時間裡，兩篇記述在中國維權經歷的文字讓我潸然淚下、唏噓不已：華澤的《飄香蒙難記》，作者以「靈魂飄香」的筆名記述劉曉波獲得諾貝爾獎後她被蒙「黑頭套」遭綁架的經歷。眼前向莉的著作也讓我看到一位有靈魂、有尊嚴、有創意的女性的反抗。兩位「北漂」立足北京的職業女性都記錄了他們被綁架時，男性員警對著她們的臉噴吐香煙。作為中央美術學院培養的藝術家、詩人、策展人向莉（她的網名包括「向莉在舞蹈」，「天使向莉」），她在書中更多展現了她的反抗者的想像力，她的「樂活」理念——「快樂維權」。「快樂維權」賦予了「人權抗爭」主題的交響樂以新風格，更是充滿詩情畫意。即便在 2017 年 7 月出逃前夕最黑暗的夜晚，她留下的一份「不自殺聲明」也寫道：「本人性格開朗、樂觀，熱愛生活，不會自殺。」。

閱讀中共當下的人權迫害，你不會期盼，一個令世人仰慕的年輕職業女性，面對人類歷史上第一極權暴政怪獸（向莉叫它「利維坦」，從人口、土地和經濟能量來看都是前所未有的），該書的作者會有下面的描述：

2011 年，中國的「茉莉花革命」湧現出的一批人權鬥士激發起了她的熱情和想像：「他們甘冒自己被『明傷』的風險，也要去揭露這個社會的暗傷，這正是中華民族近現代以來缺乏的大美！冥冥之中，彷彿上帝在對我說，去吧！為斯民鼓與呼，做一個傳遞自由和美的人。在夢中，我手執一束美麗的茉莉花，向他們走去。醒來時，我在心裡默念著：算我一個！無論前途多麼艱險。但是前方那麼美，不是嗎？"

2012 年夏天一個意外的丁志健死亡事件改變了她的人生，把她拋入到維權運動中。她寫到："自詡追求自由的我，不能再容忍這些醜陋和惡行。我告訴自己，必須行動，必須抗爭！那一夜，我生命蠟燭的另一端被點燃，並爆發出美麗的花火。這是我從一個純粹的藝術策展人轉變成一個人權捍衛者的開端。"

2015 年 "709 大鎮壓" 後，被捕或被失蹤律師的家屬組織團結起來四處奔走呼號，向莉是這樣描述的："709 家屬們委屈的眼淚流了太多，她們決定振作起來。女人們首先想到的是，再次去找警方要人時把自己打扮得漂漂亮亮的，穿上喜慶的紅衣服，表達積極樂觀的態度，讓那些流氓看到她們時感到自慚形穢。……她們不再愁眉苦臉。姐妹們走在街上，聚集在看守所門口，都有仔細的妝容，合身的時裝，每一個人挎著一個紅桶。她們不時會擺上一個 pose，走一段時裝步。她們微笑著，開著 "紅桶時尚發佈會"。她們說：我們要堅強，我們要微笑，我們要讓全世界的人都知道，我們以我們的丈夫是中國人權律師而自豪！"

2017 年七月在邊界準備逃離時，她寫道："學美術出身的我，看到邊境少數民族居民奇特的生活圖景，很想去采風……"

在她逃離中國後，她寫到："我因為剛剛成功跨越國境線，心情有點放鬆，在摩托車後座小聲哼起許巍的歌：「沒有什麼能夠阻擋，我對自由的嚮往……」，開始欣賞起異國鄉村、熱帶叢林的美景來。當我們的摩托車來到一條河邊等待渡船時，我總算有了一點喘息的時間。看著渡口稀疏的小樹和蕭瑟的蘆葦叢，我突然覺得有些傷感，開始構思起一首詩來……」

下面三段是描寫她在泰國監獄裡的處境的：

「在監獄裡，犯人總有大把的時間獨處，所以我總是在小聲哼歌。那時候你才知道，你的記憶力有多壞！一首歌裡總有幾句歌詞，你想不起來。我能記得完整歌詞的只有六首歌：《成都》、《星》、《甜蜜蜜》、《橄欖樹》、《那些花兒》、《囚歌》。其中，人權律師常伯陽作詞、我的朋友于浩辰作曲的《囚歌》總能在我悲傷的時候，給我力量，讓我很快振作起來。」

「無論何時，藝術總能帶給我平靜和美好。我曾花三個星期回憶畢卡索的《和平鴿》，最終我把它完整地畫出來了。我在監獄裡寫了十多首詩，那些詩有的哀傷，有的奮進，更多的是祈禱。每寫完一首詩，我總會幻想走出監獄的那一刻，希望那時，我不要喜極而泣，而是「揮一揮衣袖，不帶走一片雲彩」。」

「在曼谷移民監那兩個月，我除了讀《聖經》之外，還讀了英文版的《霍比特人》和 Paulo Coelho 的小說《the alchemist》。並且，我堅持每天跳舞，以保持身材。每天晚飯後，我站在屬於自己的 14 塊瓷磚上，哼著曲子跳舞，儘量讓自己全身的肌肉得到鍛煉。那時候，我最喜歡哼的曲子是《Do Re Me》、《See You Again》和《藍精靈》。」

她曾擁有三個寵物，一隻貓叫"黑澤明"，兩頭愛犬分別叫"奧巴馬"和"甘地"。

如果我們用想像力，會想見她是什麼樣一位女性呢？記得我在參觀利物浦"甲殼蟲樂隊"博物館時，看到約翰·列儂著名的歌曲《想像》，並有五個單詞概括他的一生："反叛者"、"詩人"、"積極分子"、"英雄"、"偶像"。搖滾樂和社會反叛運動連在一起，不僅是動員民眾，尤其是青年新生代的最佳工具，也體現了自信、樂觀的精神。在八十年代，中國搖滾樂先鋒崔健的歌也成為了 1989 民主運動的一部分，但"一無所有"太淒慘，"一塊紅布"太絕望，"最後一槍"太悲傷。進入 21 世紀，在全球社會運動中，從"阿拉伯之春"、"茉莉花革命"、"佔領華爾街"到香港"雨傘革命"和"反送中"，抗議政治和藝術想像融合得更緊，政治美學成為衡量政治和社會運動的一個標竿。與此同時女作家科林斯推出的《饑餓遊戲》青少年小說三部曲和好萊塢以此拍攝的四集大片，給全世界的抗爭運動塑造了一個偶像：一個 16 歲的少女 Katniss Everdeen 從政治無感轉到政治反抗最後成為一個掀起一場革命的政治領袖。而這場民主政治革命一個重要的感召力量是年輕戀人的浪漫愛情和希望憧憬。在香港的抗爭運動中，Katniss 已經成為偶像，《悲慘世界》的歌曲"你可聽見人民歌唱？"成為運動的主旋律。我也欣喜地發現，政治美學也成為了人權積極分子向莉和她的圈子的自覺和不自覺的考量。在我的想像中，向莉是畫家、舞者、詩人、英雄、天使。

向莉對從"茉莉花革命"到"709 大鎮壓"五年左右歷史的記錄和敘述凸顯了在他們之前中國社會運動參與者或缺的三大特徵：女權主義的視角、藝術家的美學、神性的超越力量。第一個因素使得作者懷著一顆悲憫心，能夠以中國知識女性特有的敏感，觀世人苦、聽眾人吟，並努力捍衛世人的基本人權，也因此有作者給自己定下的社會參與目標："不能讓那些已經被傷害到塵埃裡的人無路可走。" 本身作者和她的許多同仁不是"被侮辱與被迫害的人"，他們義無反顧的精神和泣天動地的壯舉不是由個人私利所驅動，而是由世間公道所感召。他們在和惡作戰，但他們未必是惡的直接犧牲者，甚至可能可以從合作、默認或逃避中獲得高額獎賞回報。他們之所以選擇抵抗邪惡、甚至不惜以身弘毅，是因為他們理解了、看到了、也部分實踐了一種更美麗、更公平的制度方式和生活方式。更重要的是，他們選擇"為斯民鼓與呼，做一個傳遞自由和美的人。"

這樣的人群、他們擁有的大愛、他們擁有的自信讓他們選擇和制定的反抗策略和戰略，使得 21 世紀中國的社會抗爭運動實現了一個質的突破。傳統的"哪裡有壓迫，哪裡就有反抗"的陳勝、吳廣式的農民革命、《水滸》梁山泊的英雄聚義不乏對舊政權致命的打擊力，但如果不被更高的理念所引領和昇華，最後難免不在仇恨中喪心病狂、中毒身亡，僅僅成為王朝興亡週期律的一個部分。中共極權政體在不斷精化自己的"治國理政"權術時，樂於永遠把反對力量編進"正題 - 反題"的辯證程式中，而作為反對力量的"反題"由於在想像力、創造力、超越性上都只是在重複"正題"的內容和形式，"正反"形成的"合題"永遠是執政黨像如來佛掌控著反叛者孫悟空，後者永遠跳不出前者的掌心。但我相信，向莉呈現給讀者的敘述和反思，找到了解構、消融中共政權的秘方：一個推崇和培育恐懼、仇恨、暴力、謊言、邪惡的政權，是難以在女性反抗、藝術審美、神聖超越面前維持合法性的。中共傳統的鋼化的男權極權體制誤以為人民填飽了肚皮以後就會接受小富即安、歲月靜好，但他們明白不了為何年輕成功職業女性

"吃飽了飯沒事幹，要去折騰政府"。正是中國社會中成功的家庭培養出了新的一代"後物質主義者"，他們已經超越了溫飽之虞，把自由、尊嚴、人權、女權、環保、公義看成了生命的必須元素，所以他們的政治訴求已經在不斷削弱、消解中共政權的合法性，侵蝕其權威，把政權逼到了赤裸裸的權力死角。叔本華說過這樣一句話："虐待至美即為極惡。" 當我們看到一個又一個至美的靈魂在中共政權下被扭曲、虐待和消滅，我們也知道中共的邪惡已經走到了頂頭。悲觀主義者可能會從中共的最後一次暴力狂嘯中感到了恐懼和絕望，但樂觀主義者可以從美麗的永恆、神聖的永恆中看到希望。向莉就是屬於這樣的樂觀主義者，經過了多重磨難的她堅信："酷刑、密審和強迫認罪/並不能改變人權的顏色/秋去春來姍姍回望/峭嶺上長著一叢美麗的竹。"、"帶血的玫瑰將再次盛開"，她和在中國大陸一線抗爭的朋友們相約"花開那天，再相聚"！

向莉有一個英文網名："夢中愛麗絲"，Alice 也是她的英文名。讀完她的著作，掩卷深思，不能不想到《愛麗絲夢遊仙境》，裡面的勇敢女主角做了許多常規認為"不可能"、"不可行"的事，夢到自己從神奇蘑菇中獲得法力成為巨人，敢在皇家庭院挑戰女王、在皇家法庭譴責暴政，遭致女王下令殺頭的懲罰。對英國作家筆下的愛麗絲，這一切驚險只是英格蘭夏日恬靜花園大樹下的一場夢，我希望，我們中國的愛麗絲在不遠將來的某一天也可以坐在北京頤和園的柳樹下告訴大家，她的痛苦經歷也只是中華民族歷史上的一場噩夢。

在上個世紀上半葉，俄裔美籍社會學大師、哈佛大學社會學系創建人索羅金在《災難下的人與社會》（Man and Society in Ca-lamity）一書中系統比較研究了人類的災難。基於 1942 年世界災難重重的大背景，他總結了暴力革命通常出現的災難性演變：「他們是由理想主義者發動的，殘暴殺人者推進執行的，而最後流氓無賴從中得利。」21世紀中國民主革命如何能跳出索羅金講到的革命三部曲？如何我們才能保證中國自由民主革命能自始至終堅守理想主義者的價值、完美、超越？我想向莉的書也許可以幫助我們找到答案：詩性的美能戰勝平庸的惡。她書中引用《聖經》裡的這句話可供我們深思：「那美好的仗我已經打過了，該跑的路我已經跑盡了，所信的道我已經守住了。從此以後，有公義的冠冕為我存留。」

作家奧斯卡·王爾德說過這樣一句話：「我最想說出的總原則是：生命模仿藝術，遠多於藝術模仿生命。」 為此作序，向讀者推薦此書。

流亡前奏

2017 年 7 月，我從北京輾轉來到了雲南邊境線上的一個小城，準備偷越國境線，逃往泰國。一路上並不順利。越接近邊境的地方檢查站越多。那些檢查站的士兵頭戴鋼盔、荷槍實彈、戒備森嚴。他們手裡拿著一個無線的身份證讀卡器，聯網核查每一輛車上的乘客的身份資訊。早在 2015 年，我就被中共特殊關照，在全國身份證聯網資訊系統裡，我的身份證被他們標注為"黃色"，只要身份證被讀到就會報警。所以一路上，我隱藏身份，沒有使用身份證。好在開車的司機很有經驗，帶著我在邊境少數民族村落間的崎嶇山路上蜿蜒前行，總算把我安全送到了住處。

住處是縣城裡的一個賓館。朋友按我的囑咐用別人的身份證幫我開好了一間位於一樓、窗戶寬敞而且可以完全打開的房間。學美術出身的我，看到邊境少數民族居民奇特的生活圖景，很想去采風，但是又不敢隨意出去逛。因為到處都是政府用來監控人民的攝像頭。我得盡量待在賓館的房間裡，以策萬全。

那天晚上 10 點多鐘，我已經躺在床上準備睡覺。突然聽到房間外的走廊上傳來粗暴的敲門聲和吆喝聲。我馬上翻身下床，躡手躡腳地走到門邊細聽，原來粗門大嗓的是幾個員警，他們在每個房間檢查住客的身份證。我嚇出了一身冷汗，睡意全消。快速地撿拾起自己的衣物，塞進隨身攜帶的背包，輕輕推開窗戶，跳了出去。員警是從前門進來的。這家賓館有一個停車的院子，停車場還有一個後門。那是 7 月中旬的晚上，空氣非常燥熱，天空中沒有月亮，縣城的路燈忽明忽暗。我從賓館的後門逃了出來，快步離開賓館，心裡有些僥倖，還有些害怕。

幾天以後，我經由秘密通道穿越國境線，一頭紮進了鄰國茫茫的原始森林，開啟了逃亡之旅⋯⋯

在人的一生中，總有一件事讓你終身難忘，它往往成為你人生的轉捩點。

故事還得從八年前說起⋯⋯

第一章　公民意識的覺醒

（一）人人都是丁志健

2012 年夏天的北京，除了天氣偶然有些燥熱，沒覺得日子過得有什麼不一樣。這是北京舉辦奧運會以後的第四個年頭，連續十年中國的 GDP 經過每年幾乎 10% 的快速增長。政府提出要建立社會主義和諧社會；雖然到了那一任班子任期結束也沒有能講清楚到底要建個什麼樣的社會，但是普通民眾想當然的理解就是國家正處在最好的發展時期，個人通過努力奮鬥就有機會改變命運，不要製造與"發展的主旋律"不協調的聲音，不要與政府為難。

我是湖北潛江人，從考入中央美院上學算起，當時來北京已經有十多個年頭了。大學畢業後，我在一所大學當老師，幾年後，我辭去教職在北京著名的藝術創意園區 798 開了一家畫廊，開始了我作為獨立策展人的創業之路。作為畢業後留在北京工作的外地大學生，我不像北京當地人有那麼多的社會資源，更不能與紅三代和官三代相比，所以需要付出更多的努力，才能打拼出一片自己的天地，這似乎是我們這一類人的共識。居長安，大不易，每天早出晚歸。

我跟丁志健並不認識。他是江蘇常州人，比我小一歲，也是一個留在北京工作的外地大學生。從北京大學研究生畢業後，他在中國科技出版傳媒股份有限公司工作，擔任《阿阿熊》雜誌社社長。他和妻子邱豔有一個三歲的女兒，他也需要非常努力地工作，每天早出晚歸。不過看起來他很好地"趕上了改革開放這班車"，畢業十年，他已經在北京甘露園買下了自己的房子，還剛剛添置了一輛四輪驅動的越野車。他在同齡人裡面算是成功人士了。

丁志健過著這種忙忙碌碌而又歲月靜好的生活。7月21日下班時分，朋友邀他一起吃飯，丁志健謝絕了，他答應了妻子女兒回家一起吃晚飯。這天雨下得很大，很多低窪處開始積水，車在路上走走停停。當車開到廣渠門立交橋下時，可能是對於橋下積水的深度估計不夠，認為自己的四驅越野車比普通轎車性能強，或者潛意識裡想早點趕回家跟女兒一起吃晚飯，他沒有停車，而是試圖開車涉水而過。他沒有成功，車輛出現事故拋錨了。由於橋下的下水道口低於附近路面，出現河水倒湧，車外的的積水開始快速上漲，丁志健猝不及防。或許是捨不得棄車而逃，或許手忙腳亂之際根本就沒法冷靜地判斷風險，遲疑間，快速上漲的積水很快開始淹沒他的車。當他發現已經無法打開車門逃生，他感覺到了危險，立即用手機撥打報警電話110求救，但怎麼都打不通。恐懼的他慌忙打給妻子邱豔，說：“我的車門打不開，110也打不通，你趕緊來救救我！”

丁志健的妻子邱豔事後回憶，接到丈夫電話的時間是晚上07:30左右。嚇壞了的她順手抄上家裡的一把錘子，火急火燎地冒雨往現場趕，路上她不斷地撥打110、119、120等各種急救電話。其中有一次110電話接通了，她向警方明確地報告了詳細事發地點，並反覆強調她丈夫還在車裡，請警方趕快去救人。警方接警後曾回過一次電話，詢問她是否在現場，之後就再無消息。

晚上8點多鐘，邱豔到達現場。廣渠門橋下已是汪洋一片，但是現場還是有不少人。她一邊焦急地尋找和呼喊丈夫的名字，一邊向現場周圍的人群求救，大聲呼喊“水下車裡還有人”。情急之下的邱豔自己奮不顧身下水游向沉車之處試圖救人，沒能成功；一個好心的圍觀市民也嘗試著游過去探查，但這時水已經淹了三、四米深，即使水下的丁志健車裡還沒被水灌滿，靠封閉的車內空氣還活著，但靠個人力量根本不可能營救成功。

邱豔在現場見到了員警，這讓她升起了一線希望。她立即向員警求救，員警說這事得歸消防管。她又向現場的消防人員求救，得到的答覆是他們找不到具體的位置，沒有針對這種情況發生的救生工具……總之，要等領導來了安排救援方案。

邱豔都快急瘋了。想著丈夫就在水面下的車裡眼巴巴地等著她去救援，一分一秒的時間都是親人的生命在流失。她像一頭母獸左沖右突，聲嘶力竭地向身邊圍觀的人呼號求救。最終，她跪在了暴雨和泥水裡，拉著消防人員的衣角，嚎啕大哭，苦苦哀求。

根據北京電視臺的新聞現場報導，大約晚上 10:30 左右，領導們出現在了現場，同時出現的還有電視新聞的採訪報導車。在新聞鏡頭下，領導們沉著指揮，高效調度，不到 10 分鐘時間，將淹沒在水下的兩輛車就拉了上來。丁志健在他自己的車裡，已經不治，身體上留下了多處試圖逃生而導致的損傷。他被送到醫院時，醫生發現他頭骨碎裂，慘不忍睹。

我是從微博上看到丁志健遇難的消息的。我瞬間像被電擊到，非常憤怒。丁志健，這個跟我一樣每天早出晚歸辛苦打拚的"外地來京"的新北京人、所謂的中產，突然就橫死在他每天為之添磚加瓦的這個現代化大都市裡。廣渠門位於北京市的中心地帶，出事地點旁邊就有一個防汛抗洪指揮部，現場還有那麼多的員警和消防人員，他的遇險原本應該是可以得到救援，從而避免悲劇的發生的。到底問題出在哪裡呢？

許多問題，在我大腦裡盤旋著，使我徹夜難眠。

· 如果那天經過廣渠門立交橋下遇險的是某位有權勢的"領導"，那麼會拖延三個小時無人救援嗎？
· 如果那天經過廣渠門立交橋下遇險的是某位官三代、紅三代的 34 歲的年輕人，會拖延三個小時無人救援嗎？
· 如果那天經過廣渠門立交橋下的是我，我有可能獲救嗎？
· 如果那天遇險的是我的親人，我能奔走號呼救出他嗎？

普通市民，我們每一個人都有可能是丁志健！在執政者眼裡，他們仍然在延續兩千年專制留給我們的稱呼：草民。

微博上越來越多的人提供了目擊證詞，開始拼湊出更多的事實細節。也有更多的網友發出了與我同樣的詰問。官方每天都在宣傳大國崛起，普通市民基本的生命安全權利卻遭到漠視，那麼大國崛起所為者何？我們還要天天為之歌頌讚美嗎？

2011 年茉莉花運動以來，我幾乎每天都在微博上為公共事件發聲。而這一次，丁志健事件就發生在我的身邊，離我如此之近，他的人生經歷又與我如此相似，這讓我感同身受。我不能侷限於在微博上圍觀、傳播、呼籲了，至少應該去祭奠他的亡靈。我這麼想著，就在微博上把這一想法發出來。接下來的幾天，微博上出現"人人都是丁志健"的口號，和我持同樣想法的人越來越多，大家不約而同地想到，在"頭七"那天約定一個時間，到丁志健遇難的廣渠門橋下去獻上一束花。

7月27日下午2點我手捧著一束白菊來到廣渠門。廣渠門橋下的積水已經退去，陸陸續續來了幾十位網友，大家把花束擺到立交橋橋基的柱子邊上，默默祭奠。這時候藝術家艾未未也到了，他的助理已經開始大聲朗讀事先準備好的祭文。祭文讀畢，先來的人開始陸續散去。這時我看到突然來了一個人把所有花束都扔進了垃圾桶，這引起了現場網友憤怒的側目。陸續又有新來的人擺上新的花束，但沒過多久這些鮮花又被人扔進垃圾桶，我開始感到有些不安。橋下的人越來越多，但我發現這些人大部分已經不像是網友了。我觀察了一下，發現坐在水管旁邊的工人帶著步話機、打掃衛生的小夥帶著步話機、推垃圾車的人帶著步話機、戴紅袖箍的居委會大媽帶著步話機……還有更多身分不明的人也帶著步話機，這樣的人不下100人，比來祭奠的網友還多。

這畢竟是我第一次從線上圍觀走到線下進行表達。對於現場出現的這些狀況雖然看在眼裡覺得哪裡不對，但是並沒有馬上反應過來其中的蹊蹺。獻完花，我們幾個第一次見面的網友，刷子、鳥人、不死鳥、總捅先生和我（我們甚至不知道對方的真名）準備一起去找個地方喝杯咖啡。就在我們過馬路去坐車時，有八個彪形大漢跟了過來，尾隨著我們。我不知道這些人為什麼要跟著我們，就問旁邊的網友。他告訴我，這些是國保，他們還有一個外號叫"熊貓"（國保諧音國寶，而中國公認的國寶是大熊貓）。我這才知道世界上居然有另一種生物也叫"熊貓"，第一次知道中國有一種秘密員警叫國保（國內安全保衛）。

我們走，他們也走；我們停，他們也停。我留了個心眼，趁大家停下的功夫給每個網友拍了照，萬一有事，我就可以把照片發出去，在網上求救。我看熊貓沒有離開的意思，他們人多，一直讓他們這麼跟著很危險。於是我說，別開自己的車了，下午在使館區有個講座，我們可以去那兒，使館區可能會相對安全一點。我和網友"鳥人"上了一輛計程車，另外三人上了另一輛。坐上計程車後，我趕緊打電話給後面計程車裡的網友，讓他們跟緊點，卻聽到突然"嘎"的一聲後面的車停了，電話裡聽見有人大吼"不許動！"然後電話就被掛斷了。我意識到他們可能被抓了。出於逃命的本能，我讓計程車司機把車開快點。很快我們到了使館區，找到了做講座的朋友。那次是清華大學的老師吳強和憲政學者陳永苗舉辦的講座，內容是介紹國際上的"占房運動"。但驚魂未定的我已經沒有心思聽講座了。

從下午 3 點開始我一直在網上呼籲當局放人，全國網友也開始在網上圍觀，持續聲援。另外一些朋友則不停地給公安局打電話，要求放人。夜裡 12 點後，被抓的網友陸陸續續被放了出來。他們說，他們被秘密員警戴上黑頭套，被帶到東直門附近的某賓館秘密審訊，其間遭到毒打，連計程車司機都被打了。

黑頭套，這是我這一天裡除了熊貓之外聽到的第二個新詞。黑頭套這個詞，後來我在其它的維權活動中又多次聽到。平時在外國電影裡看到員警執法抓人時口中念念有詞，嘮叨那一長串"你可以保持沉默，否則你所說的每一句話都有可能成為呈堂證供"，我們會覺得外國員警真矯情，實際上他們是向嫌疑人宣讀其所擁有的沉默權，意思是告訴他律師到來之前他可以不說話；而黑頭套則剛好相反。它的實際作用是在抓人的第一時間阻斷你的視線，從而杜絕你使用手機或以其它方式發出任何求救信號的可能性；它更是一種心理威懾，明確告訴被抓者，他們就是在使用"黑的一套"，讓被抓者在恐怖之餘，放棄權利申張的欲望和勇氣。給目標戴上黑頭套後，抓人者通常都會更加膽大妄為、變本加厲地施以毒打。這是典型的黑社會手法，卻是中國秘密員警抓捕維權人士的一貫做法。

原本是想通過祭奠丁志健，讓我這些天悲憤沉重的心緒得到一絲舒緩。沒想到下午到晚上發生的一系列的事情讓我的心情加倍沉重起來。回到住處，我佇立窗前，看著車流逐漸稀落的街道，一切漸漸恢復平靜，人們將要進入睡眠，似乎一切都將被遺忘。當明天的太陽昇起，街市喧囂如常，似乎一切都沒有發生過。

想到這些，我根本無法入睡。又是一個不眠之夜！

我們處在一個歌舞昇平的年代，不知從什麼時候起媒體上不斷以"盛世"來形容這個世道。在主流意識形態的話語體系裡，我們要抓住歷史機遇，實現大國崛起和中華民族的偉大復興，在追逐這一偉大目標的征途中，難免會付出一些代價。丁志健的遇難，讓我實實在在地感覺到了他們所說的"代價"意味著什麼。代價就是像丁志健一樣的活生生的平民的生命權利被剝奪，是公民私人住宅被暴力拆遷的私有財產權利被剝奪，是貴州畢節凍死在垃圾桶中的幾個孩子的免於匱乏的權利被剝奪……他們說這是國家發展中的問題，似乎在暗示等以後發展起來就沒有了。但是你能相信一個以漠視和踐踏平民生命和財產權利而發展起來的專制政權，會在經濟發展起來以後讓平民公平享受到發展的紅利嗎？

我們手捧白花，去祭奠丁志健，僅僅是出於物傷其類的悲情，連公民集會都算不上。當局很快就知道了網友要去現場祭奠的消息，我們的微博是被即時監視的嗎？是誰興師動眾派出了便衣人員到現場扔掉鮮花，他們在害怕什麼？是誰對於五位公民相約喝咖啡的行為橫加干擾，甚至光天化日之下以黑頭套把人綁架毒打，誰給他們的權力？以前我坐在電腦前在微博上圍觀時，也知道公民的言論自由和表達自由受到各種打壓。今天走入線下的現場時，才實實在在地感受到了這種恐懼。這是一張黑色的網，它隨時都在吞噬公民對自身權利的覺醒，將他們扼殺在萌芽狀態。

不行！我不能再僅僅在微博圍觀和網上發聲，我不能只是走到線下去現場表達。自詡追求自由的我，不能再容忍這些醜陋和惡行。我告訴自己，必須行動，必須抗爭！

那一夜，我生命蠟燭的另一端被點燃，並爆發出美麗的花火。這是我從一個純粹的藝術策展人轉變成一個人權捍衛者的開端。

（二）不羈放縱愛自由

我的家鄉在江漢平原，那裡歷來是魚米之鄉，風景如畫。冬去春來一望無際的油菜花，在藍天白雲下變幻著各種色彩；河汊湖面上，漁民不時起網，魚兒在網面跳躍，水面閃爍著熠熠鱗光。若干年以後，當我備考中央美院時，輔導老師讓我畫幾筆，就驚詫於我的色彩感覺很好。我一點也不感到奇怪，因為我原本就在這些色彩裡長大，只需要把它們搬到畫布上來就行了。

在這樣的大地上成長的孩子是無憂無慮、枝條自由伸展的。但約束還是如期而至。上小學時，父親為了把我關在屋子裡睡午覺，會搬一張單人竹床攔在我房間的門口。但他每次都比我早睡著。於是，不想午睡的我，就開始悄悄的翻箱倒櫃，把書架上、箱子裡能看的書都"偷看"完了。從唐詩宋詞到魯迅文集，從張曼菱的《雲》、《有一個美麗的地方》到蔣子龍的《赤橙黃綠青藍紫》，從中國古典文學《西遊記》到美國現代小說《飄》，從文學雜誌《當代》到科學雜誌《奧秘》、《科學與生活》……囫圇吞棗，我看了個遍。等到再無新的書籍可以看時，我就開始嚮往到外面去玩的自由自在的生活了。於是，我開始與父親談判。好在父愛深沉，我很快贏得了談判，我們的協定是：只要我每次考試成績排在年級前十名，他就不限制我的玩耍時間。於是，我房間門口的竹床被撤掉了。我寫完作業後，可以看會兒電視，也可以自由活動。在我讀高中前，我和父親的這個協議一直很好的執行著，這讓我知道自由是要去爭取的。

父親舐犢情深，但是小牛犢長大了卻是要頂撞的。高中時代必須住校。我每兩周回一次家，書信都是寄到家裡。一次，我回到家裡，和父母一起在後院吃晚飯，中間父親遞給我一封信。我看了一眼，那是我河南的筆友給我寫的信，信有明顯拆開之後再重新封口的痕跡。我有點生氣，但仍然按耐住性子問："你們是不是把我的信拆開看過了？"父親一本正經地否認："我們沒有看你的信。"這下我坐不住了。我非常氣憤，心想：為人父母，偷看孩子的信，還裝成一本正經的樣子抵賴，是可忍孰不可忍！我立即站了起來，掀翻飯桌，離家出走，以示抗議。我走了很久，估計有五公里路，天色開始慢慢變黑。當父母找到我央求我回家時，我轉身跟他們說："如果你們不承認偷看了我的信，我就不跟你們回家。"父母終於承認拆看了我的信，我的抗爭取得了勝利。從此以後，父母再也沒有偷看過我的信件和日記。

在潛江中學我小有名氣，因為我是學校的廣播員。要當上廣播員並不容易，諸多競選者要在老師組成的評委面前朗誦一篇自選的文章，然後評委們綜合評分，優者勝出。或許是潛意識裡覺得在拆信事件中與父親的鬥爭過於"殘酷"，我選擇了朱自清描寫父親的《背影》一文。

這篇文章描述的是一個剛丟了差使、憂患潦倒的父親，為老母奔喪後，在亂世中送兒子北上讀書，在火車站送別的情景。父親幫兒子安放好行李，離開車還有一點時間，父親就想去給兒子買一些橘子在路上吃。去買橘子要穿過火車道，肥胖的父親必須先從一邊跳下去，然後從另一邊艱難地爬上來。兒子遠遠看著，感動得流淚。

"父親是一個胖子，走過去自然要費事些。我本來要去的，他不肯，只好讓他去。我看見他戴著黑布小帽，穿著黑布大馬褂，深青布棉袍，蹣跚地走到鐵道邊，慢慢探身下去，尚不大難。可是他穿過鐵道，要爬上那邊月臺，就不容易了。他用兩手攀著上面，兩腳再向上縮；他肥胖的身子向左微傾，顯出努力的樣子。這時我看見他的背影，我的淚很快地流下來了。我趕緊拭乾了淚，怕他看見，也怕別人看見。"

朗誦到這裡，我有點哽咽，停頓了一下，我繼續朗誦。

文章的結尾，朱自清寫到他收到 2 年未見的年邁父親的來信，當我朗誦到"在晶瑩的淚光中，又看見那肥胖的，青布棉袍，黑布馬褂的背影。唉！我不知何時再能與他相見！"時，老師已經被我的朗誦打動。父愛如山，每個人的內心深處都有一個父親的背影。愛是老師和學生之間、考官和應試者之間共同的語言。最終，我被選為三個廣播員之一。

但"愛"還是給我惹出了一點小小的麻煩。高中的女生，心情是飛揚的。那時臺灣的小虎隊風靡大江南北，幾隻"小虎"不光人長得陽光帥氣，歌也唱得青春帶勁。我擔任廣播員職務，手中便有了一些權力，輪到播放歌曲時就會放自己喜歡的歌。那天好不容易找到自己最喜歡的小虎隊的一首歌名為《愛》的歌，就開開心心地播了出去。

但是教務處的老師立即"約談"了我，批評我怎麼可以播放有愛的內容歌曲呢？讓我不得再播放類似歌曲。我回答說，同學們喜歡啊，歌唱"愛"有什麼錯？連春晚都播放《愛的奉獻》呢！老師一時理屈詞窮，張口結舌之際不耐煩地朝我揮了揮手說，你去吧！

我後來又播放了好多次小虎隊的《愛》，還找來郭富城的同名歌曲《愛》，在學校廣播裡播放。

與"體制"的抗爭一直延續到我大學畢業到另外一所大學任教期間。一次，學院幹部讓我交中國共產主義青年團團費，被我拒絕。我的理由是，我都不知道我什麼時候入的團（中學時候學習成績好的學生被教師默認都要加入共青團），也不知道交的團費用來做了什麼，為什麼要交團費？我同時表示要退團。這嚇壞了當時的學院領導，因為這樣的政治事件會影響到上頭對學校的考核。學院書記把我叫到辦公室苦口婆心勸了我半天，見我一點沒有要退卻的意思，歎了口氣說："這樣吧，我們替你交團費，團你就別退了，否則會影響學校的形象和前途。"我說："不交就是不交。只要我不交團費就自動退團了。"

從此，我成了教師裡的逍遙派。

我現在還記得，當時學院的書記把我叫到辦公室時盛氣凌人地命令我必須按時交團費時，我毫不猶豫地懟了回去：我可以說不嗎？

（三）中央美院二三事

1996 年，我考入中央美院美術史專業學習，繼續在中國的教育體系裡"入模子"。中央美院是一個具有人文傳承的美術專科院校，它的前身是中華民國的北平藝術專科學校。自由和創造是中央美院的精神標竿。100 年前，中國的藝術教育在民國時期曾經與世界同步，劉海粟、林風眠……他們曾經把現代主義藝術思潮帶入中國的藝術專科學校的教學體系裡。中共建政以後，美院系統照搬蘇聯式的美術教育方法，流弊至今，普通中國人的藝術性感知依然停留在"像不像、美不美"的層次上。即使現在，中國美術教育仍落後於世界幾十年。

中央美術學院雖然是藝術類的專科學院，但仍免不了會被執政黨攤派一些政治任務。比如為北京政府畫《開國大典》的油畫，可笑的是那幅油畫隨著中共的內鬥加劇，一些參加過開國大典的政治人物被打倒，畫面上的人一個個被塗抹掉，或換成別的面孔。那幅油畫已經成為中國藝術史上的笑柄。

1997 年為了慶祝香港回歸中國，中國政府決定從北京的一些大學挑選學生，於 7 月 1 日香港回歸儀式前夜到天安門廣場跳舞，以營造全國人民載歌載舞"喜迎香港回歸"的歡樂氣氛。學生的挑選要經過嚴格的政審，我被中央美院學生處的老師挑中。提前兩個月，我們每個週末要到北京師範大學操場練舞。我們練習的是一些適合在廣場上表演、可以被當晚電視拍攝和報導的民族舞，與舞蹈配合的那些或抒情或豪邁的歌曲旋律都是我們平日裡非常熟悉的。參加培訓的每一個同學都被反覆教育，要懷著對於偉大祖國繁榮昌盛、一雪百年國恥的自豪感與無比喜悅的心情，參與到這一偉大的歷史時刻中去等等。同學們對於老師的思想教育這一部分顯然不太感興趣，接受了這麼多年的正統教育，老師說的那些話他們早已爛熟於胸，甚至都可以脫口而出去教育別人了。同學們更感興趣的是跳舞本身，還有在跳舞時認識的其他院校的學生。6月30日晚上10點左右，我們被學校大巴送到天安門廣場，一遍又一遍跳著舞，直到第二天早上天安門升國旗儀式結束。觀看升旗儀式的時候，因為跳了一整晚的舞蹈，我有點虛脫，再加上數萬人聚集在一起，我覺得呼吸不過來，那是我第二次體會到快要窒息的感覺。第一次是"六四事件"發生那一年，那時我在上小學，當我在電視上聽到李鵬殺氣騰騰、聲嘶力竭的講話音調，看到數以萬計的大學生們在天安門廣場抗議，那灰濛濛的電視畫面讓孩提時代的我本能地出現了驚恐和窒息的反應。

1999年5月8日，北約的美國B-2轟炸機發射兩枚導彈擊中了中國駐南斯拉夫大使館，當場炸死三名新華社記者。一部分中國民眾非常激憤，前往美國駐華大使館抗議。第二天，幾輛大巴停在了中央美術學院大門口，我們三百多名學生坐上學校安排的大巴車，來到了美國大使館抗議。現場聚集了來自各個大學的學生。中央戲劇學院抬了一口大棺材，我們美院雕塑系的同學趕製了一個美國大兵的模型，大概是放在現場讓人吐口水或者扔汙物的意思，最後這個美國大兵被人放火燒了。遊行到美國大使館門口，旁邊就有人發給各種顏色的墨水瓶，讓學生砸美國大使館，原來站著的武警保安，此刻蹲下身子，方便學生砸墨水瓶。

有武警告訴學生，對準窗戶砸，窗簾後面躲著美國人。抗議表演的任務完成以後，大巴車又把所有美院的學生統一接回學校。

在中央美院，對我影響最大的老師是詩人西川。那時他剛出版了自己的雜文集《讓蒙面人說話》，正在認真地編撰《海子詩集》。那幾年他總是被學生評為美院最受歡迎的老師，他的課總是人滿為患，教室外的走廊上經常站滿了慕名前來聽課的人。在課堂上他會很認真地給我們朗讀葉芝的詩《當你老了》；他會挖苦那些帶著詰屈聱牙的詩來找他的人，說他們每個人都像是懷揣著一個巨大的秘密；他也會激賞一個小孩子在江邊脫口而出的佳句：長江滾滾向我走來；他還會在課堂上很認真地傾訴對瑪麗蓮•夢露的愛慕……至今想起他，我仍會會心一笑，彷彿看見遠方有一個孩子正在收集每一片玫瑰花瓣上的露滴，那些“至真至美”的露滴！

千禧之年，中央美院啟用新校區，在花家地南裡的新美院校園裡放置了一座羅丹著名的雕塑——思想者。我在高中時，就讀過《西方藝術史》和《羅丹的情人》等書籍，對羅丹在藝術史上的地位有初步的瞭解。我知道，真正的藝術是入世的，充滿著對人類苦難的同情和命運的思索。中央美院的師生雖然也在意識形態的大染缸裡掙扎，但是把羅丹的《思想者》置於學府殿堂，至少能喚起學子和藝術家的敬畏之心。

畢業後，每一次回到美院，我都會去看看這個雕塑。靜靜地站在《思想者》面前，感覺就像在跟先知對話，而先知陷入沉思，不能給出明確的答案。

（四）藝術的暗傷

　　"美術" 這個用詞其實是欠妥的。藝術表達和感知的範圍是很寬廣的，並不應該像傳統中國藝術教育所強調的那樣，一定要表達 "美的東西"。藝術家用創造性的藝術語言表現出對事物和社會的 "感受"，它的層次和內涵是豐富的，並不是一門只表現美的技術。因此 "視覺藝術" 一詞更為準確。

　　同樣，把 aesthetic 翻譯成 "審美或美學" 也是謬誤，其實應該翻譯成 "藝術性感知"（指對藝術的感受和欣賞，對藝術本質的感知）或 "感學"。因為藝術家可以表現和欣賞優美（審美），也可以表現和刻畫醜陋（審醜），比如殘缺美、暴力美學、《惡之花》等等，並將之傳達給受眾。

　　作為一個女性策展人，我拒絕了很多中國傳統書畫的策展工作。我認為，那些年復一年只專注於畫竹子、牡丹和老虎的所謂 "傳統藝術家" 已經失去了時代性和生命力，他們只是畫匠，並非有創造力的藝術家。在策展主題的選擇上，我對痛苦和痛苦的藝術呈現情有獨鍾。

　　當今社會，鮮血淋漓的場面已經遠離人們的日常生活，在喧囂中，大多數時候我們面對的是暗傷。是瘀青、扭傷、心理創傷、文明對個體的傷害。面對傷害，現代人已經感覺不到疼痛，很多時候我們只能無奈的接受，並開始自憐，在自憐中迷戀傷害與被傷害。

　　關注、揭示傷害和痛苦，需要力量和勇氣。蘇珊•桑塔格在《關於他人的痛苦》中將注目他人痛苦的旁觀者的不同反應繪製成一幅幅惟妙惟肖的浮世繪。目擊傷害與痛苦而漠然，與其說是來自對歷史和苦難根源的無知，不如說是源於對信仰和生命敬畏感的缺失。魯迅在上個世紀初就為我們勾勒出作為一群"看客"的中國人的形象。

2008 年，我策劃了"暗傷——中國當代藝術聯展"，並於當年 11 月在位於北京 798 藝術區的向上藝術空間開展。

我對"暗傷"的定位是，這是中國當代藝術家對中國當代社會做的"驗傷報告"。那次展覽集結了八位具有前瞻視角的藝術家的繪畫、雕塑、攝影等藝術作品，從一個深度的視角呈現了現代人對傷痛的理解，對文明的反思。

雷亮是一位關注中國傳統文化在西方強勢文化衝擊下而式微，倍感心痛的藝術家，他用油畫的筆觸勾畫出岩漿暗湧的金碧山水、斷莖的牡丹、風雷陣陣中矗立著的宮殿……用心良苦。符曦畫筆下受傷的人體向人們訴說生活的艱辛與苦痛，但生活還要繼續，在她畫的一角的窗外總有一片蔚藍的天空。羅傑畫中的人總是被永遠也解不開的繩索纏著，他們要麼面色冷漠，要麼戴著墨鏡看不清神色，冰冷的心在掙扎，在呼號，在求救。于凡用明麗的雕塑語言把歷史上的英雄劉胡蘭還原成一位受難的人，簡潔而深刻。鐘照克服了意象化表現自然風景，極容易落入傳統山水畫爛熟套路的問題，相容現代繪畫的精神要素，甚至故意用鑽頭破壞畫面，表現出傳統文化與當代生活的碰撞與隱忍。覃玉珂用人偶裝置將一個個蒼白的受傷的軀體拋給我們。鄭連傑是一位行為藝術家，他用攝影的方式記錄他的行為藝術，從早年的《大爆炸—捆紮丟失的靈魂》到後來的《非常旅途——在中國租自行車》，都讓我們感受到他為作為個體的"人"的權利奔走呼號的拳拳赤子之心。尤其是鄭連傑的新作《非常旅途——在中國租自行車》，直接體現的是楊佳因租自行車在上海旅行被員警誣為偷車賊，通過正常途徑討公道未果，最終怒殺十多個上海員警的真實故事，揭示殘酷和病態的社會現實。Emi 用唯美的鏡頭為我們攝下對生命失去信心的人選擇死亡的場景。

我當時希望通過展覽能夠觸痛大家的視覺神經，讓更多人關注傷痛的人和社會。但在開展前，我被自稱是 798 藝術區管理委員會的人約談，說有一件作品必須撤下，否則不能開展，因此鄭連傑的參展作品之一《非常旅途——在中國租自行車》最終沒能展出。參加人權活動後我才得知約談我的人其實是"國保"。

關於暗傷，我曾經寫過一首詩《毒素籠罩著中國》：

醇醇的霧霾
覆蓋在中國的土地上
人們游走於
冥界一樣的城市和鄉村
沒有溫度沒有靈魂

禽流感混合著地溝油
在餐桌蔓延
孩子的腦袋
在毒奶粉和疫苗中變形
眼神空洞而哀傷

忽明忽暗的夜空
被廣場舞大媽的高音喇叭
切割成碎屑
刺進行人的心臟
街上瞬間血流成河

（五）茉莉花事件

　　真正讓自由之花在我心中盛開的，是接觸到 2011 年中國版的 "茉莉花事件"。

　　2010 年 12 月 17 日，突尼斯一名 26 歲青年自焚，觸發突尼斯國內大規模的街頭示威遊行和一系列爭取民主的運動，並直接導致時任總統本•阿裡政權倒臺。突尼斯此後成立過渡政府，和平過渡完成民主轉型。因突尼斯的國花為茉莉花，因此這次革命被稱為茉莉花革命。茉莉花革命對北部非洲及中東產生了極大的影響，反政府的示威浪潮在一個月內席捲整個北部非洲與中東地區。

　　茉莉花革命發生前，各界普遍認為突尼斯相對鄰近國家是較富裕和穩定的。突尼斯獨裁政權之所以一夜之間土崩瓦解，是因為民眾利用互聯網進行資訊傳播和動員，使社會運動的模式進入了升級版，極大地加劇了社會運動摧枯拉朽的效率。

　　茉莉花革命示威抗議的新型模式很快被一些國家的民眾所效法，中國也不例外。2011 年 2 月，眾多匿名團體和人士通過互聯網（中國茉莉花革命網站、推特、臉書和博訊網站）發起，號召於 2011 年 2 月

20 日下午 2 點開始，每週日下午 2 點，在中國大陸、港澳臺的一些大城市的廣場或鬧市區同時進行和平聚會、散步和圍觀活動。中國茉莉花革命的發起團隊希望通過一次次的集會讓中國人民克服對專制暴力的恐懼，勇敢表達自身願望，從而加快中國民主轉型過程。即"以互聯網關注聚集力量，集會圍觀改變中國"。

那時候微博平臺已經興起，很多人都說過這樣的感受：上了微博後，在一個星期內，幾十年的洗腦教育在頭腦中建立起來的陳舊的愛國觀念、錯誤的歷史觀和儒家奴性思想瞬間崩塌，取而代之的是常識的建立、公民權利意識的覺醒和獨立思考能力的提高。我那時候也在微博上"圍觀"2011 年的錢雲會事件、大連反對 PX 專案大遊行、烏坎事件，2012 年的反日遊行打砸搶事件……這些群體性事件通過微博迅速傳播和發酵。輿情洶湧下，作惡的當地政府經常被搞得灰頭土臉，弱勢群體偶爾能得到道義救助。

中國茉莉花革命網站的號召被人們奔相走告。人們開始在約定的時間走上街頭，有些人手持茉莉花。北京王府井麥當勞門前、廣州和上海的人民廣場、南寧朝陽廣場及其他十多個城市的公共集會場所，有越來越多的人士開始聚集。在中國茉莉花革命網站發起的幾十次散步中，參與人士陸續明確提出"要求官員公示財產、政府公示稅收用途，結束一黨專政、人民投票民選執政、停止政治迫害、軍隊國際化、廢除黨禁報禁網禁、成立聯邦國會、民選總統、民主治國"等政治訴求。

這引起了中共極大的恐慌，中共政府對茉莉花事件嚴陣以待，專門成立了"215 專案組"來應對，號稱"摧花行動"。數千名在校大學生被秘密警察以"喝茶"的形式約談，警告他們不要參加茉莉花集會、不准離校；散步者和參與轉發茉莉花事件資訊的民眾受到員警威脅；上百位維權律師、知識份子、知名活動人士被逮捕。唐吉田、滕彪、劉仕輝、唐荊陵、江天勇等律師被關押期間遭受酷刑。

中國茉莉花事件那段時間，我的情緒隨著走上街頭的公民們的呼號和際遇時而激越，時而消沉；時而拍案擊節，時而掩卷長歎。茉莉花事件前後，那些因為曾經走上街頭勇敢表達和被抓走的公民有：王荔蕻、莫之許、陳天石、何楊、張永攀、江天勇、李海、冉雲飛、滕彪、李天天、朱虞夫、黃燕明、劉國慧、肖勇、張建平、劉國慧、丁茅、廖雙元、盧勇祥、石玉林、佘萬寶、李宇、唐荊陵、劉仕輝、野渡、何德普、陳衛、梁海怡、馮正虎、文濤、艾未未、唐吉田⋯⋯看著這一長串勇士的名字，我被鼓舞著，在我心裡他們是真正的英雄。他們甘冒自己被“明傷”的風險，也要去揭露這個社會的暗傷，這正是中華民族近現代以來缺乏的大美！

茉莉花事件讓我明白，哪有什麼歲月靜好，只是有人替我們負重前行！冥冥之中，彷彿上帝在對我說，去吧！為斯民鼓與呼，做一個傳遞自由和美的人。

在夢中，我手執一束美麗的茉莉，向他們走去。我在心裡默念著：算我一個！無論前途多麼艱險。但是前方那麼美，不是嗎？

第二章　參與公民運動

（一）公民帖，微博曆七十六世而亡

　　丁志健頭七那天下午，我去廣渠門橋下祭奠，如果離開現場時，我不巧坐在後面那輛計程車上，那麼被戴黑頭套、被虐待、被毒打的人就是我。我當天晚上徹夜未眠。一方面是因為受到驚嚇，另一方面則是憤懣難平。這個社會到底怎麼了？為什麼秘密員警可以在光天化日之下公然把公民綁架、毒打？我能做些什麼？我必須做些什麼！

　　輾轉反側，我思考了各種行動方案，又一一否決。最終，我的思緒落在了普及公民權利知識和常識這個點上。中國人民長期浸淫在共產黨精心編排的洗腦教育和宣傳之下，他們只是這片土地上的"居民"（中國人的身份證件名稱叫"居民身份證"），絕大多數人並沒有機會瞭解"公民"的概念及其權利。如果每一個公民都瞭解了自己的權利，都學習常識，那麼作惡者就會多幾分忌憚。想到這，我披衣起床，從書架上取出平時經常翻閱的書籍，重讀《世界人權宣言》，開始構思利用微博平臺推廣公民權利的計畫。

　　當晚我修改了我微博和博客上的自我介紹。我在自我介紹裡寫道，由於中國公民被多年洗腦，使得傳遞常識、恢復思考力和判斷力成為當務之急。讓我們一起自我啟蒙，掀起一次啟蒙的風暴。讓我們理直氣壯地弘揚普世價值，呼吸自由民主的空氣。不要再做"奴民"，讓我們站起來，做公民！

　　2012 年 7 月 28 日晨曦微露時，我已經胸有成竹。儘管一夜沒闔眼，我卻毫無睡意。早上 8:30，我準時發出了第一篇《公民貼》。我的做法是在 140 個字的篇幅裡，每一次闡明一項公民權利，並配以恰當的時政圖片。比如，在講述四大自由中"免於匱乏的自由"的時候，我會配上貴州畢節市五個貧困男孩死在垃圾箱內（2012 年 11 月 15 日，中國新一屆領導層亮相的同一天，在中國南部城市畢節，五名年齡在 9 歲到 13 歲之間的家庭貧困的男孩因寒冷在垃圾箱裡生火取暖而死於一氧化碳中毒）的圖片；在講述"聽證會"議題的時候，我會配上寧波市民反對 PX 專案上街遊行的圖片。因為大家都知道很多城市引進可能會污染環境的項目時，事先並不舉行聽證會，或者僅僅走一下過場，弄一個虛假的聽證會。

寫公民貼的時期，我處於超級興奮的狀態。頭一天晚上定好第二天要寫的主題，第二天早上 6 點起床，收集資料，然後綜合資料內容，進行寫作。最難的不是寫作，而是如何把幾百字甚至上千字的寫作內容壓縮到 140 字以內，並闡明主題。其次是找到合適的時政圖片來彰顯主題。文字修飾好，圖片找好，排版完畢，等到 8:30 準時發送。因為那時候我為公民貼定的目標受眾是青年學生和白領，他們一般早上 9:00 上課或上班，8:30 他們正在坐公車或地鐵，所以 8:30-9:00 是一個集中刷微博的時間段，我正好把每日新的公民貼準時送達，好像每天推送可口的早餐一樣，形成習慣性閱讀。

書寫公民貼的另一難度不是來自於寫作本身，而是來源於政府對公民言論的審查，如果你用了政府不讓使用的敏感詞或說了政府不讓說的敏感人物和事件，你的帳號就會被"禁言"幾天到一個月，嚴重的會被註銷社交媒體帳號。比如，"自由"和"民主"在中國是敏感詞，在新浪微博和博客裡經常需要用同音的其他詞代替它們。

我堅信，如果每個人都用公民的理念武裝自己、要求自己，以納稅人的身份對中共政府那些蠻橫無理的要求說不，那麼培育公民社會的土壤會慢慢豐厚起來，所謂"以草為劍，成就民主綠地"。我在微博裡寫道："小草很纖細、弱小，但很多小草聚集在一起就是大片的綠地。如果你不期望做參天大樹，就請做一棵小草，用你的綠意和鋒芒，成就那片綠地。對於中國民主，希望大家也用這種方式，從身邊的點滴做起。讓我們從傳遞公民常識，踐行公民權利做起。"

　　有心的網友將我發的公民帖做了一部分保存，現在網上還能搜到一些，例如：

　　公民一【以"公民"置換"人民"】
　　馬克思主義理論提出要對社會中的一些人進行專政，於是毛澤東創造出人民和人民的敵人兩個對立的概念。公民缺位，沒人知道人民是誰，於是只有臣民。在此提倡：以"公民"置換"人民"（劉軍寧）。在憲政體制下，公民意味著權利、平等、法治、包容、個人權利至上。

　　公民二十七【國民軍】
　　軍隊應堅守政治中立原則，職責是捍衛國土完整與民眾安全，軍隊屬於全國公民所有，受國家編組，尊重軍令與政令的統一，是維持國家安定的關鍵，是民主的指標。1945《雙十協定》明確把"軍隊為國民服務"作為共同目標。1946 年周恩來公佈了軍隊國家化的具體標準。要國民軍，不要黨衛軍。

　　公民三十七【憲政民主是世界上最不壞的制度】
　　要建立好的制度，以監督公權力更好地為國民服務，從根本上維護民權。憲政民主是最不壞的制度，它提倡分權，讓各機構相互牽制；實行公正自由的選舉，在野黨和執政黨為爭選票，會更多考慮民眾利益；施行法治違憲必究，監督公權力，保護公民權；軍隊為全民服務。

我堅持了兩年公民貼的寫作，積累了幾百個系列帖。公民貼的議題從公民權利擴大到民主和憲政知識。很多網友從最初罵我，轉變到轉發公民貼，和我討論議題，最後和我結識成了微博好友。到現在我仍然能因為當年的公民貼，收到朋友們的問候和感謝。但是隨著公民貼主題的深入和影響力的增大，新浪微博開始對我的微博內容進行嚴格審查並不斷禁言。當我寫到軍隊國家化的時候，新浪微博最後乾脆註銷了我粉絲眾多的 VIP 帳號。被銷號後，我就再註冊新的微博帳號（網友俗稱"轉世"）繼續發公民貼。於是我成為新浪微博和騰訊微博最頑強的"轉世黨"用戶之一。我使用過的最有名的微博帳號是新浪微博的"天使向莉"和騰訊微博的"公民向莉"。

到 2013 年 10 月我徹底被中國政府在所有網路社交平臺實名"封口"為止，我的微博帳號總共轉世 76 次。

公民貼逐漸形成人氣，薛蠻子、李開復、胡紫薇等大 V 都轉過公民貼；郭于華、肖雪慧、楊佩昌、信立健等公知也支援我的公民貼系列；維權群體則是經常轉發公民貼；當然，每天堅持轉發的更多是學生和白領。多的時候，每天的新帖轉發量能達到幾萬次，閱讀量超過百萬人。我積累了 10 多萬微博粉絲，很多微博博友在不同場合給過我支持。一些微博博友因此與我成為了非常好的朋友。

（二）民主訓練：月亮共和國議會選舉

中國茉莉花事件讓中共嚇出一身冷汗，他們加速了長城防火牆的建設，完全封鎖了推特、臉書等境外社交媒體，扶植國內的微博和微信來代替。新浪和騰訊這些在中共的意識形態下運營的社交媒體公司，早已成為中共作惡的同謀。他們把使用者隱私資訊的介面直接開放給網警，使網警隨時可以調看每一個使用者即時的通訊記錄和歷史通訊記錄。網警們直接在微博和微信的後臺機房上班，隨時對輿情進行管控。線上的管控加上線下滿大街的帶人臉識別功能的攝像頭，不幸完美地再現了奧威爾在其名著《1984》中描述的"老大哥在看著你"的情景。

每一個使用微信和微博的人都是裸奔的。我們試圖做人群中的小孩，說出《皇帝的新衣》的真相，沒想到光著屁股的皇帝早就扒下了我們所有人的衣服。

中國的社交媒體公司用人工智慧技術建立了一套嚴格的資訊過濾和管控體系，以符合中國共產黨的要求。他們很清楚中共的潛規則。例如他們一方面要配合黨宣傳包含了"民主、自由"字眼的社會主義核心價值觀，另一方面又要禁止民眾在網路上談論民主、自由，作為敏感詞進行資訊過濾和懲罰。這些社交媒體公司會仔細地甄別哪些是中共說的虛假的"民主自由"，哪些是人民說的真正的"民主自由"。

2013年10月我的實名微博、博客轉世76世後被網信辦下令全部封殺，微信也無法實名註冊。於是我註冊了一個化名微信帳號，使用原來的微博頭像作為微信頭像，這樣很多朋友一看頭像就知道是我，很快很多微博老友在微信上又相聚了。

相對於微博那種縱向的廣播方式，微信則是橫向的朋友圈，它們的傳播規律有所差別。我想要在微信上做一些公民和人權觀念的民主訓練，除了要小心地避免踩著中共輿情管控的敏感尾巴外，微信群本身的管理規則就變得至關重要。

那時，我的真實姓名已成為敏感詞，不能在網路上出現，於是我使用了曾經的一個網名"月亮"，我的微信群就叫月亮的客廳。我嘗試在微信群裡採用議會制，群主是象徵性的國家元首，議長領導下的議會管理群內事務，議會每年換屆選舉一次，換屆選舉的時候，通過在群裡的演講和拉票，群友們投票後，當選的議員組閣議會，我稱之為"月亮共和國議會選舉"。

為了讓選舉完全按照民主的原則來進行，我邀請了原來做過議會制微信群選舉和實體 NGO 選舉的兩位原企業家朋友進了我的微信群，他們在我的微信群裡做義工，幫助我做民主選舉訓練。我們花了三個月的時間做準備。首先讓群友們自己報名參選"議會選舉籌委會成員"，群友投票，得票最多的七位成員當選；籌委會成立後，根據選舉義工提供的選舉材料，結合群內成員和微信群的實際情況，籌委會制定出適合本群議會選舉的選舉制度，並建立真正的選舉委員會；之後我邀請選舉專家在群裡做選舉講座，講歐洲議會制和美國總統制選舉規則。

做好這些前期準備工作之後，最後一個月開始進行選舉訓練。第一步是選舉委員會登記選民資訊、確認選民資格（群友可以棄權）；

第二步是群友自己報名或推薦報名參選；第三步是每位參選的候選人進行參選演講並為自己拉票；第四步是選民投票，得票最多的前五名當選議會成員；第五步是參加選舉的候選人發表當選感言或落選感言；當選者組閣成立議會，採用推選結合投票的方式選定議長；最後議長出來演講，發表當選演講，並公佈施政綱領，正式接管群主處理群內事務的權力。

2014 年至 2015 年，都是"議長"管理月亮共和國。群內如有事，群友報告給議會當天值班的議員，議員收集這些需要處理的問題，三天之內議長召開議會，遵循民主原則，議會拿出解決方案。議會每年換屆選舉一次。在這樣的機制下，"月亮的客廳"微信群成為了一個與眾不同的微信群，既有知識分享價值，又有民主管理的方式。

維權人士和人權捍衛者並不都要過苦大仇深的生活。月亮共和國議會有三大職能：一是請一些專業人士來群內做演講和分享，讓群友們有機會就一些專題進行討論，不斷提高公民意識；二是採取巧妙手段騙過網路審查，轉發來自國外媒體上的一些時政要聞和觀點；三是我們在月亮共和國推廣"樂活"理念——快樂維權。月亮共和國裡有誰生日或者某個陽光燦爛的週末，會組織大家進行線下活動。月亮共和國裡還有一對志同道合的朋友從網友到相戀最後結為伉儷。

（三）羅伯特規則及其秦永敏版本

在寫公民貼期間，我認識了在中國推廣《羅伯特議事規則》的袁天鵬，於是我開始瞭解和學習羅伯特議事規則。從而形成了"線上月亮共和國、線下羅伯特規則"的公民民主訓練模式。

參與公民運動的好多人似乎都是英雄不問出處，各懷絕技在身。因此一旦有聚會場合，都迫不及待、洋洋灑灑地發表自己的觀點和想法，這往往導致會議效率降低。採用羅伯特規則議事，每一個人都有且只能有平等的限時發言機會，會議決議或議題結論也按一定的規則投票表決得出，這大大地提高了會議的效率。這兩年參與新公民運動的同仁們一直在積極推廣羅伯特議事規則，取得了很好的效果。而武漢的秦永敏，將這套議事規則發揚光大，搞出一個公民實戰版本。

　　在人生的軌跡中，要跟秦永敏先生有個交叉，一起吃頓飯，不是一件容易的事。他的檔期不太多，他一生的大部分時間都在坐共產黨的牢。1981年，他參與建立中國民主黨籌備小組，被以"反革命宣傳煽動罪"判8年。1993年，他在北京參與發起《和平憲章》運動，被控擾亂社會治安罪判處勞動教養2年。1998年，他在武漢創辦《中國人權觀察》通訊、同年公開發起成立中國民主黨湖北省籌委會，並到湖北省民政廳申請註冊，以顛覆國家政權罪被判刑12年，2015年1月，他又被抓捕，以顛覆國家政權罪被判處有期徒刑13年。即使不算上沒坐牢的時候的各種被傳喚、監視居住、行政拘留、收容審查、刑事拘留……他的刑期也超過了35年！穩坐中國政治犯頭號坐牢專業戶的交椅。

　　2013年夏天我回湖北老家，路過武漢。秦永敏先生得知後，召集武漢的公民和我一起同城聚餐。下午四點多我到了武昌首義廣場，遠遠地看見秦先生帶著幾位武漢的公民在廣場等我。老秦精神很好，穿著一件T恤，一頭青絲中夾雜著幾根白髮，他見到我很高興，說武漢公民歡迎你回老家，等會一起"飯醉"啊！

　　我看見老秦身後遠遠跟著兩個"熊貓"，就說："您級別很高啊，連吃飯都有國家派的保鏢跟著！」老秦見怪不怪，說：「我去哪他們都跟著，跟屁蟲一樣。真煩人！」

寒暄完，老秦就帶我去附近的飯館。武漢的公民陸陸續續來了，最後兩個十人大桌坐不下，公民們只好擠著坐。

早就聽說老秦在飯局上喜歡長篇大論，而我那一段時間正在推廣羅伯特議事規則，主張從細小的事情上進行民主訓練。於是我建議老秦：我們吃飯的時候，採用羅伯特規則，邊吃邊聊如何？老秦欣然同意。

於是我當主持人，宣佈規則：剛從北京回來的大姐，可以就曹順利女士在外交部的維權活動作半個小時的報告發言。除此之外，舉手投票選一個議題，每位公民可以做自我介紹，可以就議題發言五分鐘。當一個公民發言時其他人不允許插話打亂議題。武漢公民很熱情，發言也很踴躍，紀律意識也很好，自覺地遵守羅伯特議事規則。只是苦了老秦，他好幾次想張嘴點評，都被規則制止。他自己發言的時間也控制在五分鐘之內。

我明顯地感覺到"麥霸"老秦在這次公民聚餐時發言不盡興，沒有能夠淋漓盡致地發揮。臨別時，我略帶歉意地對老秦說：「今天可能有點掃你的興，但是我還是希望，武漢的公民堅持使用羅伯特議事規則，繼續進行民主訓練。」沒想到，我回北京沒多久，老秦就通過網路聊天工具告訴我，他買了一本《羅伯特議事規則》學習，看完後，自己寫了一個簡潔版的《公民羅伯特議事規則》。這讓我很佩服老秦的學習能力和務實精神。那可是一本很厚的議事規則書啊，對之不熟悉的人粗略看完需要好些天，他不僅很快看完了，還根據自己的實踐經驗編寫了一套適合公民議事的規範。

老秦邀請我和他一起推廣他的《公民羅伯特議事規則》實戰版。但很遺憾，我那一段時間很忙，沒能和他一起做這件事情。後來有湖南、湖北的朋友告訴我，老秦在 2015 年這次被抓捕前，在網上和現實聚會都在按照他"秦永敏版"的羅伯特規則講座和實踐。

2013 年 12 月初，老秦給我發來手機短信，邀請我去武漢參加他的婚禮，我因故不能成行，只能回覆短信給他，恭賀他喜結連理。又過了一年，有消息傳來，說老秦和新婚夫人趙素利女士在 2015 年 1 月都失蹤了。我心裡一緊，開始關注他和夫人失蹤的事。老秦失蹤，我不意外，因為他的抗爭，當局視他為眼中釘，他一定是被秘密囚禁了；但趙素利女士被兩個武漢國保帶走之後，生不見人，死不見屍，實在恐怖。她兒子去尋找母親時，也離奇受傷。

我們猜測趙素利是被國保綁架了，以此來要脅秦永敏就範。果然在失蹤三年後，在秦永敏被判刑前，被單獨非法關押的趙素利被放出來了，她極度貧血和困頓，急需要治療。2018 年 7 月，65 歲的秦永敏被判刑 13 年後，在潛江廣華監獄服刑。秦永敏服刑時繼續和中共抗爭。患有高血壓的他在獄中受到不人道對待，當局要求十多名囚犯輪流看管他，又強迫做勞動的工作，以致他血壓升高至 260 的危險水準，秦永敏表示要進行絕食抗議。國際人權組織發表聲明，呼籲中共停止虐待中國資深政治犯秦永敏。經過抗爭，秦永敏在監獄裡的生活環境和狀況有所改善，2019 年底，他對前去探監的妻子趙素利說："我現在身體挺好，如果沒有謀殺的話，我活著出獄，不成問題！"

希望被人們稱為 "中國的曼德拉" 的秦永敏，能活著出來，見證將來的民主中國！

（四）我和新公民運動

由於習近平剛上臺，精力主要集中在利用 "反腐" 進行中共內部清洗上，民間維權運動和公民運動還有一點空間。民間長期堅持的行動人士的聚集和聯合逐漸形成聲勢，新公民運動和南方街頭運動是其中比較突出的兩股力量。

2012 年和 2013 年是新公民運動興盛發展的兩年，公民同城聚餐、要求官員公示財產、揭露黑監獄、教育平權等活動在全國範圍內展開。公民衫、公民傘、公民杯、公民徽標都成為公民們爭著想要獲得的紀念品，還有人常年穿公民衫，常年戴公民徽標，以擁有它們為榮。

一次新公民運動的領袖許志永被抓後絕食一周抗議。他出來後，我和他一起吃飯，許博士對我說："你的公民貼寫得很好，很及時，這對提高中國民眾的公民意識和培育公民社會很有幫助。你每天筆耕不輟，是中國公民裡的勞模！"我說："新公民運動中要求官員公示財產的訴求，切中時弊，我會全力支持！"

早在 1987 年，中共全國人大常委會就已提出要建立官員財產申報制度的議案。1995 年，中共中央和國務院辦公廳聯合發佈《關於黨政機關縣（處）級以上領導幹部收入申報的規定》。此規定發佈後，據說有黨內老人要賴說，不公佈財產會亡國，公佈財產會亡黨。大概是官員都捨不得 "亡黨"，此事就沒了下文。

世界上已有100多個國家和地區在實行官員財產公示制度，官員和公務員財產公示已經成為當代政治的一條常規。雖然中共平時祭出國情特殊論，以意識形態把老百姓搞得暈頭轉向，但在要求官員公佈財產這件事情上老百姓並不糊塗。他們認個死理兒：老話說"好事兒不背人，背人沒好事兒"。中共的這些官員如果沒有貪污人民的血汗錢，為什麼不敢公佈財產呢？中共的宣傳部門再巧舌如簧，此時也像被點了穴一樣，窘態百出。因此對於公民要求他們公佈財產的呼聲非常嫉恨。

那時我的公民帖傳播效果非常好，十多萬粉絲的活躍度很高。剛好公民張昆和阮雲華計畫去全國行走，並徵集"公民要求官員公示財產"的簽名，我於是就發動我的微博粉絲去現場幫助他們。徵集簽名的活動非常成功，當張昆和阮雲華回到北京時，丁家喜律師在北京郊區舉辦了一個歡迎聚餐。

新公民運動不斷受到員警的騷擾。丁家喜律師的歡迎聚餐結束後的第二天早上5點多，我的電話鈴響了。電話那邊無人說話，但電話裡傳來大聲砸門的聲音，房間裡有人問，"是誰呀？"對方答："警察"。有人開門，員警進了房間，員警問："張昆呢？"有人答："不知道。"接著，員警把房間裡的人都帶走了，之後電話裡安靜了。這位朋友非常機智，他用這種方式告訴我，昨天參加聚餐後，所有留宿在郊區的人都被員警抓了。我馬上將他們被抓的消息發到網上，於是，全國很多公民給抓人的派出所打電話，要求當局放人。

2014年1月22日是新公民運動的領袖許志永聚眾擾亂公共場所秩序案開庭的日子，當時我正在國外開會。北京當局如臨大敵，於開庭前兩天對相關人員進行網格化維穩。先是北京市朝陽分局的人打電話找我，讓我不要去圍觀許志永聚擾案的開庭。他們問我在哪，我說在國外。他們不信，又讓我所在轄區派出所打電話找我，我說不在北京。他們還不信，又去我家敲門，我家的房子已經租出去了，他們找到我的房客，讓房客打電話問我在哪？我對房客說，我在國外。他們還不放棄，最後跑到 798 藝術區我租住的房子找我，到了門口打電話給我，讓我開門。我生氣了，我說我在國外，你們手機定位就能知道！你們這樣騷擾我和我的房客，我要投訴你們！於是我將電話關機了。

一周後，我回到北京，發現家裡已經有人進去過了，東西被翻得亂七八糟。我家電錶上的電閘被人拉了下來，冰箱因斷電被弄壞了，裡面所有食物全部腐敗，一股惡臭。鄰居見我回來，過來問我：“你家怎麼了？臭了一個星期！”我向物業經理投訴：“前兩周，在我外出開會期間，有人非法闖入我家，進行破壞。物業公司怎麼做的安保？”物業經理明確告訴我：“上個星期，有國安過來找過你。”看來北京當局把我定位成新公民運動重點相關人員了。

2013 年 3 月 31 日，侯欣、袁冬、馬新立、張寶成四人去西單廣場演講，他們被稱為“西單四君子”。他們被抓後，律師們叫上我，大家開始商量為他們請律師的事，這是我初次結識梁小軍、唐吉田、陳建剛、浦志強、遲夙生等維權律師。“西單四君子”裡只有侯欣很快被放出來。為了聲援還在被關押的三位義士，我去北京市第三看守所為他們“送飯”（即自己掏錢為他們每人存 500 元生活費）。不久之後，那三位君子都被判了刑。沒過幾天，丁家喜、趙常青、李蔚、許志永、王功權也前後被抓捕。幾乎所有新公民運動的骨幹都被以各種理由被抓捕或判刑，其中包括劉萍、李思華、魏忠平、宋澤、王永紅、孫含會、齊月英、李剛和張昆。

蹊蹺的事情也不少。2013年4月13日丁家喜律師委託另一位律師邀請我到他工作的大樓的會議室裡參加分享會議，許志永博士和一名知名的紀錄片導演因故沒能參加這次會議。在沒有任何人通知和邀請的情況下，侯欣來到會議現場。有人悄悄問會議還開嗎？丁律說會議照常進行。會議開到一半，有人通報有警車過來了，於是我們中斷會議緊急疏散。我和李煥君不想走遠，只到女廁所避了一下。過了一會警報解除，除了幾個人已經離開大樓，大部分與會人員又重新回到會議室繼續開會。據我所知，那次會議是新公民運動被打壓前的最後一次會議。

我那段時間在大力推廣羅伯特議事規則。有一次，丁家喜律師和許志永博士同時被國保堵在各自家裡，無法參加預定於北京惠新西街太熟悉家常菜舉行的北京公民同城聚餐，丁律發郵件給我說，希望我去主持那天的公民聚餐活動。那天太熟悉家常菜的公民聚餐活動去的人比較多，大概去了近百人。於是公民們被分成了兩組，在餐廳的兩個大包間裡進行交流。其中一個小組的聚餐活動由肖國珍律師主持，我主持另一個。在我所主持的那個房間裡有40多人，公民們票選的公共議題是"南周事件"。我宣佈完聚餐和發言規則，公民們按照規則有序發言交流，突然有人站起來，喊"打倒共產黨"。我立刻制止，警告他違反了規則，並再次宣佈規則：必須圍繞議題進行發言，別的公民發言時不允許打斷，自己要發言時要舉手，等主持人同意後方能發言……公民們繼續發言，我邊主持邊觀察，發現那個違反規則的人，帽子上有個扣子，扣子的小孔裡有閃光，那是攝像頭的反光，我馬上明白了他在偷拍。過了一會，此人又突然站起來喊"打倒共產黨"，我按照規則讓他離開聚餐房間。因為公民同城聚餐是開放性的，免不了有中共的奸細混進來，進行監控和收集所謂的視頻證據。

現在回頭看，新公民運動有宗旨、有口號、有行動、有徽標、有規模，是一場典型的公民不合作運動。對於我個人而言，新公民運動讓我結識了很多有胸懷、有行動力的朋友，他們有的是優秀企業家，有的是維權律師，有的是人權活動家，有的是公共知識份子，有的是NGO 人員，有的是普通公民……在公民行動中，通過合作能真正瞭解一個人，我高興能和他們成為朋友。

我們在同城公民聚餐時討論"南周事件"，就說到了廣州的郭飛雄。

（五）南方街頭運動

2012 年底我從深圳到廣州，中國南方的民主運動領袖郭飛雄和推動中國非暴力不合作運動的唐荊陵律師在廣州請我吃飯。因為他倆都是我的湖北老鄉，席間說話就親切了許多。我們談及微博圍觀、公民維權，也提到了我正寫得起勁的公民帖。郭飛雄很直接，斬釘截鐵地說："喊口號沒用，要上街！"

郭飛雄指的是當時已經盛行的微博圍觀現象。微博圍觀雖然造成了輿論聲援氣場，但是郭飛雄認為面對中共政府對於人權的迫害如此肆意妄為，光是線上的呼籲是不夠力度的。那時的郭飛雄早已是名滿天下的人物，與北京的許志永並稱"南郭北許"。

我離開廣州不久，就發生了南周事件。2012 年 12 月 29 日，《南方週末》評論員戴志勇撰寫的新年獻辭稿《中國夢，憲政夢》被總編黃燦及報紙的其他主管刪改，後再由中共廣東省委宣傳部部長庹震親自操刀刪除和修改。2013 年 1 月 3 日，南周多位記者在微博上抗議宣傳部門的"剪刀手"，並連署發表公開信，要求庹震引咎辭職。1 月 6 日起，部分民眾聚集在《南方日報》集團門前舉行抗議活動，同時打出"新聞自由、憲政民主"等標語。

2013 年 1 月 8 日，郭飛雄前往廣州南方報業集團大樓前，聲援南方週末編輯記者抗議宣傳部的新聞管制。他在現場發表演講說："中國的書報審查制度，是最反動的思想員警制度，這個制度早就應該被廢除了。今天我們來聲援南周，不僅僅是因為他們受到了打壓，而是為一種普遍權利而戰鬥，這個普遍權利就是言論自由。"

南周事件是南方街頭運動的一部分。南方街頭運動是發源於中國大陸南方城市如廣州、深圳等地的主要以鬧市區舉牌抗議為形式的民眾運動。發起人有郭飛雄、王愛忠、劉遠東等，參與者多為草根活動家，如謝文飛、王默、楊崇、張聖雨、孫德勝、羅向陽、歐榮貴、肖勇、劉姍娟、黃緣才等。剛開始，南方街頭人士提出"從網路到廣場"的概念，約定每個月的最後一個星期天的下午兩點鐘在廣州黃花崗烈士陵園定期聚會。活動很快從廣州本地擴展到周邊城市，甚至湖南、廣西等地。4 月開始，武漢、長沙、廣州、深圳等八個城市有維權人士發起要求官員財產公示以及要求人大批准《公民權利與政治權利公約》的街頭舉牌行動。郭飛雄和赤壁五君子（袁奉初又名袁兵、袁小華、黃文勳、陳劍雄又名陳進新、李銀莉）被官方認為是這些活動的幕後策劃和組織者，之後他們被抓捕並判刑。

南方街頭運動和發軔於北京以許志永為代表的新公民運動遙相呼應，街頭行動此起彼伏，在 2012-2013 的中國大地上不斷舉起"公民"兩個大字。當新公民運動對各類活動方式兼收並包時，南方街頭運動則更加務實與激進，他們認為"光喊口號沒用，要上街"，這實際上指明了中國社會變革的不二途徑。街頭運動這條必經之路，必須擠滿憤怒的公民。

前東德的一位秘密員警曾經這麼說：如果有十個人上街，我們會把他們都抓進牢裡；如果有一百個人上街，我們會用警棍把他們揍趴下；如果有一千個人上街，我們會驅散他們；如果有一萬個上街，我們會站在他們前進的道路上；如果有十萬個人上街，我們會在一邊看著；如果有一百萬人上街，我們會加入他們！

官方認為郭飛雄是南方週末門前聲援抗議活動和南方街頭運動的策劃者和組織者。2013 年 8 月 8 日郭飛雄被刑拘，罪名是聚眾擾亂公共場所秩序罪和尋釁滋事罪，獲刑 6 年。

除了對社會變革路徑的深刻洞察，郭飛雄對於人權本身傾注著深切的關注。很多維權人士都會巧妙地繞過法輪功這個群體，因為那是當局劃定的高壓線，碰不得。但是郭飛雄是一個俠肝義膽的社運領袖，他恥於作個人利益得失上的精確計算。郭飛雄在湖北時，就曾親耳聽到員警講"只要認定你是練法輪功的，就可以不講法，就可以隨便把你綁走"。顯然這種完全剝奪一個龐大的人群所擁有的法律權利的做法，是巨大的人權災難。2006 年郭飛雄曾表示，中國當前遭受當局迫害面積最大、最殘酷的就是法輪功群體，救濟這一群體是促進中國法治的當務之急，他支援國際組織赴大陸全面調查法輪功受迫害真相。

因為參與聲援法輪功群體為人權抗爭的接力絕食，2006 年 8 月郭飛雄被捕，被判有期徒刑 5 年。那一次，他在廣州被抓，但後來被送往遼寧省的看守所。在那裡，他被中共公安使用警棍電擊生殖器，酷刑逼供，郭不堪侮辱而撞玻璃自殺未遂。

死去活來的郭飛雄，拒不低下他那高貴的頭顱。我後來一直記得郭飛雄 2012 年底跟我說 "要上街" 時堅毅的表情和深邃的目光。

以廣州為核心的南方彙聚了很多能人，徐琳就是其中一個。2013 年春，廣州民主人士徐琳到北京旅遊，我請徐琳在 798 藝術區喝咖啡。當我們聊到他的歌曲創作和民主理想時，他非常振奮。他說，總有一天中國的大街小巷都會響起民主的歌聲。他與劉四仿合作製作了許多以人權法治為內容的廣受大眾歡迎的民主類歌曲，比如《正義律師之歌》和《站在正義這一邊》等。2014 年徐琳剃光頭支持香港雨傘革命。2015 年後徐琳支持在 709 案中被打壓的人權律師和人權捍衛者。因為他創作歌曲表達民主訴求並在網上發表批評政府的文章，2017 年 9 月 26 日他在湖南老家照顧患病的父親時，被廣州市公安局南沙分局的員警以尋釁滋事罪名抓捕，後被判有期徒刑三年。正如北京異議人士李蔚所說的那樣：徐琳用他的實際行動踐行了他創作的歌曲《慶倖》中的詞句：我慶倖這巨變，站在正義這邊……儘管我的力量或許太有限，也能讓火焰旺一點。來吧朋友，快站到我們這邊！來吧朋友，勇氣不夠，我站前面！

（六）菜刀王默

南方街頭運動的王默，是另一位真的猛士。他的微博 ID 叫 "菜刀王默"，頭像照片中右手舉起，有點像宣誓的高度，手中握著一把磨得鋥光瓦亮的菜刀。

王默原來的微博 ID 名字叫"黑犬"，2011 年開始，我們共同在新浪微博關注陳光誠事件、"大連市反對 PX 專案遊行"、烏坎事件、"什邡反對鉬銅專案事件"和"啟東反對排汙專案事件"，王默有敏銳的洞察力，在很多方面他的觀點和我都比較接近。2012 年 7 月我開始在新浪微博上連載宣講公民權利的《公民貼》，由於他經常轉發、評論《公民貼》，我們在微博上的互動漸漸多了起來。我們倆的微博帳號都不斷地被官方註銷，都是"轉世黨"成員。後來，我們宣導去除恐懼，自我網路實名。"黑犬"就變成了"菜刀王默"。

生活中的王默比他微博頭像上的樣子要冷峻硬朗些。2013 年耶誕節他和謝文飛在北京參加我的生日聚餐，我一見他倆走在一起就樂不可支，想著要是不用為人權而抗爭了，這兩個人在我的生日宴會上搭檔說段相聲倒是一對兒。謝文飛光頭鋥亮，表情豐富；王默不苟言笑，頭髮硬挺，如疾惡如仇的魯迅一般。

王默和謝文飛是去河南聲援"南樂教案"後，來北京參加我的生日聚會的。王默痛恨極權政府迫害宗教信仰人士，寫下了"宗教信仰無罪，反對政治迫害"和"支持張少傑牧師，南樂公安是黑社會"的橫幅到南樂公安局門口抗議。在這之前，他已經是街頭的老運動員和拘留所裡的常客了。

2012 年，我參加新公民運動的公民聚餐活動時，王默已經開始走上街頭。2012 年 6 月 4 日，王默在南京的中共江蘇省委、省政府等多地張貼"紀念六四、要求自由民主"等圖片，被當局行政拘留 8 天。

2013 年 10 月，我被中共在全國範圍內註銷社交媒體網路帳號，開始轉到線下街頭抗爭。王默參與的線下公民圍觀活動也越來越密集，開始成為拘留所的常客。2013 年江西新余圍觀劉萍案開庭時，他舉出"反對政治迫害"的標語，被行政拘留 4 天；2014 年 7 月份，他在廣州窖口地鐵站舉了一個"捍衛自由人權，尋找張聖雨"的牌子，被行政拘留 8 天；2014 年 8 月份，在河南焦作因聲援張小玉、許有臣，舉牌要求"公開事實真相"、"要求司法公正"，他又被刑事拘留 24 天。

王默說："拘留所是讓人清醒和絕望的地方，也是走出陳勝吳廣的訓練營。革命在當下如果無力，那就讓中共拘留更多的人好了！"

王默是中國為數不多具有現代文明社會民主憲政理念的人士之一，他曾在微博寫道：如果你把自己看作公民，那麼顛覆任何政權都是你的權力。如果你把自己看成奴隸，那麼推翻奴隸主就是解放你自己的唯一出路！

2014 年 9 月 28 日，我在廣西北海舉牌支持香港占中，我的口號是：支持香港真普選。王默的作派顯然更有英雄氣慨。2014 年 10 月 3 日，王默和謝文飛、張聖雨等南方街頭人士在廣州大橋橋底的二沙島街頭舉橫幅"自由無價！支持香港為自由而戰！"王默與謝文飛很快被當局刑事拘留。同年 11 月 10 日他被逮捕，陳科雲律師會見時，王默說："黨國黑暗，政治腐敗；非民主自由，不能救中國；而實現自由民主，就需要站出來抗爭。為自由而戰，並非犯罪，且深感榮幸；雖數次深陷囹圄，但從未後悔，也永遠不會後悔，因為自由需要持久的抗爭！"

王默的涉嫌罪名由以前的 "尋釁滋事罪" 變成了 "煽動顛覆國家政權罪"，對於罪加一等，王默甘之如飴。他不但坦承自己是想顛覆，甚至不厭其煩地向法官們解釋煽顛罪的法理意義。在開庭前，王默寫了一份《我的自我辯護詞》："一直以來我主觀意願上想顛覆的是中國共產黨專政這個獨裁政權而不是國家政權。國家應當是全體國民的國家，不是這個黨或者那個黨的國家。一個執政黨政權的被顛覆跟國家政權被顛覆是兩碼事，只要國家存在則國家政權就存在。當然，如果法庭認為國就是黨，黨就是國，中國就是中國共產黨的國，那麼想顛覆黨的執政權就可以等同於顛覆國家政權了。請法庭明確中國就是中國共產黨的國，中國就是一個黨國的概念，否則指控我煽動顛覆國家政權的罪名就不可能成立……煽動顛覆國家政權罪就是赤裸裸的政治迫害，是中共政權鎮壓政治反對者的一個工具……大陸民主運動沒有退路，也沒有能和中共政權同謀的第三條中間道路，唯有抗爭，一直的抗爭，各種各樣的抗爭，非暴力和暴力同在的抗爭。菜刀精神要永存，革命準備要永遠。抗爭才有自由，抗爭才有尊嚴，抗爭才有改變！"

　　因為他不向中共妥協，王默最終被重判四年半。

　　2019 年 4 月 3 日王默出獄。因為兩個月後是六四 30 周年紀念的大日子，出獄不久的王默舉牌提醒人們勿忘六四，2019 年 5 月 15 日，他被廣州越秀公安局拘留。這次出獄後僅僅自由了 42 天。6 月 22 日他被正式逮捕，羈押在江蘇省淮安看守所。

　　王默曾描述過他心目中的國家，並犀利地指出中共的本質。他說："人人平等之下，國家應該是一個契約社會，個體人和個體人之間，通過契約來劃分私權和公共利益之間的界線，而政府只不過是個體人和個體人之間的共同代理人，具體的說憲法是這契約的內容，而選票則是個體人參與並授權這契約的唯一方式，沒有這契約的社會不是國家，只是一個黑幫控制下的黑社會。"

仔細看王默的微博頭像，雖然手持菜刀，但神情並不像一個拎著板斧、虎目圓睜的李逵。他的眼中沒有凶光，沒有恨意，甚至沒有桀驁不馴的固執倔強之氣，他的表情與他手舉菜刀的意象並不協調。如果你正視王默的眼睛，你會發現他並沒有看向天空和遠方，他只是在平靜地看著你，看著每一個人，眼睛裡滿是悲憫。

王默的老父親曾經跟他說："他們有槍，你幹不過的，收手吧。" 王默說："幹不過也得幹，總得有人挺身而出。" 父親說："好吧，但全國那麼多男人，憑什麼是我兒子站出來？" 王默說："因為我也有兒子，我不希望將來我對他說同樣的話。"

第三章　走上人權捍衛者之路

（一）海南萬寧，第一次走上街頭

　　"海南萬寧校長官員性侵學童案"發生在 2013 年 5 月 8 日。海南省萬寧市第二小學六名六年級小學生（11-13 歲）被該校校長陳在鵬及萬寧市房管局職員馮小松帶到賓館開房性侵。該案件被新聞媒體曝光後，引發了各界對於保護未成年人的擔憂。5 月 14 日晚上，萬寧副市長李志傑、吳明陽和萬寧市教育局長李甯、黃志鵬會見受害女學生家長，要求其不要接觸媒體採訪。當天深夜，市長張美文通過關係人聯繫受害女學生家長，要家長打電話給新聞媒體撤掉該案件的視頻與報導。之後，校長家屬給受害女生家長致歉，要求私了該案。

　　我們知道這些消息後都很氣憤。單利華做"公民播報"視頻的時候採訪我對此事的看法，我說："如果在韓國發生性侵女童的事件，總統會因此下跪，向全國人民謝罪！而中國的官員卻企圖掩蓋犯罪行為，袒護罪犯，是可忍孰不可忍！"

　　葉海燕說，她也有女兒，不能輕饒這樣的色狼校長，她要去萬寧抗議此事，問我願不願意一起去？我說，好，算我一個！我們一起去！

　　2013 年 5 月 27 日上午，我、葉海燕、王宇、唐吉田、王建芬、單利華、賈靈敏一行七人先到海南省萬寧市教育局門口舉牌抗議小學校長性侵女生，呼喊口號，斥責教育局失職、要求問責校方、嚴懲校園色狼、保護兒童。臨近中午，我們來到萬寧市二小大門口，發現學校的牌子被校方用紅色綢布包裹、藏了起來，真是此地無銀三百兩。我們拿出事先複印好的聯合國頒佈的《兒童權利公約》和《中華人民共和國婦女權益保障法》，分發給路過的市民，進行普法宣傳。很多家長圍過來問怎麼回事？我們就問他們知不知道校長陳在鵬性侵學生的事，他們大部分知道此事，表示很氣憤，又很無奈，然後王宇律師和唐吉田律師現場普法，解答家長們的法律問題。

隨著放學時間的臨近，圍觀的人越來越多，複印的資料散發完了，有路過的群眾過來問還需要複印嗎？我說需要，但不知道哪裡能複印，他說你等著。過了一刻鐘，他騎著摩托給我送來 600 張複印好的法律資料，並且死活不要我付的錢。他說，你們為我們的孩子爭取權利，我不能要錢。 此時，來了幾輛警車，停在我們旁邊。

圍觀的行人越來越多，葉海燕他們舉著各自的標語牌開始大聲抗議，譴責校長性侵兒童。葉海燕舉的牌子最醒目，上面寫著：校長，開房找我，放過小學生。所留電話是中國婦聯的電話：12338。有意思的一幕發生了，過了一會一個穿粉紅色衣服，打著遮陽傘的女人走近海燕，拿手機仔細拍海燕舉的牌子。我問她是誰，旁邊有人說她是這裡的婦聯主席。估計有人真打了海燕牌子上提供的婦聯的電話，於是婦聯主席親自跑過來看看怎麼回事。葉海燕很聰明，她用這種方式嘲諷婦聯在此案上的失職。

中國的婦聯是一個非政府組織 NGO，它的主要使命是捍衛婦女權益、促進男女平等、維護少年兒童權益。中共建政以來，中國婦聯原本一直都是中共領導下的一個政府部門，1995 年才被"調整"為 NGO。這一類性質的 NGO 完全是中共為了與國際組織交流的方便而掛出的"羊頭"，它們所販賣的"狗肉"仍然是中共政府的意志。因此它又被人們戲稱為"GONGO"，即"政府組織的非政府組織 Government Organized Non-Government Organization"。中共不但從來沒有真正向人民落實過其《憲法》上所規定的結社自由，而且對於人民結社的事情非常恐懼，因而在中國也不可能有真正的 NGO 存在。幾乎所有名義上的 NGO 都是 GONGO。這類 GONGO 在國際交往中具有較大的欺騙性，表面上是獨立於國家政府，宣導社會文化和環境保護等推動社會進步等議題的非營利組織，但它實際聽從於中國政府，秉承中共的意志行事。這就是為什麼在海南萬寧的小學女生遭受性侵之後，宣稱以"捍衛婦女權益、維護少年兒童權益"為宗旨的"非政府組織"婦聯鴉雀無聲、毫無作為的原因。

放學的時間到了，人就更多了。帶著囚籠的警車又來了好幾輛，下來十幾個員警和我們對峙了很久。員警用手機把我們七個人一一拍照。有便衣上來問我們從哪裡來的，我們說從北京來的，有的人是律師，專門來抗議的。有員警說："你們是不是吃飽了，沒事幹？"進行言語挑釁，我們沒有理睬。抗議現場的員警，一直在等上頭的命令，但看樣子上面的員警和官員吃不准我們的來頭，看我們在和平抗議，不想把事情搞大，一直沒下抓捕的命令。學生和家長漸漸走光了，現場只剩下我們和員警，抗議效果已經達到，我們也就收工，離開了萬寧二小門口。

因為我一直在記錄，並將現場的資訊發到微博、微信和推特上，沒時間舉牌，所以臨走，我特地拿著自己手寫的抗議字牌，在街頭拍了一張照片，算作留念。我舉的牌子上寫著：校園女童被性侵，無用婦聯請解散。這是我第一次因為捍衛人權上街、舉牌。

大家在海南的烈日下被曬得滿臉通紅，汗流浹背，衣服都濕透了，特別是胖胖的葉海燕，最後連走路都喘不過氣來，但為了大家的安全，她在路邊茶館喝完一杯茶水後，堅持著和我們一起走到我們租的停靠得很遠的麵包車那裡。警車和便衣一直尾隨著我們，直到我們的車駛出萬寧地界，警車才掉頭離開。

有關我們抗議行動的新聞在網路上迅速傳播，尤其是葉海燕舉著"開房找我"的那張照片被各大媒體轉載，在網上瘋傳。很快，中國網路上突然出現很多人手拿"開房找我"的紙牌的個人照片，網上掀起"支持葉海燕，反對性侵兒童，開房找我"的風潮，藝術家艾未未、詩人王藏、女權人士、大學生、工人……至少有上千人參與了這個網路支援行動。

由於我們的抗議活動，海南萬寧校長官員性侵幼女案被改變管轄審理，校長陳在鵬、萬寧房管局官員馮小松以"強姦罪"分別被判處有期徒刑 13 年 6 個月、有期徒刑 11 年 6 個月，性侵女童的罪犯，終於受到了嚴懲。

海南萬寧校長官員性侵幼女案被曝光後，產生了連鎖反應。短短 20 天內，至少有類似的八起全國各地的小學女生遭受性侵事件被曝光出來。比如，江西九江瑞昌市的六旬教師，自 2012 年 9 月至 2013 年 5 月期間性侵並致使小學女生感染嚴重性病；河南南陽桐柏一教齡 30 年的教師，多年長期在教室內公然猥褻小學女生，僅 2012 年春至 2013 年 5 月期間，在校一至三年級的全部 21 名小學女生（6-11 歲），除了他自己的親孫女外，其它 20 名女生均遭其毒手，其中兩名還三次被帶到他的租住屋裡強暴……這一系列案件讓人們非常震驚，不單單因為被害人是幼女，更因為施暴者竟然是教師、學校校長和公務員，而且這些犯罪行為公然、長期存在。這讓人們開始質疑法律對於這類犯罪的懲戒和威懾是否有效。與我們一同去萬寧二小現場抗議的王宇和唐吉田律師從法律專業的角度，將關注點鎖定在“嫖宿幼女罪”上。1997 年 3 月 13 日，中國人大會議通過的《中華人民共和國刑法》，其中第三百六十條第二款，將這種性侵的罪行從強姦罪分離出來，單列為嫖宿幼女罪。由此，在刑法上形成嫖宿幼女罪、強姦幼女罪、強姦罪三個並列的罪名（2002 年，姦淫幼女罪併入強姦罪，屬於加重處罰的罪行）。司法實踐中，嫖宿幼女罪的起刑點低於強姦幼女罪；而且嫖宿幼女罪沒有死刑，在這一點上也低於強姦罪。嫖宿幼女罪的荒謬之處在於，它忽視了 14 歲以下的女童並不具有法律意義上的“同意能力”、其所做出的與他人發生性關係的決定沒有法律效力這一事實。以嫖宿來定義這一行為，一方面給女童以汙名化，另一方面又給罪犯減輕負罪感。這條惡法是近年來幼女遭受性侵事件高發的原因之一。

海南萬寧事件中，我們在萬寧二小的門口高呼：廢除袒護官員和強姦犯的“嫖宿幼女罪”！爾後經過律師和社會各界人士的持續推動和呼籲，最終，中共第十二屆全國人民代表大會常務委員會在 2015 年 8 月 29 日公佈的《中華人民共和國刑法修正案（九）•第四十三》中，正式刪除第三百六十條第二款，嫖宿幼女罪就此停止使用。

海南萬寧事件使罪犯得到了應有的懲罰、惡法得以中止，但政府並不願意承認民間人士的貢獻。甚至反過來認為民間人士的行動讓他們陷入難堪，折損了中國共產黨和政府的威信。他們對捍衛了兒童權利、本應該成為英雄的葉海燕施以打壓，使葉海燕付出了很大代價。她回到她的居住地廣西博白後，被當局設計陷害，遭到行政拘留。釋放後，她和女兒還有她的傢俱被當局半夜用大卡車拉到郊區，像倒垃圾一樣扔在路邊。孤苦無援的葉海燕抱著女兒坐在荒野裡的傢俱旁發愁。那張照片我永遠不會忘記，那是中共迫害人權捍衛者的見證。後來葉海燕和女兒輾轉到了中山和廣州，廣東當局也不讓她們待在廣東，她們被廣東的秘密員警警告、驅趕，後來她只好帶著女兒回湖北老家。

我們這次抗議行動的跟拍者，紀錄片導演王男柮，後來以海南這次抗議校長性侵小學生的行動為素材，以葉海燕被驅趕的經歷為主線，做了一個紀錄片《流氓燕》，此片獲得荷蘭海牙人權電影節最佳紀錄片獎。葉海燕本人也獲得金蝴蝶人權捍衛者獎。

（二）為夏俊峰敲盆鳴冤

中國城市裡有很多中低收入的市民，他們的生活來源就是靠擺個小攤，做點小生意。隨著城市建設的發展，各種 CBD、shopping mall 越來越多，當地政府就覺得這些做小生意的攤販影響市容。於是，越來越多的地段開始禁止小商小販，越來越多的規定開始排斥他們。為了把城市管理成歌舞昇平的樣子，中國政府建立了城管隊伍，全稱是"中國城市管理行政執法局"。他們被授予了執法權，可以打砸、沒收小商小販的推車、爐灶等工具，還可以罰款。而這些城市貧民的生存非常艱難和脆弱，被城管搗毀一次販售車輛或工具，對於他們整個家庭來說可能就是滅頂之災。但城管只管按規定處罰，並不關心這些小商小販的生計，這些不歸他們管。

瀋陽小販夏俊峰靠擺烤肉攤為生，或許是因為他想省下辦營業執照的錢，或許是因為營業執照規定擺攤的地方生意不好做，有了執照換個地點照樣還是被處罰，或許他還沒來得及去辦理，總之那時候他沒有營業執照。但是他們家的生計就是這樣靠擺小小的烤肉攤維持著。2009 年 5 月 16 日，夏俊峰與妻子在瀋陽市沈河區南樂郊路與風雨壇街交叉路口附近擺攤，被瀋陽市城管執法人員查處。這些人搶奪、沒收夫婦倆的煤氣罐和擺攤的工具，將串肉扡子扔到地上，還要把他們帶到城管局去接受罰款。這讓夏俊峰很恐慌，因為這意味著不光是失去了做生意的家當，還要把之前與妻子起早貪黑賺的辛苦錢賠光，以後的生活更沒了著落。他表示反抗，不讓城管拿走煤氣罐，城管便開始毆打他。到了城管辦公室後，夏俊峰再次遭到毆打。忍無可忍之際，他用隨身攜帶的切香腸的小刀自衛，殺死了圍毆他的兩名城管。

儘管社會大眾普遍認為他的行為屬於正當防衛，但夏俊峰仍於 2013 年 9 月 25 日被執行死刑。 夏俊峰死後，有很多網友譴責當局袒護城管，拉偏架，很多人去瀋陽祭奠夏俊峰，吳淦、胡佳和一些藝術家也在呼籲並幫助夏俊峰的妻子張晶和孩子。9 月 25 日下午中國大陸 25 名律師發表聯合聲明，抗議夏俊峰被覆核執行死刑。簽署聯合聲明的北京律師李和平說，在夏俊峰案一、二審、死刑覆核階段，辯護律師在證據方面提出了諸多質疑，另外審理程式方面也存在諸多問題，譬如死刑案件證人不出庭、應當出庭的客觀證人被限制出庭、旁聽席上的證人違法作證等。他說：「我和其他 18 名律師在一次會議上曾經討論過夏俊峰的案子，不少律師認為夏俊峰是正當防衛，應該無罪釋放。也有律師認為，夏俊峰防衛過當，最多會判五年徒刑。但最後的判決是死刑，而且最高法院維持原判，這是我們萬萬沒有想到的。」

同一天，遠在海外的公民力量創始人楊建利博士發出倡議書，號召中國公民於夏俊峰頭七這一天的 10:01，用各種方法發出聲音，進行祭奠和抗議，即"1001行動"。

《1001行動倡議》

夏俊峰之死讓我們陷於對現中共政權更深的絕望中，民眾的憤怒幾近集體爆發的臨界點。夏俊峰在接聽最高法院核准死刑判決時令當局發抖的凜然靜氣和張晶、強強在巨大苦難中堅強不屈的生命力，讓我們從絕望的痛苦中重振精神和勇氣。我們，必須行動！

據信夏俊峰是在北京時間9月25日上午10時許被執行槍決的，10月01日——中共建政64周年紀念日——將是夏俊峰的頭七。我們呼籲中國各地的民眾在這一天採取1001行動，讓我們對這個專制政權的憤怒來一次集體大爆發。1001行動內容如下：

1. 北京時間2013年10月01日上午10點01分全國民眾同步開始敲擊可以發聲的物體，形成全國共鳴，持續的時間越長越好。
2. 敲擊任何能發聲的物體都可以，比如鼓、鑼、鈸、盆、碟、碗、杯、桶、缸、梆、鈴等均可，也可以用汽車鳴笛、喊叫、唱歌、喇叭、奏樂等加入配合。
3. 在任何地點敲擊發聲都可以，為了安全起見，最好從家裡開始，條件允許的地方可以鄰里相聚敲擊發聲，根據條件變化也可以考慮走向街頭。
4. 這個行動叫1001的原因有三：其一，這個行動在10月01日進行；其二，這個行動從上午10點01分開始，據信這接近夏俊峰被處死的時間；再則，1001容易上口便於傳播，而且象形，1像是敲擊使用的棍，0像是被敲擊的發聲物體。

5. 呼籲所有朋友廣泛轉發這個 1001 行動計畫，尤其期望各界有影響的人物發揮領導作用，號召你的粉絲、讀者、聽眾傳播這個計畫，並積極準備行動。

6. 呼籲大家製作各種有創意的文字、圖像、視頻推動 1001 行動。

7. 這幾天我們的道別語是：1001，我要聽到你的聲音。

道路以目，1001 連石頭都要發聲了。

公民力量
2013 年 9 月 25 日

2013 年 10 月 1 日夏俊峰"頭七"那天早上，我在大山子的公寓裡。北京大雨如注，彷彿在為夏俊峰喊冤。網上有很多人在祭奠夏俊峰。我也在微博上寫了一篇紀念夏俊峰的文字，越想越憤怒，想為夏俊峰做點什麼。我在屋子裡踱來踱去，當我轉到窗戶旁時，向外望去，看到平時我買菜的大山子菜市場。有很多人在那裡擺攤賣水果、賣菜，他們的命運和夏俊峰並沒有區別，但是他們大多數人不知道夏俊峰是誰。我做了一個決定，我要去菜市場告訴其他小販"瀋陽小販夏俊峰的故事"，他被中共枉判，冤死了！我效仿古時候老百姓擊鼓鳴冤，拿起家裡的一個洗菜用的不銹鋼盆去街上敲！倉促之間找不到敲盆的槌，就順手抄起一個玉米棒子代替。

大山子菜市場規模很大，前後有近百米長。我來到菜市場，用玉米棒子敲響了鋼盆，高聲喊道："今天是瀋陽小販夏俊峰的頭七，他是正當防衛！夏俊峰無罪！"因為正好是上午市民出來買菜的時間，雖然下著大雨，市場裡面人還是很多。很多行人駐足圍觀，也有人互相打聽夏俊峰是誰。兩三分鐘之後，人群開始為我們鼓掌。掌聲越來越熱烈，有人呼喊支持，也有人雙掌合十祈禱。我沿著菜市場一路敲盆喊冤過去。我請朋友幫我拍照，然後我把照片上傳到了推特上。

這是我第一次單槍匹馬走上街頭，抗議中共操縱法律、虐殺平民。現在想來，那時我應該是看過楊建利博士的"1001行動"倡議才想到敲盆鳴冤的。海外的中國民主力量與國內的公民運動的良性互動，始終是令當局寢食難安的。日後搭救我逃出中共魔掌的，就有楊建利博士。

2013年10月的一天，新浪微博的"五毛"團隊帳號染香，發了一個微博，預言我將在某月某日在全國範圍內被全網銷號。我當時回覆她，如果你的預言準確，說明你是高級網警團隊，因為即使新浪微博的主編也無法做到定時全網執行定點銷號。結果，如染香微博所預言的那樣，沒過幾天，我所有的微博、博客帳號都在同一天的同一時段被註銷，我的名字和頭像不允許再註冊為新的帳號。新浪微博、騰訊微博、網易、搜狐、鳳凰，所有的微博、博客平臺，沒有一家網路社交平臺就我被銷號的事情通知我，更別說解釋了，儘管我是經它們的認證的VIP客戶。有網友之後告訴我，我被全網銷號的原因是，我在大山子菜市場為夏俊峰敲盆鳴冤的照片被美國之音轉載了，當局認為我號召民眾上街。所以，國家互聯網資訊辦公室（簡稱網信辦）下令對我進行全網封殺，也就是"封口"。這次被封殺的是我的第76世轉世帳號。這次被封殺後，我的網路社交帳號就再也沒能活過來。2013年11月及之後，我所用來發佈資訊的微博帳號都是借用朋友給我的微博帳號。

（三）雞西營救唐吉田律師

2013 年 10 月 16 日下午，唐吉田陪同法輪功學員于金鳳的丈夫楊開成前往雞西市 610 辦公室，就于金鳳長期被非法拘禁在雞西洗腦班（原雞西勞教所）一事進行交涉。結果當地公安以所謂“擾亂公共場所秩序”的罪名，將唐吉田和楊開成二人行政拘留 5 天，關押在雞西市第二看守所。

為了營救唐吉田律師，10 月 19 日，董前勇、郭蓮輝、劉衛國等律師到雞冠區公安分局就唐吉田被拘留的事情進行交涉，並向當地政府遞交了由全國 68 位律師、103 位公民連署的呼籲釋放唐吉田律師的《緊急呼籲書》。雞冠區公安局長鄭海洋對董前勇律師說，唐吉田不是一般的律師，在國內外都有很大的影響力。對唐吉田進行行政處罰，就是要給他一個教訓，這是中央政法委的命令，不能放人。他還揚言：“看你們全國能來多少律師！”

“看你們全國能來多少律師！” 這是公權力的傲慢和挑戰。2013 年 10 月 19 日，我和馬強、戈覺平、張昆、閆春鳳、單雅娟等公民趕赴黑龍江雞西市，聲援被 610 非法拘禁的唐吉田律師。與前後腳到達的董前勇、趙永林、王成、劉衛國、陳建剛、張科科、郭蓮輝、王宇、江天勇、郭海躍律師等一起成立“唐吉田雞西事件聲援團”，其他公民和律師也在趕赴雞西的路上。連續多天聲援團成員到雞西市政府、市公安局、區市檢察院、雞冠區公安分局，雞西市第二看守所等有關部門來回交涉、抗議。雞西的夜漆黑寒冷，我們裹著厚厚的軍大衣在夜裡歌唱、手挽著手前行。63 歲的郭蓮輝律師也不休息，拄著拐杖和我們走在大街上。

警方似乎也卯足了勁跟我們較量。夜裡，有員警來我們住的旅館摸底、查房，登記每一個聲援團成員的身份資訊。

　　第一個回合是雙方展開談判。10月20日早上8：30分，董前勇、郭蓮輝、陳建剛和劉衛國等四位律師和我、馬強、戈覺平、唐吉田前妻等幾位公民一起與雞西市政法委副書記劉邦仁、雞西市公安局副局長王小明、雞冠區公安局長鄭海洋及610官員等進行對話溝通。當局完全沒有作任何讓步的打算，因此也沒有做談判的準備，只是一味推諉。律師和公民則是有備而來。在談判無果後，聲援團當面向當局遞交了控告書、資訊公開申請書、示威遊行申請書等材料。

　　示威遊行是《憲法》賦予公民的權利，但自從8964之後，這一領域成為禁區。官方的說辭是示威遊行必須事先申請獲批，但是他們不會批准民眾維權的任何示威遊行，他們認為示威遊行是影響社會穩定。中共對於官員的考核中，也把穩定作為一項重點指標。官員治下如果發生示威遊行，會直接影響到他們的考核和升遷。這導致官員談示威遊行色變。因此當我們提出示威遊行的申請時，這些官員突然變得手足無措，稍事鎮定後，突然集體離場，逃跑了！

　　第二個回合，公民馬強和陳建剛律師列印了一個巨大的《中華人民共和國憲法》的封面，買了幾本憲法書，去給雞西市政府送憲法，讓他們遵紀守法。雞西市政府沒有回應。

　　第三個回合給了政府部門巨大的壓力。我們在去政府部門交涉的過程中發現，有許多無牌車輛在雞西市政府部門暢通無阻，甚至在法院進出的也有很多無牌照車。我們開始把這些無牌照車拍照上網公示，網上也有人實名舉報雞西檢察長劉鎖星和雞冠區委書記呂富的腐敗行為。這些直接舉報，讓政府官員人人擔心自己的醜行敗露，氣焰大為收斂。

雞西事件的網路圍觀一直保持著較高的熱度。趕到雞西現場的公民和律師在雞西市檢察院門口舉牌，表達抗議。我和王宇律師舉牌的內容是：釋放唐吉田律師。同時全國各地的公民也紛紛舉牌聲援。令人印象最深刻的是北京維權公民薛孟春他們的舉牌內容：我愛棒棒唐！與此同時，10月21日，中國各地律師、維權界人士、公民共同發起了「恢復唐吉田等良心律師執業權利呼籲書」（據不完全統計，中國有數十位人權律師被剝奪了律師的執業權，包括唐吉田、劉巍、滕彪、溫海波、江天勇、唐荊陵、劉士輝等知名律師）。

在各種壓力下，唐吉田於10月22日早上8點被提前釋放。聲援團的成員給唐吉田送上鮮花，大家擁抱在一起。唐吉田說他在看守所裡聽到了王成律師在外面叫他名字的聲音，就知道大家來營救他了。

唐吉田出來後和其他律師去雞西市檢察院舉報610非法抓人的事。中午吃飯的時候，唐吉田說當天是王功權的生日。那時候，王功權被中共抓捕、拘留。我們特地點上生日蠟燭，遙祝因支持新公民運動、為義受苦、身陷囹圄的著名企業家王功權生日快樂！我一直記著王功權的那句話：大不了死，大不了生不如死！

離開雞西的時候，大雪紛飛，我對自己說，以後絕不再到這個黑暗寒冷的城市。

（四）範木根正當防衛案

宋代詩人王令詩雲：
三月殘花落更開，小簷日日燕飛來。
子規夜半猶啼血，不信東風喚不回。

中共建政以後，為公民權利子規啼血的，首推聖女林昭。

　　林昭 1954 年進入北京大學新聞系學習，在 1957 年的反右運動中因公開支持北京大學學生張元勳的大字報"是時候了"而被劃為右派，後因"攻擊無產階級專政罪、反革命集團罪"於 1962 年起被關押於上海市提籃橋監獄。在獄中，她寫了反對毛澤東的血書與日記。1968 年 4 月 29 被中國人民解放軍上海市公檢法軍事管制委員會槍決於上海龍華機場。林昭在 1949 年以前曾申請加入中國共產黨，60 年代成為基督徒。她思想的轉變，以及轉變以後對於中共專制及其獨裁者邪惡本質的深刻認識，即使放在今天，仍然是振聾發聵的。林昭被殺害前一日模仿汪精衛《被逮口占》作五言絕命詩雲：

青磷光不滅，夜夜照靈台。留得心魂在，殘軀付劫灰。
他日紅花發，認取血痕斑。媿學嫣紅花，從知渲染難。

　　2013 年 12 月 3 日下午，我和唐吉田去蘇州靈岩山祭拜林昭墓，蘇州公民戈覺平作陪。林昭墓碑上刻有她生前所作的"自由無價，生命有涯。寧為玉碎，以殉中華"的詩句。中共當局非常忌憚公民去林昭墓祭奠，專門在林昭墓邊安裝了監控攝像頭和鐵柵欄，敏感時期還會有便衣在附近遊蕩，騷擾前來祭奠林昭的公民。林昭墓實際上是林昭的衣冠塚。林昭被槍斃後，有人上門找家屬收取了 5 分錢的子彈費。但是家屬沒有能得到林昭的遺體進行安葬，於是為林昭立了這個衣冠塚。

就在我們向林昭墓獻花祭掃時，戈覺平突然接到電話，被告知出大事兒了：退伍軍人范木根手刃兩名強行闖入他家的強拆者，被抓到蘇州科技城派出所。我們深知事態的嚴重性，馬上下山往出事地點趕過去。當我們趕到科技城派出所門口的時候，正好看到範木根的小兒子和兒媳與員警在交涉。他們要進去看父親，員警不讓，有些爭執，旁邊有一些村民和蘇州當地的維權人士在圍觀。最終范木根的小兒子沒能見到父親。過了一會，王宇律師也趕到了科技城派出所。

這些年中國政府大搞各種城市基礎設施建設。地方政府有項目就有錢（政府從國有銀行貸款），又能拉動 GDP 增長，通過這些政績的積累還能鋪墊升官之路，地方官員都深諳此道，操作起來大刀闊斧，不遺餘力。通常都是政府大筆一揮，劃定某一區域為"科技產業園區"或者其它名目進行所謂開發，然後將居住在他們所規劃的區域裡的居民遷走，房屋拆毀，地皮徵用。居民房屋拆遷的補償價格由政府頒發政策規定，居民很難有對等談判的權利。政府拆遷的手段往往先是恩威並施，通過所謂政治思想工作，發動居民的親屬勸說，對率先同意動遷的居民施以小恩小惠，對猶豫的居民則以其切身利益（政府掌握著居民的一切資源）加以威脅。通常這些手段都能奏效，但是也有個別居民覺得私人房屋拆遷的補償由政府單方面"出臺政策"的做法不公平，希望能跟拆遷公司平等談判。如果這個居民軟硬不吃，堅持要對等談判，政府就會把他定義為"釘子戶"。這個釘子紮在政府的痛處，很難辦。政府如果滿足釘子戶的要求，則意味著其他所有居民都可以享有同等權利；如果不滿足釘子戶的要求，政府好像又理虧。地方官員升官發財的心情急迫，時間上容不得釘子戶的拖延。因此這時候政府往往默許、容忍、縱容甚至主動雇傭有黑社會背景的人員對於談判未果的住戶採取威脅、恐嚇、毆打等手段進行逼遷。有些拆遷公司本身就是政府下屬的公司，政府、員警對於這些針對居民的暴行袖手旁觀。因為拆遷矛盾激發而發生血案的情況屢見報端。

我們從現場瞭解到的情況是，範木根家所在的嚴山村拆遷專案，由蘇州高新區政府所屬的華通開發建設有限公司負責。華通公司曾表示他家 280 平米的房子可獲賠償款 75 萬元，後來又被降為 71 萬元，範家一直都覺得不公平，拒絕簽字。今天上午 10 點許，拆遷公司工作人員陸某、卞某等 5 人到範木根家逼遷，範木根及妻子顧盤珍拒絕與之商談。拆遷人員架著范木根的胳膊，要將他帶走，雙方發生拉扯。此時，戴白色頭盔的輔警已經趕到事發現場，但他們只是觀戰。在雙方拉扯之際，一輛麵包車在馬路邊停下，車裡又出來四五名拆遷人員，手裡均拿著可伸縮的鋼棍，當著輔警的面，上來就打。範木根被打倒在地，頭部受傷。范木根妻子顧盤珍右手手臂被當場打斷至骨折，大兒子眼睛被打傷，滿臉是血。範木根情急之下掏出隨身攜帶的宰羊尖刀自衛，刺中胡某、柳某。胡某被送至醫院前已經死亡，柳某在醫院經搶救無效死亡。

這是又一起因暴力拆遷引發的典型的正當防衛案。當事雙方一方是政府，另一方是養羊維生的普通居民，力量對比懸殊。如果沒有法律救濟，範木根要吃虧，必死無疑。

九死一生的範木根的房子原屬嚴山村 7 組，是一棟普通的農村兩層住宅，前面是自家菜地，後院是羊圈，養了十幾頭山羊。在事發前幾天的 11 月 25 日，上訪無望、求助無門的他預感到大禍臨頭。當過兵的範木根想到了用武器保護自己的家園，但又不知道如何申請持有武器，於是他鄭重其事地列印了一張《中華人民共和國公民申請合法持槍》的聲明，簽上自己的名字，拍了一張照片發到了網上。

作為一個人權捍衛者，我做的第一件事就是借用朋友給我的微博帳號，第一時間把範木根案的真實情況連續發佈到微博上，命名為"範木根正當防衛案"，為此案定調。我報導範木根案用的第一張配圖就是范木根於 2013 年 11 月 25 日手持《中華人民共和國公民申請合法持槍》聲明的那張照片。

第二件事情是幫助當事人儘快固定證據，在這些年的人權案件中，官方毀滅證據的行為層出不窮。聽說范木根的妻子顧盤珍的胳膊被強拆者用鐵棍打骨折了，去了楓橋醫院，我們就立即趕往楓橋醫院。到了醫院，發現顧盤珍用另一隻手托著胳膊在醫院樓道裡站著，沒人管，我們很氣憤。中午 12 點多被打斷胳膊後，醫院只給她拍了 X 光照片，居然到了下午 5 點仍不收治，顧盤珍只能托著斷了的胳膊在醫院走來走去。我馬上把斷胳膊的 X 光照片拍照發到網上固定證據，並在微博上更新資訊。我們找醫院交涉後，醫院終於將顧盤珍收治住院。

在蘇州附近的劉曉原律師當天傍晚也趕到醫院，顧盤珍請王宇和劉曉原律師為范木根辯護，簽署了律師委託書。南方都市報的記者也趕過來採訪顧盤珍，收集原始證據。到了晚上 7 點多，醫院突然來了很多穿黑衣的人，擠滿了顧盤珍住院的那一層樓道，不讓人進入樓道。他們讓顧盤珍同屋的病友搬走，並把顧盤珍隔離起來，只留一個兒媳照顧她。原來是村長帶人過來維穩了，剛剛趕過來的趙永林律師在樓道裡大聲抗議村官違法。

由於案情清楚、證據確鑿，很多媒體的報導引用了我對範木根案的說法，稱之為"範木根正當防衛案"。新華網、中國新聞網、南方都市報等各大媒體跟進報導範木根案。

這讓當地政府很被動。後來王宇律師說，第二天早上7點多有員警敲門說找"向律師"，看來蘇州警方看到了我報導範木根案的微博，以為我是律師，想來賓館找我的茬。王宇說這裡沒有向律師，然後就給他們吃了閉門羹。由於要去上海辦事，那天一大早我就離開賓館，去趕火車，蘇州員警起床太晚了。

2013年12月5日人民網江蘇視窗網路輿情部發表文章《蘇州拆遷血案：警方需防範個案成事件》，專門分析範木根案的輿情引導情況，在"微博陣地"那一項專門分析了我當時的新浪微博帳號"天使-向莉"對範木根案進行的微博報導。

此後，範木根正當防衛案的審判受到各界關注。其間，有法律專家學者撰文剖析范木根正當防衛案；律師和公民們召開過"範木根正當防衛案研討會"；維權公民也經常舉橫幅聲援範木根和他的家人。

2015年2月4日，離範木根正當防衛案開庭還有一天，我接到蘇州警方的電話，問我在哪？想請我喝茶，一起聊聊。我說我是北京公民，作為公民記者，我仍然會跟蹤報導範木根正當防衛案，你們如果想找我喝茶，就來北京吧。

2015 年 5 月 8 日，範木根正當防衛案在蘇州中院一審宣判，法院認定範木根刺死兩名拆遷人員的行為屬防衛過當，以故意傷害罪判處其有期徒刑 8 年。範木根自稱無罪，當庭表示要上訴。上訴後，法院維持原判。

在範木根正當防衛案中，律師們運用投訴控告，儘量保證司法程式正確，為範木根進行無罪辯護，最終判刑 8 年，成為被強拆自衛案中一個經典的判例。

範木根正當防衛案開庭時，有幾百人去圍觀，警方在蘇州法院重重設防，拉起警戒線。范木根的二兒子范永強被員警打傷，左耳朵一度失去聽力。范木根的大兒子范永海和范永強一起被員警帶走，很多圍觀的公民被員警抓走。南京王健也因圍觀範木根案開庭，被員警抓捕並被判刑兩年。記者無國界的成員孫林因為長期為維權人士做視頻報導維權運動，圍觀、報導小安妮上學事件和範木根案，被當局秋後算帳，以煽動顛覆國家政權罪判了四年 。後來，諸多蘇州維權人士因為支持范木根正當防衛案被當局報復，戈覺平、陸國英、胡誠、顧義民、吳其和、徐春玲等人被抓捕，蘇州被強拆維權公民戈覺平甚至被控煽動顛覆國家政權罪，那是後話。

範木根正當防衛案，激勵了更多遭受強拆，被黑惡勢力欺壓的人奮起反抗，丁漢忠、範花培、明經國、曹春生……紛紛勇敢地向暴力強拆說不。他們和範木根一起，被人們傳頌為 "抵抗強拆、保護家園的英雄"。

（五）從訪民到公民的戈覺平

領著我們風風火火從靈岩山上的林昭墓下來去聲援範木根的戈覺平，他家房子也是被強拆的。

戈覺平的網名叫奔博，是我微博公民帖的粉絲，我寫公民帖的那一兩年間，他幾乎每帖必轉，有時候還和我討論互動。一來二去，我們就熟稔了起來。戈覺平是蘇州人，做些醫療器材生意，經常在北京走動。之後我們在北京的同城聚餐中第一次見面。他給我的感覺是熱情好客、嫉惡如仇、熱心公益。我在北京被國保堵在家裡的時候，戈覺平曾開車過來，把我轉移到安全的地方。後來我們的接觸漸漸多了起來，我也慢慢知道了他的故事。

我曾問過他為什麼網名叫奔博，他說就是奔波勞碌命的意思唄！我猜測他原本想取的網名想是"奔波"或者"奔搏"，可能是打字時打錯了，後來就將錯就錯叫"奔博"了。

戈覺平是個上門女婿，岳母待他像親生兒子一樣，他成為家裡的頂樑柱，家裡的事情都是他做主。蘇州人很會做生意，戈覺平很快蓋起了自己的別墅，一家人生活富足安逸。但好日子才開了個頭，沒想到人在家中坐，禍從天上來。他家的別墅用地被開發商看中，在協商未果的情況下，開發商於 2010 年 7 月將他家的房屋強行拆毀並清場。突然失去家園的戈覺平希望尋求法律途徑幫自己討還一個公道，但警方雖以"故意毀壞財物罪"立案偵查，卻一直沒有下文。在維權討要說法的過程中，戈覺平被打得頭破血流，而爆打戈覺平使其受傷的徐建良不但沒有受到懲罰，反而榮升蘇州虎丘區城管局局長。

他似乎明白了地方官員和開發商都是一夥的。大概是包青天的電視劇看多了，他想去找更大的官告狀。這是上訪者的普遍心態，總是希望有一個青天大老爺為自己作主，最好是在公堂上擺上一個狗頭鍘，把地方上貪贓枉法的狗官呀嚓了才痛快。這些年上訪的人如過江之鯽，商人戈覺平想到自己的案子要引起青天大老爺的重視，必須要別出心裁鬧出一點動靜才行。他想出了一個進京告禦狀，攔轎喊冤的大戲碼。

2010 年 11 月 26 日，戈覺平在北京把車開到中南海西門停下，用鐵鍊把自己鎖在汽車上，想了個辦法把鑰匙扔了。這個行為藝術引起了圍觀，導致了交通擁堵。因為中南海是中共中央辦公的地方，他的訴求果然上達天聽。經過從上往下層層批示，蘇州當地政府重視起來了，很快，拆遷責任人丁建新投案自首，但僅關押五日後就取保候審；2013 年，蘇州虎丘區認定丁建新故意毀壞財物罪成立，判處有期徒刑三年緩期三年執行，但駁回戈覺平民事賠償請求，上訴法院維持原判。戈覺平哭笑不得。他來回折騰就是為了要找人賠償他的房子，駁回賠償請求算怎麼回事兒？

戈覺平知道自己再一次受了愚弄，他被勾兌了。戈覺平這樣的案子，一般會有兩種律師接活。一種是勾兌律師，號稱裡裡外外人頭都熟，代表當事人與各方談判，通過妥協來為當事人爭取利益，但有時候也和官方勾兌，犧牲當事人的利益；另一種是人權律師，他們為當事人爭權利，原則問題上不讓步，拒絕勾兌。

戈覺平咽不下這口氣，他還是繼續上訪。隨著時間的推移，他逐漸認識到，個案維權在中國這樣的法治狀況下，幾乎沒有解決的可能性。關注他人，參與其它維權事件，與全國公民一起，推動體制的進步，才有可能解決自身遇到的問題。於是他開始支持新公民運動、積極參與各地的公民圍觀和聲援活動。

除了鼎力搭救同是蘇州訪民的範木根外，戈覺平去現場圍觀和聲援了那些年的一些很有名的案子。他是個熱心人，喜歡幫著跑前跑後，把大家的事情當成自己的事情來忙活。

戈覺平跑去圍觀合肥張安妮失學案。2013 年年初，安徽合肥民運人士張林帶女兒張安妮轉學到合肥市琥珀小學西區。在 2 月 27 日下午放學時，年僅 10 歲的安妮被 4 個不明男子從小學帶走，在合肥市琥珀山莊派出所單獨關押 3 小時，期間遭警方不人道對待，之後張安妮與父親一同被關押 20 個小時，合肥國保繆守寶不准她回琥珀小學上課，安妮被迫失學。張安妮被相關海外媒體稱為 "中國最小良心犯"。自 4 月 7 日開始，陸續有網友及民主人士趕赴合肥，支持安妮 "恢復學業"。戈覺平加入了前往聲援的行列。劉衛國、"天理" 陳紹棠、"秀才江湖" 吳斌、陳雲飛、冉雲飛等微博 "名人" 亦趕往協助，現場給失學的安妮上課。4 月 14 日，前來合肥的網友發起絕食絕水接力，抗議中共迫害小安妮。一個多星期內，共有五六百位來自各地的 "網友" 前往現場聲援安妮。許志永、唐吉田、江天勇也趕到合肥聲援失學的張安妮。4 月 16 日，合肥聲援安妮的現場被包圍，手機信號被遮罩，之後被清場。四名維權人士及公民記者孫林，因為關注張安妮失學處境，而遭中共當局行政拘留。2013 年 7 月 19 日，張林被蚌埠警方以 "涉嫌聚眾擾亂公共場所秩序罪" 刑事拘留。之後，他被判刑 3 年 6 個月。

沒過多久，戈覺平又和我們一起前往雞西，聲援被非法羈押的唐吉田律師。2013 年 10 月 16 日下午，唐吉田陪同于金鳳的丈夫楊開成前往雞西市 610 辦公室，就于金鳳長期拘禁一事交涉，結果當地公安以所謂"擾亂公共場所秩序"，行政拘留 5 天，關押在雞西市第二看守所，該事件被稱為"雞西事件"。唐吉田放出來後，戈覺平上去給唐吉田來了一個大擁抱，咧著嘴笑得很開心。

　　2014 年 1 月 29 日，發生了山東曲阜民主人士薛明凱父親薛福順離奇墜樓死亡事件。薛明凱出生於 1989 年 10 月，師從於秦永敏，是最年輕的中國民主黨人。在他 19 歲時，就已經有了坐牢的閱歷，是中國最年輕的政治犯之一，而且多次被抓遭受酷刑都拒不認罪，他說"我是反對共產黨專政，並非反對共產黨執政"。國保為了對付這個硬茬兒，就朝他父母下功夫。薛明凱的父母 1 月 23 日被曲阜市當局人員綁架、軟禁在一家賓館，並遭到毒打。1 月 29 日他的父母設法逃到曲阜市檢察院尋求保護，再被控制。當晚公安告訴薛明凱的母親，他的父親在曲阜市檢察院跳樓自殺了。薛父的死因顯然有太多疑點，何況生前他還寫過不自殺聲明書。在薛父被跳樓事件引爆社會輿論的第一時間，由於擔心薛明凱的母親在山東會受到警方脅迫，於是，戈覺平開車第一時間將薛母王書清帶到北京安頓。之後，王書清對外發佈聲明：第一，員警企圖單獨屍檢，毀滅罪證。強烈要求律師到場後，再談屍檢問題；第二，必須由山東以外的法醫到場進行屍檢；第三，要求當局還王書清自由，事發後當局一直嚴控薛明凱母親和外界接觸，幾次轉移關押地點；第四，薛明凱不要回山東，要堅持在外發聲。與此同時，從薛父頭七那天開始由公民自發組織的"薛福順非正常死亡調查團"成員陸續抵達曲阜，要求當局公佈薛福順死亡真相。但由於政府對家屬的分化瓦解，薛福順的家屬不再追究他的死亡原因。"薛福順非正常死亡調查團"的成員也相繼被曲阜公安扣押、驅逐。

到建三江聲援那次，戈覺平變成了"歪嘴"。那是 2014 年 3 月 20
日，中國人權律師唐吉田、江天勇、王成、張俊傑四人和九位公民親屬，
前往黑龍江農墾總局青龍山農場"法制教育基地"要求釋放被非法關押
的公民。他們救人不成，自己也身陷囹圄。戈覺平是最早趕去建三江的
人之一，在建三江的寒風中徹夜堅守，面部有些面癱的症狀。我勸他儘
快回北京治療，他卻要強硬撐，耽誤了病情，變成了歪嘴。我離開建三
江時囑咐他幫我把我的紅色行李箱帶回來，他答應得好好的，臨到他走
的時候卻忘了，讓我丟了一個寶貴的箱子，裡面裝著唐吉田的拘留通知
書。此後，我見到他，經常以此跟他開玩笑。他每一次都歪著嘴訕訕地
笑一下，然後躲開去，像一個在老師面前做錯了事的小學生。

戈覺平在其他地方參與公民圍觀時是一個跑龍套的配角，但是一
旦到了他的主場蘇州，他搖身一變就成了主角。他是那種很好客的人，
朋友們到了蘇州他都當仁不讓地以地主自居，以他的三板斧的方式招
待一番。第一板斧是請吃飯，如果季節對了，他還會去搞一些個頭很
大的大閘蟹來，向朋友們誇耀"這個五兩大的大閘蟹不容易搞到，你
真有口福！"。第二板斧是上山給林昭掃墓，這時候主客都肅然了，
大家都知道中華聖女林昭是誰，都欣然前往。第三板斧是帶客人去參
觀他和顧志堅開發的"新景點"五人墓。維基百科上是這樣介紹五人
墓的：

明天啟六年（1626 年），魏忠賢閹黨黨羽、巡撫毛一鷺、禦史徐
吉在蘇州構陷東林黨人士周順昌等東林七賢。周順昌平日有德於蘇州
人民，遂激起蘇州民眾的憤怒。當魏忠賢派的錦衣衛（雅稱"緹騎"）
到蘇州逮捕周順昌時，蘇州民眾數萬人聚集衙門，文震亨、楊廷樞、
王節、劉羽翰等諸生開始陳情，沒想到錦衣衛用"東廠"名號來恐嚇

民眾，民眾反而大怒，怒把錦衣衛軍官們包圍痛打，打死一人，其餘錦衣衛負傷逃跑。毛一鷺躲到廁所而僥倖逃脫。知府寇慎、知縣陳文瑞委婉勸說民眾，民眾才解散。

事件發生以後，東廠特務誣告蘇州人造反，企圖截斷河流，搶劫漕運船隻。魏忠賢大驚，以蘇州人謀反為由，欲派兵鎮壓。顏佩韋等五名普通市民為保護多數人而投案，被判處死刑。這次事變以後，東廠錦衣衛士兵們甚至不敢跨出北京城門。臨刑時，五人相顧笑談，痛罵魏忠賢，引頸就刃，慷慨赴義。

次年（1627年），崇禎帝朱由檢即位，魏忠賢畏罪自殺，五人冤案被平反。蘇州民眾自發集資，拆毀了毛一鷺為魏忠賢所造的"普惠生祠"，在其舊址並墓合葬了五人的遺體，並書墓碑為"五人之墓"。當時的復社領袖張溥有感於五義士的義舉，撰寫了《五人墓碑記》為墓誌銘，以讚揚五義士的高風亮節，成為不朽名作。其文後被收入《古文觀止》做壓卷之作。

慢條絲理說著吳儂軟語的蘇州，也有慷慨赴死的英雄傳統！

戈覺平在維權的過程中花了很多冤枉錢，經常被抓被打，他出現過和仇家同歸於盡的想法，直到遇到盡心盡力幫助他的王宇和包龍軍律師夫婦。可誰知，在2015年709大鎮壓中，戈覺平的律師王宇包龍軍夫婦被抓捕。戈覺平於是開始積極關注709被抓捕律師，並通過網路聲援被抓捕律師和公民。他的做法，帶動了眾多江蘇公民對709大鎮壓中被抓捕的人權律師和人權捍衛者的積極聲援。

2016 年底，戈覺平本人也被蘇州公安指定居所監視居住，並於 6 個月後，被以涉嫌顛覆國家政權罪名義逮捕，羈押於蘇州市第一看守所。迄今已經超期羈押 3 年多時間。在他被關押期間，他妻子也被抓捕 1 年多時間，他的岳母跳樓自盡。而他本人患有癌症，得不到有效治療，經常在看守所中昏厥。

這一次，他不再是作為訪民坐牢，而是作為一名公民被囚，他幫過很多人，為此他感到很光榮。後來傳出一張他在獄中的照片，在照片中他的嘴歪撇著，對邪惡一臉的不屑與鄙夷。

2020 年 6 月，戈覺平被判處 4 年 6 個月有期徒刑，刑期自被捕算起，將於 2021 年出獄。

向莉和中國流亡作家、大型電
視紀錄片《河殤》的總撰稿人
蘇曉康先生的合影。

In this exhibition, we select 8 artists
cerns about the injuries in the aspec
ment, art etc among the gradually a
tempting to reveal the deep-seated

written in Beijing on November 9, 2008

藝術策展人向莉在北京 798 藝術區，
2008 年 9 月攝影。

ACCIATORE

2005 年向莉在德國柏林牆遺址留影。

2014 年為了宣傳人權和女權，向莉曾經定
做了一批有她頭像的鑰匙扣。2020 年朋友
寄來照片，說他仍帶著這個鑰匙扣。

2013 年新公民運動最後一次大型
會議後的合影。

2016 年丁家喜律師出獄後與向莉、唐吉田律師的合影（從左至右）。

南方街頭運動的參與者和支持者。從左至右依次為：胡佳、王默、謝文飛、王藏。

2013年夏，向莉和著名異議人士秦永敏先生在武漢合影。左三著黃裙者為向莉，左四為秦永敏。

上（左）：2013 年 5 月，向莉在海南省萬寧市抗議校
　　　　長性侵小學女生。

上（右）：在萬寧抗議事件中其他的抗議者，從左到
　　　　右依次為：賈靈敏、王建芬、葉海燕、王宇。

中：2013 年 10 月 1 日，向莉在北京大山子菜市場為
　　因正當防衛殺死城管的小販夏俊峰敲盆鳴冤。

下：2013 年 10 月，向莉和王宇律師在黑龍江省雞西
　　市營救人權律師唐吉田 。

上：2014 年 3 月，在黑龍江建三江農墾總局被中共當局非法抓捕的四位人權律師唐吉田、
　　王成、張俊傑、江天勇（從右至左）。

下（左）：2014 年 3 月 23 日，向莉在建三江七星公安分局尋找失蹤的四位人權律師。

下（右）：2014 年 3 月 23 日下午，向莉拿到唐吉田律師的拘留通知書。

2014 年 6 月 "鄭州十君子聲援團" 成員在鄭州第三看守所門前拉橫幅要求當局無罪釋放十君子。

2014 年 3 月至 4 月，眾多人權捍衛者、訪民及人權律師前往建三江聲援被當局非法抓捕的四位人權律師。

上：2014年9月29日向莉在
　　廣西北海舉牌支持香港占
　　中運動。

下（左）：2014年6月4日，
　　向莉在香港維多利亞公園
　　參加紀念六四燭光晚會。

下（右）：向莉和"六四推手
　　之一"陳子明先生的合影。

上：2018 年向莉、奧塔曼牧師和朋友們在三
　　藩市灣區恩典路德教會一起過生日。

下（左）：北京聖愛團契家庭教會徐永海長
　　　　老給向莉施洗。

下（右）：胡石根長老和徐永海長老給何斌
　　　　弟兄施洗。

上：勇敢的 709 家屬們，從左到右依次為：陳桂
　　秋（謝陽律師的妻子）、王峭嶺（李和平律
　　師的妻子）、李文足（王全璋律師的妻子）、
　　袁姍姍（謝燕益律師的妻子）

中：王宇律師年僅 16 歲的兒子包濛濛被官方非
　　法抓捕 40 多小時被釋放後，向莉於 2015 年
　　7 月 12 日去天津探望祖孫三人。（向莉攝影）

下：吳淦在實施行為藝術。"硬漢"吳淦在 709
　　中拒絕上電視認罪，最終被中共重判 8 年。

上（左）：2016 年 9 月唐吉田律師 "被車禍" 手術後，坐在輪椅裡。

攝影地點：民航總醫院。

上（右）：2018 年向莉在泰國監獄收到國際 NGO 朋友寫來的書信。

下（左）：2018 年向莉在泰國監獄時憑記憶繪製的畢卡索的《和平鴿》。

下（右）：2018 年 7 月 27 日，向莉坐上開往泰國曼谷國際機場的警車，即將

飛往美國。

上（左）：2019年，向莉和營救她的國際NGO"公民力量"主席楊建利博士在美國國會與國會官員討論香港問題。

上（右）：2019年，向莉與美國國會及行政當局中國委員會主席、眾議員克裡斯·史密斯的合影。

中：向莉在三藩市中國領事館門口進行抗議，呼籲釋放中國政治犯，釋放丁家喜律師。

下：2020年，向莉在洛杉磯附近的自由雕塑公園參加"六四紀念碑浮雕揭幕式"。左四是本書的英文翻譯慕亦仁先生，右一是向莉。

第四章　親歷建三江事件

（一）去解救失蹤者的律師失蹤了

　　黑龍江的很多地方原來是沒有地名的亙古荒原。1957 年，中共將領王震帶領 10 萬轉業官兵，拉開了北大荒開發的序幕。緊接著，黑龍江生產建設兵團六師在這裡成立，大批的支邊青年、大學生、知識青年來到了這裡，硬是把昔日的北大荒變成了北大倉，成為了中國有名的優質稻米生產基地。王震將軍在延安時期就有開荒種地的經驗，他領導的 359 旅在南泥灣種植鴉片，緩解了中共當時的財務危機。中共建政以後，他率部隊進軍新疆，殺人如麻。多年以後，維族人嚇唬小孩時還會說：再哭？王鬍子把你抓走。

　　黑龍江省原有的很多"生產建設兵團"，後來被改成農墾建制，所以黑龍江省實際上是被大大小小的農墾勢力盤踞著。黑龍江省農墾總局最開始在佳木斯，後來搬到建三江。建三江是中國"最早迎接太陽的墾區"，占整個黑龍江墾區面積的 22%。與同江、富錦、撫遠、饒河三市一縣相鄰，系黑龍江、松花江、烏蘇里江匯流的河間地帶。界江國境線長達 230 公里，與俄羅斯隔江相望，算是個天高皇帝遠的地方。建三江農墾分局擁有七星農場、前進農場、勝利農場、紅衛農場、青龍山農場等 15 個大中型國有農場，346 個農業生產連隊。在中國的行政體制裡，建三江農墾局雖然地處佳木斯市，但它不歸佳木斯管。它歸屬於黑龍江農墾總局，有自己獨立的一套公檢法體系，有"國中國、省中省"的諢號，建三江其實就是個"公檢法一體的農墾系統獨立王國"。

石孟蘭全家人都是建三江農墾局的職工。2013 年 9 月 23 日，她哥哥石孟昌和嫂子韓淑娟又失蹤了。石孟蘭估計他們被抓進了青龍山洗腦班。

黑龍江省農墾總局法制教育基地，位於黑龍江建三江農場的公安分局青龍山公安分局的後院，當地人俗稱為 "青龍山洗腦班"。自 2010 年 4 月開辦以來，非法監禁過近百名修練法輪功的公民，這些平民百姓在洗腦班裡遭到酷刑折磨和洗腦迫害，拘禁的期限少則數天，多則幾個月甚至幾年，還被勒索上萬元的所謂 "轉化費"。青龍山洗腦班隸屬於令人毛骨悚然、聞風喪膽的 610 辦公室。這個臭名昭著的辦公室是 1999 年 6 月 10 日中共專門為打擊法輪功修練者而設立的自上而下的組織，這是一個凌駕於法律體系之上的網路，他們可以自己決定抓人、關人、打人，有生殺予奪之權，當地的公檢法默契配合。610 辦公室是江澤民執政時期黨大於法的濫觴。610 辦公室成立一年後的 2000 年 8 月 23 日，江澤民到建三江考察，汽車開往二道河農場場部的路上，他心血來潮地向隨行人員提出："能不能走到一處曠野，把車子停下來，大家下去唱一首《藍藍的天上白雲飄》？"當江澤民在藍天白雲下手舞足蹈時，同樣的這片天空下，有多少無辜民眾在他們打造的 610 的人間煉獄裡煎熬。

石孟昌 2000 年 4 月份那次被打得很厲害。他被抓進五常市的洗腦班折磨了十幾天後被送回家時，已經不能走路，是被員警抬著扔到院子裡的，體重只剩 80 多斤，奄奄一息。他父親癱瘓在床，老母親嚇得嚎淘大哭。石家無權無勢，與世無爭。石孟昌還有一個弟弟石孟文，他們都信仰和修練法輪功。兄弟倆都有點倔，認為自己不偷不搶，既不影響別人又不為害社會，練功能犯得了哪家的王法？就不那麼輕易地寫悔過書，這十幾年來，沒少被抓被打，各種酷刑都嘗過。

石孟蘭的嫂子韓淑娟被抓走已經好幾個月了，是誰抓的，關在哪裡，杳無音訊。石孟蘭試著去那幾個單位打聽，根本沒人搭理她。一個偶然的機會，她從其他失蹤人員家屬那裡聽說北京有律師可以幫著找人，這讓她內心燃起一絲希望。或許京城來的律師就像古時候的欽差大臣一樣，能夠幫助她申張正義呢？她們家這些年被中共害得家破人亡，實在太苦了。

石孟蘭一看就是那種老實而又善良的莊稼人的樣子。多年的恐懼和奔波，讓她過快地衰老，頭髮已經花白而且掉了很多，前額有點禿，亂蓬蓬的她也顧不上梳理，衣服也很破舊，40 歲的女人像 50 歲的樣子。她說話的聲音很小，怯生生的，眼睛始終躲閃著，不大敢看人，只有說到她家人的時候才有一些光澤。她的樣子，老讓我想起我在街上見到過的流浪動物，既想獲得幫助，又非常怕人。石孟蘭知道請律師要花錢，但是她和她哥家裡確實都拿不出錢來。她們七拼八湊儘量湊夠了個數，想著請人家律師從北京大老遠地跑到這邊陲之地來幫著尋人，路費總不能讓人家自己掏。她懷揣著這點錢，鼓起勇氣找到了唐吉田律師。唐吉田不久前剛去雞西幫法輪功練習者家屬尋人，一聽就知道怎麼回事。

唐吉田接下了韓淑娟的案子。跟石孟蘭同來的失蹤人員家屬同樣幸運，他們分別找到了江天勇、王成、張俊傑律師接他們的案子。2014 年 3 月 19 日，四位律師和家屬一起，到建三江尋人。

我和唐吉田律師保持聯繫，密切關注四位律師的工作進展。從他發回的資訊得知，他們的工作進展得並不順利。到達建三江以後，律師們手持家屬的委託書，與家屬一起去建三江農墾總局檢察院控告610國保"非法拘禁"當事人。之後，在家屬的指引下，他們徑直找到青龍山洗腦班的所在地。那是青龍山公安分局後面的一處院子，院子不大，門口是兩扇上了鎖的大鐵柵欄門。律師和家屬就站在門外大聲呼喊各自失蹤人員的名字，希望裡面的人能聽得見，最好是大聲回答一聲，這樣就能確定人就是關在這裡。

忙碌一天，他們的努力還是沒有結果，只好決定先返回住處休息。但是他們的行動已經引起了當局的關注。3月20日下午唐吉田給我發來資訊：我們在青龍山洗腦班（黑龍江省農墾總局法制教育基地）返回建三江農墾局格林豪泰酒店的途中，被一輛牌照為DV3784的黑色雪弗蘭轎車跟蹤。

律師們決定第二天早上與家屬商量後再做下一步的行動。3月21日早上7點多，唐吉田給我發了一個資訊說，有當事人家屬來找他們，之後再和我聯繫。我等到8點多，他仍未回覆我的資訊，我馬上打電話給江天勇和王成，他倆的手機均是無人接聽狀態。過了一會我在網上看到有人發消息說四位律師和一些家屬都被員警抓走了。很多公民開始致電建三江農墾公安局、七星分局和其他建三江的警局，問他們是否抓了這四個人，得到的答覆都是"沒抓過他們"。其間，四位失聯者的手機相繼關機。當時我們猜測建三江公安局可能只是找他們訊問，24小時內或許會將他們放出來。

3月22日上午9點，離我與四位律師失去聯繫已超過24個小時，他們的家屬也都聯繫不上他們，也沒有得到來自警方的拘留通知。

前往搭救失蹤者的這四位律師也失蹤了！

（二）尋找失蹤的律師

蘇州公民戈覺平和我一樣，也在即時而密切地關注四位律師的狀況，他也判斷四位律師肯定是被建三江警方抓了。因為我們一起去雞西營救過唐吉田律師，我們清楚地知道"被失蹤"之後如果沒有外面的救援意味著警方可以胡作非為，後果不堪設想。心急如焚的我們越想越感到事態嚴重，事不宜遲，我們搭乘當天中午 11 點多北京到哈爾濱的飛機，然後在哈爾濱坐下午 4 點多的火車直奔建三江。

我們兩個人的力量顯然太單薄。在去建三江的火車上，我一邊繼續把唐吉田、江天勇、王成、張俊傑四位律師去建三江救人反"被失蹤"的消息發佈到網上，一邊與公民們商量怎麼救人。經與屠夫吳淦、揚子立等人商議，我們決定發起並成立"建三江事件公民聲援團"，同時向社會發起公民募捐，把營救失蹤律師的行動變成了通過網路倡議，以公民團隊合作的方式進行。

3 月 23 日清晨 5 點多，我們到達建三江。過了一會，曾和我們一起參與維權的雞西公民單雅娟也趕到了建三江，石孟蘭也趕來跟我們會合。我們簡單地碰了一下頭，初步確定四位律師肯定是被員警帶走了，但是被帶到哪裡去了，仍然沒有任何消息。我們找到一輛車，於是決定開車到所有的警局機構去打聽。

我、單雅娟和石孟蘭相繼去了七星分局、西城警局、東城警局、七星拘留所、七星看守所。這天剛好是星期天，沒人上班。我們就向值班員警詢問：我們是失蹤律師和公民的委託人和家屬，我們得知唐吉田、江天勇、王成、張俊傑四位律師被建三江公安帶走了，我們來找人。這些員警的回答如出一轍：我們沒有抓人，這四個人不在我們這裡。好像是事先培訓過一樣。

這讓我們的找人行動陷入了暫時的停頓。這時候，網路上的聲援浪潮高漲了起來，全國聲援的律師和公民越來越多，有錢出錢，有力出力，除了不斷有人打電話到建三江警局的各個機構查詢要人外，部分人士已經向黑龍江省農墾總局和省級公檢法系統投訴和控告建三江當局非法拘押律師的行為。很多公民陸續到達建三江，開始在街頭拉起橫幅抗議。就在我們一籌莫展之際，一位建三江當地的公民悄悄地走到我身邊，說了幾句話就掉頭隱沒在人群中。他說：人是青龍山分局抓的，這次抓人行動是由建三江農墾系統統一部署的，要人得去找建三江公安局的頭頭發話才行。

多年以後回憶起建三江那個寒冷的街頭，這位建三江公民壓低的東北口音仍然清晰地迴響在耳際。我並不知道他的姓名，甚至都沒有看清他的身形，當然也沒有機會去感謝他。但是他讓我瞬間感到一股暖流貫徹全身。公道自在人心，得道多助，失道寡助。

中午吃飯的時候，江天勇律師的弟弟發來消息，說一個叫劉國鋒的人在接近中午的時候打電話給他，說江天勇被建三江公安局拘留。江天勇弟弟問他什麼理由被拘，劉國鋒不說，然後就掛斷電話，再也打不通。我們上網查了一下，發現這個劉國鋒是建三江公安局的局長。這進一步映證了那位當地公民的話，要到建三江公安局去要人，如果能找到這個劉國鋒最好。

因為是星期天，估計找到劉國鋒的機會不大。但是救人心切，我們立即驅車前往。建三江公安局的建築很宏偉。我們到了以後發現院門沒關，就直接往裡走了進去，院裡空無一人。這時，有一輛黑色的公務車往外開。車裡的人顯然也看到了我們這三個週末跑到公安局院子裡來的人，他讓司機停下車，從車上下來問我們是來幹什麼的。我們定睛一看，此人正是劉國鋒！我們從網上看過他的照片。

　　於是，我們直奔主題，問他是否抓了唐吉田、江天勇、王成和張俊傑？劉國鋒似乎怔了一下，又迅速鎮定下來，恢復了他公安局長的霸氣："人是我們抓的，怎麼了！他們被關押在七星拘留所"。我說建三江公安局抓人已過 48 小時，到現在還沒給拘留通知書，這是違法的。劉國鋒大大咧咧地說："拘留通知書早一天給晚一天給沒啥事，我讓郭玉中局長馬上給你開"。他馬上掏出手機當著我們的面給郭玉中打電話，讓他給我們開拘留通知書。之後劉國鋒說："你們去七星公安分局找郭玉中拿拘留通知書吧"。

　　我們到七星分局不久，郭玉中也趕到了，他讓我們在一樓等著。我們等了約一個小時，郭局長終於讓我們進去了，他在頂樓的小會議室接待我們。在核對完我、單雅娟和石孟蘭的身份證後，一位女工作人員拿著相機對著我們狂拍，這讓我們感到很不自在，同行的石孟蘭甚至本能地有些害怕和畏縮。郭玉中和法制科的姚武軍帶著那個拍照的女工作人員和我們交涉了很久，唐吉田的妹妹當場打電話委託我，讓我代她領取唐吉田的拘留通知書。唐吉田的拘留通知書上赫然寫著：利用邪教活動危害社會，行政拘留 15 日。我們問其他三位律師要被拘留多久，答曰：每個人情況不一樣。

石孟蘭這次是陪我去尋找失蹤的唐吉田的，她覺得連累了唐律師。她原本指望北京來的律師能幫助她找到嫂子，但是沒想到這幾個大律師沒有那麼神通廣大，才來了沒兩天就把他們自己也折了進去。連帶一起折進去的還有她兄弟。她兄弟石孟文是作為家屬那天早上去律師們住的賓館商議案情時，被警方連鍋端的。石孟蘭看到我大著嗓門跟員警說話，找他們要唐吉田的拘留通知書，她似乎想也要一張她兄弟的，但是囁嚅半晌，還是沒敢跟員警開口。我跟姚武軍說：石孟文的家屬也在這，你們得給她也開一張。於是石孟蘭也拿到了石孟文的拘留通知書。她家人十幾年以來家常便飯式地被當局抓走，這大概是他們家首次拿到員警開給她的一紙抓人手續。

我拿到的唐吉田的拘留通知書上的日期寫的是 3 月 23 日。事實上，事後得知，他是在 3 月 21 日上午被抓走的。唐吉田給我發出最後一條消息後不久，四位律師和當事人家屬利用早餐時間討論案情。回到房間後，當地公安突然強行闖入他們住宿的格林豪泰賓館房間，將四位律師和當事人家屬全部帶走。從他們被拘禁，到我找他們索要到拘留通知書，已經超過了 48 個小時。根據現行法規，警方留滯公民超過 24 小時以後，如果繼續羈押，需要出具拘留手續並通知家屬。建三江警方明顯違法。

但不管怎麼說，總算把人找到了。下一步要做的，就是去會見被拘留的四位律師。因為按照法律規定，家屬和被委託人是有權會見被拘押人的。

（三）絕食抗爭，捍衛律師會見權

　　四位人權律師身陷囹圄的消息，在網上激起了越來越多的義憤。3 月 23 日又有 20 多位公民從全國各地趕來圍觀聲援。鑒於前來辦案的律師和公民在建三江公安的轄區內多次被抓被打，公民們決定到富錦縣城去住。富錦是建三江旁邊的另一個縣，建三江的員警管不著那裡。

　　晚上，張科科律師和蔡瑛律師到達富錦。吃晚飯的時候，翟岩民自告奮勇、自我推薦為"建三江事件公民聲援團現場公民聯絡人"，在場的公民舉手表決，多數人支持他擔任聯絡人，我也舉手表示同意。

　　3 月 24 日一大早蔣援民律師和胡貴雲律師到達建三江，與張科科與蔡瑛律師一起，早上 8：45 我們就到了建三江七星拘留所。顯然已經到了上班時間，七星拘留所仍然大門緊閉。一位拘留所工作人員，隔著 30 多米問找誰？我仔細一看，正是昨天我們過來找人時跟我們說"沒有抓人"的那個值班員警。我大聲向裡喊話說：我找唐吉田，劉國鋒局長說他們四個關在你們七星拘留所，劉局長讓我們來的。那人一聽這話，馬上就走了過來，開始仔細查看律師們的手續，說等開完會再說，似乎他昨天根本就沒說過他們沒抓人的話。一個小時以後，員警們開完會出來，面無表情的開車走了，把律師們晾在一邊，完全沒有"開完會再說"的意思。律師於是給拘留所打進去電話要求會見，拘留所的答覆是 12 小時後再給答覆。我們意識到被耍了，就想到去七星公安分局投訴七星拘留所不讓會見的事情。到了以後發現七星分局的員警監督台居然被鎖在大門內，我們看不到任何公示的內容，也看不到監督電話。

因考慮到唐吉田肺結核沒好徹底，還患有嚴重的腸胃炎，江天勇患有高血壓、高血脂，中午我們去藥店買了藥，下午去七星拘留所給唐吉田和江天勇送藥。拘留所的工作人員勉強把藥收了，但仍然不讓律師會見當事人（等四律師被釋放後，我瞭解到給唐吉田的藥送到了，但給江天勇的藥並未送達）。

　　送完藥後，我和單雅娟陪律師們去建三江農墾管理局公安局投訴七星拘留所不讓會見的問題，建三江農墾管理局公安局監察部門的人推諉說會見申請還沒報上來。投訴時我們遇到了和四律師同時被抓的丁慧君女士的女兒。她到現在都沒有收到拘留通知書，但她知道她母親和吳東升、孟繁荔、陳冬梅、王燕欣和李桂芳等六位女性家屬被關押在 100 公里外的同江拘留所。她還告訴我們，石孟文的家屬被七星拘留所明確告知，被抓的 11 個當事人一個都不讓律師會見。

　　我們像個皮球一樣被踢來踢去，一天下來一無所獲。離開建三江農墾管理局公安局的時候，我用手機拍了一下公安局的大門。突然，不知道從哪裡冒出來十五六個穿黑衣的高個小夥子（他們中間有些人我在七星拘留所門口見過，是 610 的便衣），把我團團圍住，命令我刪除照片。張科科律師嚴正地說：「監督公安部門工作，拍公安局大門是合法的，放開她！」但是這夥人毫不理會，反而把我撂倒在地，讓我交出手機密碼。由於勢單力孤，我被迫交出密碼，他們刪除了前期我拍的關於建三江幾乎所有照片和視頻。同行的胡貴雲律師則是丟下我們打計程車走了。

　　驚魂未定之際，我和單雅娟以及來自南京的公民王健共乘一輛計程車返回富錦。我們很快發現一輛墨綠色小汽車一直跟著我們。因為大部分前來聲援的公民和律師都住在富錦，我們擔心會引狼入室。於是我們帶著出租司機兜圈子。一個小時後，夜幕降臨，司機找準機會全速前進，和跟蹤車輛拉開較長距離，然後突然急轉彎掉頭，對方沒反應過來，還一直往前開，而我們的車則全速朝著相反的方向開，這樣成功地甩掉了尾巴。這樣的反追蹤大戰我以前只在香港警匪片中看到過，這次，我見識了南京公民王健的機智和勇敢。在後來我亡命江南時，還得到過他的照顧。

真是漫長的一天！回到住處，我在網上看到全國各地有很多公民站了出來，舉牌聲援建三江被抓人權律師。

第二天一早，又有四位律師李金星、張磊、襲祥棟、葛文秀相繼來到建三江。他們謝絕了建三江事件公民聲援團現場聯絡人的建議，不去富錦，勇敢地選擇入住在唐江王張曾經住宿並被抓捕的格林豪泰酒店。張磊、李金星是兩位經驗豐富、善於與公民合作的律師。瞭解情況之後，他們主張不能被動地被建三江警方以走程式為藉口一直拖下去，不能讓當局牽著鼻子走，要主動捍衛律師的合法會見權。他們做好了被抓的準備，每位律師都寫好了自己的律師委託書。張磊律師悲壯地說，如果我們因捍衛律師會見權被抓，請後面來的律師繼續為我們辯護！說的時候他的眼裡含著淚水，我彷彿看見了韓國電影《辯護人》裡的場景，為了正義，為了法治，無數律師站出來，前赴後繼……

上午繼續去七星拘留所，一路上一直有一輛牌照為黑 R195A 的警車跟著我們。律師們提交會見手續後，拘留所方面仍然是一個字的回覆：等！在等待的過程中，七星拘留所門口來了幾輛黑色車輛，其中一輛停在拘留所大門口，車裡的人拿相機偷拍律師。律師警告他們別拍了，他們仍然繼續拍，並且出言不遜，挑釁現場的律師和公民。李金星律師問：「誰派你們來的？你們領導是誰？」他們說：「我們頭是黑社會老大。」過了一會，拘留所有員警開車出來，對偷拍的人說：「你們局長讓你們進去。」律師和公民們哈哈大笑：「我們終於知道誰是黑社會老大了！」

中午，有一個與王成關在同一監室的人被放了出來，他說有員警用鞋底抽打王成律師。我的心一沉，最壞的擔心還是出現了。我們之所以爭分奪秒地急著要找到失蹤的律師，並爭取讓律師會見他們，就是要防止他們遭受酷刑。現在看來，建三江警方可能已經把能做的壞事都做了，他們根本就沒準備讓我們行使會見權。

下午，張磊和李金星2位律師宣佈絕食48小時，律師們準備在七星拘留所門口守夜，捍衛會見權。律師和公民們約定：不接受挑釁、有事報警；晚上9點之後，早上7點之前，小聲說話，不影響拘留所內人員的休息；不堵塞大門，不影響拘留所的正常辦公；撿拾垃圾，保持場地清潔。

三月的建三江，路邊的積雪尚未融化，晚上溫度能達到零下10多度。我和單雅娟決定去採買一些禦寒的軍大衣、食物和馬紮。我們在賣勞保用品的商店採買時被當地國保騷擾，我們不想發生衝突，只好改去其他的商店。拘留所門口來了一夥人挑釁，我們出去採買時，也有人不緊不慢地跟著，看來警方一點都沒閒著。等我們買了東西回來，天已經全黑了。我們在拘留所的門口點起了4根蠟燭，為唐吉田、江天勇、王成、張俊傑四位律師祈福。

我是南方人，捱不過東北寒夜的冷，何況本來感冒就沒好，因此雖然裹著一件軍大衣，人還是不停地在哆嗦。到了半夜12點的時候，突然來了二十多個人。原來是從全國各地趕來建三江聲援的公民。他們在路上被建三江員警以各種藉口盤問、登記身份證，因而耽誤了時間。他們帶來了更多大衣、馬紮和食物。他們的到來，讓我心裡熱呼呼的，身上似乎都沒那麼冷了。

陳劍雄和張聖雨過來跟我打招呼。他們倆都是南方街頭運動的參與者，陳劍雄跟我是湖北老鄉。我看到陳劍雄的衣服左臂破了一個大口子，單衣露在外面，趕緊問他怎麼回事。他說路上員警要查身份證，他和張聖雨問憑什麼，那些員警劈頭蓋臉就打，下手特別重。我看著那個破洞心理很難過，好在我們買了軍大衣，希望能給他遮寒。

我們就這樣在七星拘留所門口堅守著，燭光在漆黑的夜裡搖曳，彷彿在為身處深不見底的黑洞裡的人們燃起希望。不時有人搓搓手，跺跺腳，實在睏極了就坐在馬紮上打個瞌睡。我想那一夜我們和關在裡面的四位律師的心是相通的。"為眾人抱薪者，不可使其凍斃於風雪；為自由開道者，不可令其困厄於荊棘"。他們並不孤單。

（四）建三江維權一線被警方清場

建三江據說是中國最早見到太陽的地方，早上四點左右東方天空就泛起了魚肚白。早上7點多鐘，有公民自發在門口呼喊四位律師的名字，希望他們在裡面能夠聽見（後來四位律師出來說聽見了我們的喊話）。早上8點前，大家已經收拾好守夜的用具，清潔了地面，讓出了上班的通道。我和單雅娟準備到市中心去採購食物，給堅守在七星拘留所門口的律師和公民送午飯。

七星拘留所離中心城區有約半小時的車程，且不通公共汽車，我們租了一輛計程車去買飯，我還順便給陳劍雄買了一件新棉襖。回來走到距七星拘留所還有2公里左右的地方，發現警車已經設崗，不讓計程車進入。我們只好拎著東西步行。走到靠近七星拘留所的拐彎地帶時，又遇到警方拉起了一條警戒線，進去要登記身份證，而且不讓帶食物和水進去。顯然警方是想通過饑渴的方式逼走絕食律師和聲援公民。

李金星律師說，只有在三種情況下他們才可能離開這裡：依法會見四位當事人；絕食餓暈送醫院；建三江當局把要求會見的律師也都抓了！張磊律師在絕食20小時後開始向拘留所門衛及躲在幕後的人普及《中華人民共和國拘留所條例》和公安部的《拘留所條例實施辦法》：拘留所應當保障被拘留人的會見權利，律師要求會見的必須及時安排，否則就是在破壞法律實施。

經過交涉，警戒線裡面的律師和公民吃東西喝水都要走出警戒線才行。黑龍江籍的葛文秀律師氣得對拉警戒線的員警說，建三江當局這麼做是黑龍江的恥辱，給他家鄉蒙羞！

因為陸續又有公民前來聲援，我和單雅娟需要採購更多的禦寒大衣和食物。傍晚我們買了一些包子正要給律師和公民們送過去時，在格林豪泰賓館遇到了一位來自北京的公民李忱，他買了熱的豆漿也準備去送，於是我們一起打了輛車，把食物送到距七星拘留所500米的警戒線外。我看著堅守的公民和律師輪流走出來，在員警的監視下，在建三江寒冷的夜裡吃著被凍得冰涼的包子，眼淚差點掉下來。過了一會兒，哈爾濱的公民送來了 2 個睡袋支援絕食的律師，全國各地的公民郵寄的棉衣和其他禦寒物品也陸續送到，現場的律師和公民都很感動。

由於昨晚露宿在七星拘留所外面，我的輕感冒發展為重感冒，晚上必須回賓館吃藥，於是 21：30 我和準備回賓館休息的律師、公民一起離開七星拘留所。在走出警戒線一公里的地方，我們打了兩輛車，單雅娟、胡貴雲和劉金湘律師同坐一輛車，我和李忱坐另一輛車。我們坐的計程車剛開出一公里，就被員警攔截下來。幾輛警車，十多個便衣、持槍特警和著裝員警把我們的車包圍起來。我所坐的計程車後門一邊站著一個持槍特警。他們沒出具任何手續，把我們押往不知名的警局（後來得知是西城警局）。在路上我發出資訊：我們五人被抓。

到了警局，我們的身份證或律師證被收走，之後輪流被訊問。我說我得了重感冒，要求喝水吃藥，訊問我的員警說，沒水，你去廁所喝自來水吧。（中國的自來水衛生不達標，不可以直接飲用，必須燒開後再飲用。）訊問胡貴雲律師的時候，她不斷暗示員警，讓員警上網查她的律師證。我覺得有點蹊蹺。

得知我們被抓，蔣援民等三位律師從賓館趕來西城警局來交涉，約半個多小時後，我們終於被了放出來。我們 5 人被抓期間，李小玲接受採訪說有 19 人被抓，把人數搞錯了，鬧了個烏龍。回到格林豪泰賓館，胡貴雲律師大發雷霆，當眾指責我不該把被抓的消息發出去。我說，作為一個人權捍衛者，我知道什麼時候必須對外發消息。

張磊和李金星律師絕食已經超過 40 小時，現場李國蓓等律師要求合法會見的抗爭還在繼續。3月27日清晨張磊律師發出一條微博：

【張磊律師絕食第40小時感言：違法者的反人類程度令人髮指】

感謝升起的太陽，溫暖寒冷的人們。絕食第四十個小時。我們會繼續，看他們能枉法到什麼程度，看他們踐踏法律踐踏人權到底到了何種令人髮指的程度。每天每晚公民們在拘留所的高牆外大聲呼喊唐吉田、江天勇、王成、張俊傑的名字，他們能夠聽到！

晌午，四律師之一的張俊傑律師被放了出來。他與我通話，告知我：他們四人都被酷刑。他的脊椎被打壞了，腰根本直不起來，被迫寫了不洩露被員警毆打的保證書。唐吉田、王成和江天勇可能遭受到了更嚴重的酷刑。

我們的擔心成為了事實！四位人權律師在被建三江當局抓捕、審訊期間都遭受了酷刑！

人權律師和公民還在源源不斷趕往建三江聲援。27日付永剛律師到達建三江，次日王全璋律師也到了。壞消息還在不斷傳來。王成律師妻子發出消息稱：王成老家公安局派人傳話給王成律師的老父親，問他是否願意到黑龍江看望王成。大家不再懷疑王成是否遭遇酷刑，而是擔心王成是否有生命危險了。

我因為重感冒已無法工作，回到了北京。回北京後，我開始發高燒、吐血，醫生也查不出原因，給我開了一些治感冒的藥維持著。因為國保的騷擾，我只能借住在朋友家裡。我雖身在北京，但仍然心繫建三江。

3月29日清晨起床後，我照例先查看微博和微信，瞭解一下建三江一線的情況，奇怪的是沒有看到任何新的消息，我馬上意識到出事了。王全璋、付永剛、王勝生律師的電話都打不通，也聯繫不上現場公民。建三江一位本地公民給我發來短信：拘留所門口，沒有律師和公民，全是員警。於是，我立即在網上發出資訊：建三江全體律師和公民失聯，昨夜可能被清場。

據陳劍雄事後回憶，3月29日淩晨3點，他們酒店房間的門被突然踹開，一群員警突然闖進房間。陳劍雄正要開口讓他們出示警官證和辦案手續，幾個員警上來不由分說就把他按住，他的手被反扭到身後用膠帶綁住，頭上被戴上黑頭套。同屋的張聖雨也被抓。為了防止他們喊叫，員警在黑頭套外面又用膠帶使勁把他們的嘴勒住。被架上一輛較大的警車後，陳劍雄意識到所住賓館的公民已全部被抓捕。當時他被推上了警車的最後一排，因為不斷掙扎，挨了身邊員警不少拳頭。陳劍雄最終掙脫出封口的膠帶，怒聲對身邊的張聖雨喊：老張，今天我要死在這裡了，你出去了告訴外面的人，我就是被這些土匪害死的！話音未落，頭上又挨了員警兩掌。

陳劍雄他們一直都被蒙著頭反捆著雙手，帶到了建三江公安局一間約五六平米的小房子裡，被要求緊挨著面牆站立。陳劍雄身邊的張聖雨怒斥員警野蠻執法，多次被打。當員警再次毆打張聖雨時，陳劍雄反轉身子擋住了一個員警。員警當胸兩拳將陳劍雄打倒在地，另一個員警在旁邊對著他的尾椎狠狠踢了兩腳，陳劍雄當場痛得慘叫。過了幾天傷處瘀腫嚴重發膿，被員警帶到醫院，不打麻藥開刀放血，又被折磨了一次。在建三江紅興隆拘留所關押兩天後，陳劍雄和張聖雨這兩位難兄難弟被轉押到綏濱拘留所。4月3日陳劍雄在號子裡向同倉在押人員宣講民主與人權，被員警拉到走廊上打耳光，號子裡的張聖雨氣得大罵。員警就把陳劍雄關進號子，把張聖雨再拉到走廊上打耳光。那幾天他們吃著牢飯時，饅頭都得撕碎了放到嘴裡慢慢嚼，因為牙幫子被打壞了。

七星拘留所現場和其他公民住宿的酒店也被以同樣的方式清場。王勝生律師她們也都被戴了黑頭套，王全璋律師還被打得腦震盪⋯⋯

3月30日，建三江傳來消息，王全璋、付永剛、王勝生3位律師被釋放，陳劍雄、翟岩民、姜建軍、張聖雨、孫東生、李寶霖、袁顯臣、李發旺、梁艷、趙遠、張世清、劉星、李大偉、張焱、遲敬春等15位公民被拘留15天。第三天公民劉嘉青、曾國潘、龔新華等到達建三江，尋找之前被失蹤的公民，這5位公民也被抓走，後被強制送往建三江旁邊的富錦。

張磊律師在網上發表感言說：我感到深切的悲痛，（在建三江事件中被抓捕的這些公民）他們是這個國家最優秀的公民。

建三江警方以這樣的方式，給出了他們對於律師和公民捍衛會見權的答覆。

（五）英雄歸來，斷了24根肋骨

唐吉田、江天勇、王成、張俊傑四位律師有一張後來在網上流傳很廣的照片，是他們剛到建三江時拍的。他們站成一排橫在青龍山洗腦班的鐵柵欄門前，四個人全都穿著軍大衣，威風凜凜，活像一組英雄的群雕。去營救這四位律師而被拘留的這 15 位公民，又是另一座英雄的群雕。他們摒棄了"事不關己、高高掛起"中國人明哲保身的陋習，不是為個人利益，而是為公義勇敢地站出來。明知前有風險，仍義無反顧，迎著烽煙大步向前走。每每想到律師和公民前仆後繼趕赴建三江的悲壯畫面，我腦海裡就會浮現出電視劇《水滸傳》裡面那些風風火火的英雄。每一個時代有每一個時代英雄。英雄與普通人的區別僅僅在於，當路見不平的時候，英雄會挺身而出說：算我一個！這種血性是一個民族自我覺悟、走出愚昧的基因支撐。

有很多新浪網友全程關注我在新浪微博上發佈的建三江事件的前線報導。有網友回覆我的微博：從前仆後繼趕往建三江的死嗑律師身上，我看到了久違的士人風骨和貴族精神！他們家國天下，義無反顧！他們用苦行替中國墮落的知識份子群體挽回了一絲尊嚴！

有律師說過：勇敢並不是不害怕，而是雙膝顫抖，仍然朝前走！

在建三江當局採取類似黑社會的手段抓人清場、企圖製造恐懼以後，全國各地仍然不斷有律師和公民趕赴建三江！

3 月 31 日李金星律師發出微信，尋找被建三江當局抓捕的 15 位公民的家人，請這些公民家屬聯繫他，人權律師將免費為他們代理。

同一天，童朝平律師和退休檢察官滑力加趕到哈爾濱和建三江找公安局和檢察院交涉。

4月1日和2日，謝燕益、董前勇、王光琦、謝陽、王興等律師奔赴哈爾濱、建三江等地，依法向有關部門投訴和控告建三江警方的違法行為。

4月3日，陳建剛律師抵達建三江，他和謝陽、王興律師勇敢地前往七星拘留所，要求會見唐吉田、江天勇、王成三位律師。王玉波、李玉鳳、劉少明、王金蘭、鄭建慧、趙寶軍、丁岩、于麗華、單雅娟等九位公民也從各地趕到建三江，聲援受難律師。

4月4日，王宇律師到達了建三江和陳建剛律師匯合，要求會見唐吉田、江天勇、王成三位律師。張磊律師起訴建三江公安濫用戒嚴措施、違法不安排律師會見；

4月5日，騰彪律師到達建三江。陳建剛律師和公民們被建三江員警警告：明天唐吉田、江天勇、王成拘留期滿釋放時，不准前去迎接，否則會採取"第二套方案，動用暴力"。員警威脅說，這種暴力不是來自於穿警服的員警的暴力。這天律師和公民們在建三江不斷受到30多人跟蹤、監視和威脅。聯想到這段時間律師和公民在現場抗爭會見權時，每天都有不明身份的人員跟蹤、騷擾，大家很清楚警方的話意味著什麼。同一天，獨立記者文濤在建三江調查四律師蒙難事件時被跟蹤，之後被建三江公安局副局長強行送出建三江。

4月6日這一天是唐吉田、江天勇、王成三位律師拘留期滿釋放的日子。王宇、騰彪、陳建剛三位律師和七位公民不顧警方警告，一大早前往七星拘留所迎接，半路上被員警押上警車帶走，被審問了好幾個小時。唐吉田、江天勇、王成三人被建三江當局分別送到哈爾濱機場和佳木斯機場。大概是不希望他們到北京後被當成英雄凱旋般迎接，國保把他們分別送上了飛往北京的不同的航班。

幾十位北京的公民、律師和維權人士早早地來到北京機場，迎接被釋放的三位律師。江天勇由於一直有"尾巴"跟著，先回昌平了。唐吉田和王成一出機場就被朋友們和鮮花包圍了。重獲自由的律師雖然熱情地跟朋友們打招呼，但難以掩飾他們面容的憔悴和步履的遲滯。他們身上都帶著傷。

之後，人們從重獲自由的四位律師口中，慢慢知道了他們在被關押期間被施以酷刑的一些細節。唐吉田說他被像牲口釘掌一樣吊起來打，那些國保打起人來很賣力氣，而且很有"技術"，他們用布把冰凍的礦泉水瓶包起來，再用它打人，這樣造成人體內傷而外面看不出來。江天勇也挨了很多打。回到北京幾天以後他見到我時，還跟我說："向莉，我給你看被他們踹的傷。"接著他把衣服撩起來，儘管他有點肥胖，被打 20 天後，他的胸腹部還有一個紫色的大腳印。唐吉田小腿上也有瘀血沒有完全退盡。而建三江七星拘留所也在包庇 610 國保的違法行為。按照法律規定，被酷刑後的四位人權律師帶著明顯的傷痕和瘀血被送進拘留所時，拘留所辦公人員檢查身體的時候應該記錄下來，但他們在國保的壓力下，沒有記錄在案。並且在四位律師被釋放的時候，還強迫律師們寫下：出拘留所時身上沒有傷痕，如有傷痕和拘留所無關。這是典型的中共公檢法系統狼狽為奸。

回京的律師首要的事情就是檢查身體。為了躲避國保干擾，4 月 7 日唐吉田對外聲稱將去北京積水潭醫院做檢查，到積水潭醫院後，馬上調轉方向去了中國人民解放軍第二炮兵總醫院（現在叫火箭軍總醫院）。上午做檢查很順利，下午一點多我們就拿到了唐吉田的診斷報告，診斷報告顯示：唐吉田全身多處外傷，十根肋骨骨折，建議住院治療。之後，我將這個診斷證明拍照發給了記者，告訴他們唐吉田被中共建三江當局酷刑後，被打斷肋骨的事實。

之後，唐吉田在北京軍區總醫院檢查時，除了診斷出十多根肋骨骨折，同時還被診斷出患有嚴重的腰椎結核。4月16日，唐吉田住進北京軍區總醫院，醫生多次建議他動手術，說如果不及時治療，有可能導致下半身癱瘓。但當唐吉田在北京軍區總醫院（此醫院現在叫陸軍總醫院）排隊等候，即將做手術的前夕，有特警持槍在病房外巡邏。4月24日，院方突然告知唐吉田，他不用做手術了，並要求他儘快出院。

江天勇律師的檢查並不順利。4月7日下午江天勇也來到中國人民解放軍第二炮兵總醫院做檢查，當他躺著等待做檢查的時候，聽見外面有國保和醫生在說話。國保讓醫生不要把真實的 CT 片子和診斷報告給江天勇，這些被江天勇聽了個真真切切。"檢查"完畢，江天勇拿到了 CT 照片和診斷報告，並被告知一切正常。4月18日，江天勇到天津一個醫院做 CT，才發現 8 根肋骨骨折。

王成律師的經歷和江天勇律師類似，在北京煤炭醫院和杭州醫院檢查時，醫生也都表示"一切正常"。王成回到武漢，在協和醫院重新檢查，才發現 3 根肋骨骨折。

張俊傑律師除脊椎被打壞外，也查出 3 根肋骨骨折。

統計起來，四位律師在醫院的檢查結果是他們總共被打折了 24 根肋骨，分別是唐吉田 10 根、江天勇 8 根、王成 3 根、張俊傑 3 根。有人說，中國走向法治的道路是律師們用一根根肋骨鋪就的！

4 月 13 日建三江被非法拘禁的四位人權律師發表了《聯合聲明》。

1、黑龍江農墾總局法制教育基地（即青龍山洗腦班，位於建三江農墾管理局青龍山農場）是當局進行非法拘禁的基地，我們接受非法拘禁犯罪被害人或其家屬委託代理並依法交涉和控告是完全合法的行為。多年來，黑龍江農墾總局法制教育基地及其工作人員未經任何法律程式、無任何法律手續和文書即對包括石孟昌、于松江、蔣欣波等堅持信仰的公民進行短則幾個月、長則幾年的關押、剝奪人身自由的行為，觸犯了《中華人民共和國刑法》第二百三十八條，構成非法拘禁犯罪；該法制教育基地是典型的名副其實的犯罪基地。張俊傑以律師身份、另外三人以公民身份接受被害人或其親屬的委託作為代理人對非法拘禁犯罪實施者進行刑事控告，有完整的委託手續和法律依據，是完全合法的行為。

2、建三江農墾公安局對我們治安拘留的處罰程式嚴重違法、沒有事實和法律依據，所謂筆錄完全是酷刑之下的屈打成招；我們保留我們的代理、起訴和控告等權利。2014 年 3 月 21 日上午 8 時許，建三江農墾公安局無任何法律手續到我們入住的賓館破門而入對我們進行綁架式抓捕，搶奪我們的手機、將我們塞到車後備箱拉到大興公安分局並對我們進行雙手後拷吊起毆打的等多次長時間酷刑。建三江農墾公安局方面還強迫我們放棄代理非法拘禁犯罪被害人的刑事控告，強迫我們放棄對我們非法拘留及酷刑的控告權利。

3、我們在被拘留期間即已知道、現在更加瞭解到，廣大律師和公民朋友對我們四人的遭遇迅速關注並展開了救援，我們也知道許多律師和公民因營救我們而遭到建三江公安人員的騷擾、跟蹤、毆打甚至關押。我們對大家的關注、呼籲、營救表示誠摯的感謝！我們也懇請朋友們繼續關注、營救因營救我們至今仍被建三江公安關押的翟岩民、姜建軍、張聖雨、孫東生、李寶霖、陳劍雄、袁顯臣、李發旺、梁豔、趙遠、張世清、李大偉、張炎、遲進春等 14 位公民，也請關注仍在前往建三江營救這些公民的律師們的安危！

4、我們懇請朋友們繼續關注那些被黑監獄關押的公民及其家屬，並力所能及的為他們提供幫助和法律援助。

5、勞教制度廢止之後，如黑龍江農墾總局法制教育基地這樣的非法拘禁犯罪場所大量出現，危及我們所有人的自由。我們呼籲廣大公民一起努力，揭露控告這樣的犯罪基地；我們也要求當局立即查禁黑龍江農墾總局法制教育基地這類勞教替代場所，追究相關人員的違法犯罪責任。

聲明人：
江天勇、唐吉田、王成、張俊傑
2014 年 4 月 13 日

4 月 10 日和 11 日藺其磊、李蘇濱、莫宏洛、黃漢中、楊永偉等律師前去建三江要求會見被拘禁的公民們，均被當局拒絕。

（六）憤怒的火山和建三江事件的結局

王勝生律師、陳劍雄、張聖雨等律師和公民們被建三江匪警戴上黑頭套，非法綁架，並遭受酷刑虐待的消息傳出以後，以微博平臺為主的互聯網上一片譁然。有網友和女權人士自己戴上黑頭套，拍了照片，發在網上，表示對於"被黑頭套"、被抓捕拘留的15位公民的聲援。我也用黑圍巾做了一個黑頭套戴上，拍了照片，傳上網路，抗議中共暴行。但我很快發現，網友們更有創意，他們製作出來的黑頭套五花八門，以各種方法戴在自己頭上。那些日子打開網路，網友們戴著黑頭套如雨後春筍，一個個鑽了出來，並以"今天你戴黑頭套了嗎？"這樣的方式表達問候。滿屏都是戴著黑頭套的公民。這讓我想到，有朝一日中國實現了民主自由，基本人權受到真正的法律保護以後，我做策展的時候，一定要給網友的黑頭套創意留下一席之地。不光是黑頭套，民意沸騰本身就是一幅壯美的時代畫卷。

除了戴黑頭套的行為藝術外，在整個建三江事件中，網友們網上舉牌的行動從來沒有停止過。網上舉牌，通常都是網友自己製作一個簡易的牌子，寫上他想發出的聲音，自己舉著這個牌子請人拍照，然後發到網上。如果說黑頭套還可以蒙臉的話，網上舉牌則是完全暴露在有可能會被國保請去喝茶的風險之下。但是人們毫不畏懼。用一位網友的話來說，四位律師在坐牢，我們舉個牌算啥？那段時間我堅持每天即時地在網上發佈"建三江一線報導"，所以網友舉的牌子上的內容與建三江事件的進展合著節拍。當四位律師失蹤時，網友們以各種創意寫上唐吉田、江天勇、王成、張俊傑的名字，要求釋放四位律師；當張磊、李金星律師絕食抗爭會見權時，網友舉牌的內容就變成了"會見權"的普法運動；當陳劍雄、張聖雨被抓時，義憤的網友所舉的牌子上就把員警稱為匪警、黑社會了。

除網路聲浪外，全球數十家媒體聚焦建三江事件，關注建三江事件，眾多非政府組織和多名歐、美議員站出來呼籲"建三江當局"放人。四位律師被抓之後，美國之音第一時間報導了消息，貼出了四位律師穿著軍大衣在建三江法制教育基地的鐵柵欄門口的留影，並指出"律師在辦案過程中被拘留的現象很罕見"。德國之聲分別以《再探"黑監獄"，四律師被拘》和《探建三江"黑監獄"律師稱遭酷刑》等為題，對建三江事件進行連續報導。自由亞洲電臺則以每天幾篇報導的頻率，密切關注建三江事件的進展。

　　法律界、學術界的建三江現象研討會不斷召開。4月30日上午，大陸多名法律界人士在香港召開建三江事件研討會，會議開始後，以電話連線的方式邀請我進行了情況介紹。廣州大學楊松才教授表示，建三江法制教育基地無任何法律依據和手續關押公民，完全符合"任意羈押"。國際社會應該高度重視；廣州大學劉志強教授認為，建三江事件先是侵犯公民的言論自由和信仰自由，之後侵犯律師的執業權利和人身權利，再之後是侵犯公民的集會遊行的權利，違背了中國憲法和國際人權標準；資深律師滕彪表示，不只建三江有黑監獄，全國各地還有很多黑監獄。建三江顯示了非常野蠻的一面。形形色色的洗腦班和學習班在中共歷史上有傳統。似乎與蘇聯也有淵源。整風，土改，三反五反，反右，文革，計劃生育，法輪功等等，不取締形形色色的黑監獄，將會有更嚴重的人權災難。

　　張雪忠律師在網上發表了自己的觀點，黑龍江建三江農墾公安局，以法制教育為名實施非法拘禁，長期對信仰人士進行野蠻和殘忍的迫害，完全違反了文明社會關於信仰自由的共識，是一種嚴重的反人類罪行；廣州律師唐荊陵在網路上說，此次建三江營救人權律師，不容回避的課題是敦促中共停止迫害法輪功，並向世人公開宣告修練法輪功無罪；龐琨律師認為，如果人人不去碰紅線，紅線將永遠是紅線。踩的人多了，紅線才有可能不那麼敏感；中國政法大學王建勳教授表示，建三江事件是當下中國最有標誌的法制事件之一。它不是特例，而是一個縮影。必將成為本年度中國反憲法反法制大事件之一。只要世界上還有不自由的地方，自由就永遠在危險中。只要世界上還有專制政體，自由政體就永遠受到威脅。

建三江事件的緣起是四位律師受託前去解救被非法關押的公民。關押他們的理由是因為他們修習法輪功。中共雖然在給 610 國保的秘密檔裡將法輪功定義為邪教。但在全國人民代表大會常務委員會於 1999 年 10 月 30 日通過的《關於取締邪教組織，防範和取締邪教活動的決定》和中國最高人民法院、最高人民檢察院《關於辦理組織和利用邪教組織犯罪案件具體應用法律若干問題的解釋》裡面根本就沒提到 "法輪功"。而《刑法》的原則是 "法無明文不定罪"。非法限制公民人身自由，涉嫌違法犯罪。

最高檢和最高法在《關於辦理組織和利用邪教組織犯罪案件具體應用法律若干問題的解釋》中對 "邪教" 的認定是：邪教組織是指冒用宗教、氣功或者其他名義建立，神化首要分子，利用製造、散佈迷信邪說等手段蠱惑、矇騙他人，發展、控制成員，危害社會的非法組織。歷史的吊詭之處在於，如果從中共利用馬克思主義名義，神化馬恩列斯毛，控制輿論對人民洗腦，百年來對中國人民造成深重災難的事實來界定，中國共產黨恰好符合他們自己所給出的邪教定義。

建三江事件歷時一個多月，先有四位律師勇敢地挑戰建三江當局設立的黑監獄，後有 200 多位律師和公民前往建三江參與救援被抓的四位人權律師。部分現場聲援的律師和公民被抓後，又有新的律師和公民趕赴建三江前線繼續抗爭。很多知名人士和專家學者利用自己的影響力分別以學術研討會等方式發聲支援。部分知名人士通過致電和當面遞交行政投訴和法律控告檔的方式，向黑龍江省公檢法、黑龍江農墾總局質詢和抗議。網路輿情更是洶湧澎湃，一浪高過一浪。這些給中共當局施加了很大的壓力。

4月23日，建三江青龍山洗腦班釋放最後一名被非法關押的法輪功學員蔣欣波，建三江黑監獄（青龍山洗腦班）宣告解體。

我曾在一篇文章中總結過建三江事件的意義：

首先，建三江事件最後以"被抓的所有律師和公民全部被釋放，並進行了後續投訴控告維權"為結束，最終促使了青龍山洗腦班的解體，這是近年來民間維權力量最終取得勝利的一次標誌性的事件。建三江事件再一次昭示人們，邪惡的暴政雖然張牙舞爪，但他們的內心畢竟是陰暗虛弱的，民間維權力量只要堅持抗爭，最終會取得勝利！這極大地鼓舞了民間維權力量的信心，對未來中國的維權運動將產生深遠的影響。

其次，建三江事件創造了公民團隊和律師團隊合作、以立體方式施壓維權的典範。在建三江事件中，公民團隊和律師團隊各自獨立，但又相互配合。既有現場面對強權前仆後繼敢於坐牢的英勇抗爭，又有專業律師團隊與黑龍江農墾公檢法系統的合法較量（根據現行法律程式所進行的申訴和控告）；既有以往維權慣例的網友圍觀的輿論道義支持，又通過公民獨立募捐的後勤保障的策略，讓無數的網友成為了事件的直接參與者和力量貢獻者。律師和公民為了伸張正義和推動法治，毫不畏懼、勇敢向前、進退有據，最終事件迅速推進，影響巨大，最終形成了"漁陽鼙鼓動地來"的聲勢，迫使當局不再敢死扛到底。

最後，建三江事件超越了國內維權，成為一起震撼世界的"人權事件"，互聯網起到了至關重要的作用。那段時間，國內的微博網友大量為建三江事件持續關注與發聲，同時，世界各地人民紛紛舉牌、拍照、撰文聲援建三江事件，全球數十家媒體聚焦建三江事件，關注建三江事件，眾多非政府組織和多名歐、美議員站出來呼籲建三江當局放人，在輿論上對官方形成了巨大的壓力。這是建三江勝利的重要前提。

建三江事件中的四位律師和公民回家後，王宇、謝陽等律師發起成立"建三江案件法律後援團"，支持在建三江事件中曾被抓捕的律師和公民後續維權。張俊傑和唐吉田律師後來採取了一系列法律行動為自己在建三江遭到非法綁架和酷刑進行了維權。2014 年 6 月唐吉田向黑龍江省高級人民法院起訴建三江農墾總局公安局侵犯他的人身權利。

作為建三江事件的親歷者，我有幸參與發起組建了建三江公民聲援團隊，實踐了自己作為一個中國當代公民的勇氣和擔當，親眼見證了中國人權律師團隊在與黑暗勢力較量中所表現出來的凜然正氣。

第五章　風雨如晦，雞鳴不已

作為一個人權觀察者，如果你乘坐時空穿越的列車，從 2014 年春天的建三江出發一路南下，初夏季節在北京和鄭州稍作停留，仲秋時節駐足香港，你就能看到這一年的中國大地風雨如晦，你也能夠聽到這一年中國大地雞鳴不已。

（一）浦志強"言論自由罪"

我和知名維權律師浦志強有一張合影，是在北京一個茶館拍的。一米六的我站在一米九的老浦旁邊，像一個兒童，對比非常強烈。2013 年 2 月我正在微博上筆耕不輟，起勁地寫我的公民貼；浦志強也在微博上縱橫捭闔，就公共事件發聲。他的微博旁徵博引，嬉笑怒罵，對於公權力的批評不留情面，很受讀者歡迎。那天我們約在一個中西合璧的茶樓一起喝茶。浦志強先到，利用等我的時間把電腦打開在忙活，電腦旁明目張膽地立著他標誌性的大茶杯。他的茶杯永遠是那種大號的玻璃罐頭瓶子，但裡面的茶葉可不含糊，據說經常是上等的岳西翠蘭（後來他坐牢時外面的有心人還專門尋了上好的岳西翠蘭給他送進去）。老闆和服務員顯然不太喜歡這種拎著茶杯上茶樓的客人，幫我們照相時還一臉不情願的樣子。我們茶敘時，他把中共的雙規制度狂轟爛炸了一番，說這是幫會的家法，卻高於國家的根本大法。中共黨員一入豪門深似海，從此失去了人身權利……我看著他那三下五除二就要把中共的廟堂拆個稀爛的架勢，就想著這要是在光復漢室那個年代，這個威風凜凜的魁梧英雄，應該位列五虎上將之一吧。

燕趙自占多慷慨悲歌之士。河北人浦志強自稱"哈兒律師"，他因為這個維權死嗑的"哈兒"勁兒，最終還是給自己招來了麻煩。

2014 年是六四天安門大屠殺 25 周年。浦志強是 1989 年天安門絕食抗爭的參與者，他惦記著這個日子。5 月 5 日，浦志強作為 15 名六四親歷者和知識界知名人士之一，參加了在朋友家中舉行的"2014．北京．六四紀念研討會"，第二天即被公安傳喚，以"涉嫌尋釁滋事"為由刑事拘留。

浦志強被抓，顯然不光是因為紀念六四這一件事。北京公安局早就想報復他了。原因之一，是因為浦志強旗幟鮮明地挑戰中國當局的政法委及其凌駕於法律之上的維穩模式，並且指名道姓，直指時任公安部副部長、北京市委常委、北京市公安局局長傅政華，說他"遲早出事兒"。豈知中國的官兒熬上去不容易，誰也經不起扒，最忌恨人家咒他"出事兒"。浦律師這下可得罪人了。

這還不算，這個浦大個還拿出禰衡裸身擊鼓罵曹的"哈兒"勁兒，得罪了更大的官兒。2013 年 2 月 6 日上午，浦志強發佈博文稱："本人實名舉報：公安部前部長、政法委前書記、現其他老同志周永康，禍國殃民！我認為，若想從維穩的陰影下走出，就必須清算他的社會治安綜合治理模式，太多的人間慘劇悲歡離合，跟該周直接間接有關了。此人秉政十年，竟然荼毒天下，實民賊也！"要知道，其時周永康剛從中央政治局常委的位子上退下來兩個月，屁股坐過的位子都還是熱的。哈兒律師浦志強指名怒罵當今正國級領導人，戟指現行的社會綜合治理模式，他的命運，離被綜合治理也就只有一步之遙了。

浦志強被關了一年半，北京市中院才開庭審理。以兩項罪名，判處他有期徒刑 3 年緩刑 3 年。罪證就是他這幾年發表在微博上的言論，判決書上指出，涉及相關罪名的微博，總共有七條。

第一項罪名是煽動民族仇恨罪。罪證是四條微博，例如 2012 年 1 月 25 日 23：58：01 所發的微博內容為："藏區要寺廟'九有'，要掛毛鄧江胡領袖像，伊寧禁穆斯林留鬍子和戴面紗，連串組合拳打出，號稱淡化宗教意識，是漢人頭瘋了，還是漢人的頭兒瘋了？"

給寺廟 "送領袖像" 的背景是：2012 年 1 月 24 日，媒體報導，農曆除夕 (1 月 22 日) 上午，當地正在廣泛開展 "送國旗、送領袖像進村入戶進寺廟" 活動，已贈送國旗、領袖像 100 餘萬面 (張)（西藏地區，2012 年總人口 308 萬人，總計 67 萬戶人家）。給寺廟送領袖像，是藏區推行 "寺廟九有" 內容之一，是通過中央和地方財政，使寺廟做到 "有領袖像、有國旗、有道路、有水、有電、有廣播電視、有電影、有書屋、有報紙。"

1980 年 7 月 30 日，中共中央《關於堅持 "少宣傳個人" 的幾個問題的指示》規定："毛主席像、語錄和詩詞在公共場所過去掛得太多，這是政治上不莊重的表現，有礙國際觀瞻，今後要逐步減少到必要限度。其他領導人像和題詞也按同樣原則處理。" 此項政策未見廢止，至今依然生效，而且生效區域當然包括西藏在內。眾所周知，西藏是佛教興勝之地，教眾崇拜敬仰的精神領袖是達賴喇嘛和班禪。把無神論者的領袖畫像送進寺廟張掛，除了不莊重、有礙觀瞻、荒唐可笑、不倫不類之外，中共對於西藏教眾洗腦的用心昭然若揭。

2012 年初浦志強發表這個微博言論之時，胡錦濤還是中共最高領導人。坊間一直傳聞胡錦濤正是在擔任西藏自治區黨委書記期間，對於 1989 年 3 月西藏民眾的抗議活動大開殺戒，而得到鄧小平的賞識，被隔代指定為接班人的。浦志強詰問漢人的頭瘋了嗎？或許有人會對號入座。

至於對於“禁止穆斯林戴面紗”的評論，浦大個又是一鐵錘砸在了中共的痛腳上。中共在新疆地區長期推行高壓嚴打的政策，早已天怒人怨。連他們自己的中共中央黨校民族宗教理論研究室主任靳薇，2015 年 4 月 16 日在《金融時報》中文網發表文章都稱：“在高壓嚴打下推行的一些措施或處置行為，易引發信教群眾，甚至是不信教的同族幹部民眾的不滿情緒，同時也易被民族分裂勢力、宗教極端勢力放大為‘消滅宗教’而引發更深的抵觸心理……把只是受消極影響而沒有破壞行為的普通民眾、他們的親屬族人，都推到政府的對立面，推到極端勢力的懷抱中……不僅沒有爭取到人心，反而如列寧所說：“幫了敵人的忙”。

浦志強在 2014 年 5 月 1 日的微博中寫道：“普天之下莫非王土，率土之濱莫非王臣，說新疆是中國的，就別把它當殖民地，別當征服者和掠奪者，先發制人後發制人都為制人，都是把對方當敵人，都是荒謬的國策。冰凍三尺積重難返，免不了會再出事，只要民不畏死，以死懼之就沒用，襲擊者渴望成為真主的烈士，先發後發能嚇唬誰呀？新疆政策，該調整了。”

中國人民大學的何兵教授為浦志強案所寫的辨析文章指出：煽動民族仇恨，是指煽動民族與民族之間的仇恨，不包括“煽動仇恨政府和政黨”，後者屬於煽動顛覆國家政權罪。中國共產黨是各民族人民的黨，代表各族人民的利益，不是"漢人黨"。中國政府，是各族人民共同組織的政府，絕不是"漢人政府"。不能因為被告批評黨和政府的政策，可能導致少數人對政府不滿，就推導出這是"煽動民族仇恨"。將對政府的不滿，等同於民族仇恨，這是在犯法律上和政治上的雙重錯誤。

中共的西藏和新疆政策，自知理虧心虛，卻是容不得外人置喙的。浦志強的言論挑破了這層窗戶紙，使中共治藏、治疆的愚蠢和無能顯露無遺。

第二項罪名是尋釁滋事罪。此罪名下，涉及三條微博。除了2011年的一條是溫州動車事故後諷刺掩蓋真相的新聞發言人的內容外，另外的兩條，一條是諷刺中共的人大代表制度，另外一條是針對中國共產黨的唯一領導權的辯論。

2013年1月31日，中共一年一度的兩會召開前夕，浦志強針對人大代表申紀蘭和政協委員毛新宇的代表資格發表微博議論："除了運氣和血統，申紀蘭當代表，毛新宇當委員。靠裝傻和真傻。這說明人大和政協，啥也不是，人想如魚得水，要麼裝傻，要麼真傻。我不奢望毛委員聰明，只好祈求申老太：活著輕於鴻毛，死去重於泰山，您一死了之該多好啊！您都84了，當60年代表，終於到坎兒了，趁機馬革裹屍，訛人大追封個烈女，如何？"

申紀蘭是中共虛偽的人大代表制度的一個活標本，她自從1954年"當選"第1屆中華人民共和國全國人民代表大會的代表開始，連續"當選"中國人大代表。這位沒多少文化的老人家2010年表示："我非常擁護共產黨。當代表就是要聽黨的話，我從來沒有投過反對票"。而毛新宇是毛澤東的孫子，雖然擁有博士學位且官拜少將，但是眾所周知這是一位智障人士，他擔任政協委員僅僅是一個擺設。

2012 年，一位叫項平的作者出版了一本書，書名叫《中國大邏輯：沒有共產黨，為什麼不行？》，書名之下還標注"一本中國人應該讀的書"。浦志強言辭激烈地批評了作者，他發表微博說："'沒有共產黨為什麼不行？'我他媽的哪兒知道，為什麼不行？！我告訴你項平：中國沒誰都行，少他媽的給爺指道兒，還'一本中國人應讀的書'？你寫出這種破書，簡直是無恥之尤！"

中共的尋釁滋事罪早已成為一條口袋罪，只要是中共不喜歡的人，都可以裝進這個口袋裡去。身為律師的浦志強非常清楚這其中的訣竅。2012 年 9 月 4 日《南方人物週刊》採訪浦志強的時候曾問他："勞教如果取消了會對社會治安有影響嗎？"浦志強回答說："沒有影響。因為公安機關還有足夠的權力來解決問題，拘留、逮捕，不能用勞教來限制人的自由；不能說，這個人我看著煩，就把他勞教關起來。看著煩，你只能忍著點。"

公權力看著浦志強就煩，但是他們並沒有忍著點。倒是挑戰公權力的這位哈兒律師要被判刑，不得不忍著點兒了。浦志強的微博備註名為"體制外大佬，美麗島律師"，這一次算是求仁得仁。只是，臺灣的"美麗島律師"10 年以後就看到了他們理想實現的那一天，1989 年就在天安門廣場絕食抗爭的浦志強律師還要等多久呢？

中國民間對浦志強案的聲援非常給力。很多人在網上上傳照片、寫文章聲援浦志強案。我也發了一張照片，在那照片上我戴著口罩，口罩上面寫著"言論自由"，因為浦志強案以七條微博入罪，給人的信號非常明顯：中國人必須閉嘴！所有的異議言論就是犯罪證據。《中華人民共和國憲法》第三十五條寫著，中華人民共和國公民有言論、出版、集會、結社、遊行、示威的自由。這是典型侵犯公民言論自由的以言入罪！

除了聲援外，人們都非常關心浦志強在看守所裡的情況，但作為浦志強代理律師的張思之拒絕透露任何浦志強的具體狀況和案情。他對外稱：浦志強在看守所裡面的待遇不錯，他會見完畢後，浦志強還吃到了餃子。浦志強的實際境況，直到劉連賀律師在北京市第一看守所會見他的一位當事人（這位當事人與浦志強同囚一室）時才為外界所知。那位當事人受浦志強所托帶話出來，劉連賀律師由此得知患有嚴重糖尿病的浦志強在看守所裡的生活條件和健康狀況非常差。每天都需要打針的浦志強在短短幾個月裡，被提審了 70 多次，而且每天只能睡在地板上。浦志強十分想知道外面的情況，並委託劉律代其向另一維權律師唐吉田問好。

中國律師界由此對於張思之先生把浦志強案攢在手裡，不讓任何消息傳出，導致關注熱度降溫的做法頗有微詞，說浦志強案被張思之"包了餃子"。關注浦志強案的劉豔萍（曾是藝術家艾未未的助手）評論說："在當局公然違法的情況下，代理律師不公開信息，還阻止其他律師（斯偉江等維權律師）介入浦志強案，這對當事人長期踐行的信念是個損壞。"陳建剛律師曾專門寫了系列文章《張思之論》，分析了張思之維穩的做派。

2015 年 12 月 14 日，在浦志強被關押 500 天後，浦志強案在北京市第二中級人民法院開庭審理。當天有很多公民、外國記者和各國使館人權官員在法院門口圍觀，希望旁聽。中共當局如臨大敵，法院拒絕西方人權官員旁聽審理，有外國記者被秘密員警毆打，有 20 多位前去圍觀的公民被抓捕。

人權律師唐吉田談到浦志強案的時候說：官方只要判浦志強有罪，哪怕就判一天，也是言論入罪。真正犯罪的是那些構陷者，他們正在用今天的行為給自己未來被審判準備判詞。

浦志強最終被判有期徒刑三年，緩刑三年。在浦志強被釋放後，我和他見過一次。那是在一個小型的飯局上，老浦當時苦笑著說，緩刑期間他要戴電子跟蹤手錶，24 小時受監控。

（二）聲援鄭州十君子

中國有句老話：沒做虧心事，不怕鬼敲門。中共在 1989 年 6 月 4日出動軍隊開槍射殺，並用坦克碾壓天安門廣場上要求民主和政改的學生和平民，造成震驚中外的天安門大屠殺。按照中共的說法，他們取得了平息反革命暴亂的歷史性勝利。但令人費解的是，作為獲勝且當政的一方，以後卻再也不去宣揚與紀念他們的這場偉大勝利，反而對那段歷史晦莫如深。不光是中共自己不再提及，他們也不讓民間提起。六四天安門大屠殺及其相關資訊，一直都被中共作為傳媒與網路上的敏感詞來封殺，他們試圖把這一歷史記憶從中國人腦海中抹去，就好像什麼都沒有發生過一樣。胡適曾經形容，歷史是一個任人打扮的小姑娘。中共深諳此道。

但是中共六四天安門大屠殺在一些中國人心裡是一個坎，永遠過不去。2014 年 6 月 4 日是六四 25 周年的紀念日，于世文和陳衛夫婦在春節前就開始忙活，準備紀念六四的事情。他們倆 25 年前在廣州中山大學就讀，是那場學生運動廣州地區的學生領袖，並因此各獲刑一年。25 年來，他們從未忘記對六四死難者的祭奠，總想提醒人們不能忘記那段悲痛的歷史。這個自民國以後重陷專制奴役的黑暗之中的苦難深重的民族，1980 年代末曾經見到過一絲微弱的向民主轉型的希望之光。他們試圖去重拾那一絲亮光，總也好過徹底的絕望。

　　2012 年的 2 月 2 日，農曆正月初三，在于世文和陳衛夫婦等人的組織下，部分公民在河南滑縣舉行了六四二十五周年公祭活動。他們搭建的公祭台以當年的天安門廣場的學生運動圖片為背景，並加上了當時同情學生的國家領導人趙紫陽和胡耀邦的照片。陳衛現場宣讀了有四十多人連署的公祭詞。之所以選在滑縣進行公祭，是因為河南滑縣是趙紫陽的故鄉。事實上，一年以前的清明節，這對夫婦也發起組織了六四公祭活動，不過那次的地點選擇在了河北正定。他們顯然是想提醒剛上臺不久、曾經做過正定縣委書記的習近平正視六四歷史。而在 2011 年底，這對夫婦還成功地舉辦了數百人參加的《中原論道》大型政論沙龍。他們在六四以後萬馬齊喑的高壓環境下，開闢了公開紀念六四、祭奠六四死難者的先河。當年他們是一對有著共同理想和信念的六四情侶；現在他們是一對矢志不渝並鐵肩擔道義的伉儷。這是中原大地上一個童話般的愛情故事。

　　在六四 25 周年之際，這對勇敢的伉儷在中國這黑夜裡點燃了一支火炬。這支火炬不免粗糙，火光微弱，但它超越時空，瞬間照亮了千萬人心。這讓肩負著六四維穩任務的河南警方感覺如芒刺在背。但是他們並沒有立即動手。他們知道離六月四日還有些日子，還有時間慢慢地放網。5月7日，河南警方首先抓捕了在拆遷維權領域堅持抗爭的賈靈敏與劉地偉二人，5月26日才抓捕于世文和陳衛夫婦，同時集中收網，抓捕了在正月初三去滑縣現場參與公祭的董廣平、侯帥、殷玉生等人，以及早就列入打擊對象、參與六四公祭詞連署的姬來松律師、方言等人。

還有一條大魚沒有抓上來，河南警方可能那時還沒有找到合適的藉口。這是個在河南有些影響力的人物。他2005年被評為感動河南慈善人物並被河南省慈善總會授予河南省慈善愛心使者稱號，2007年5月被評為河南省未成年保護突出貢獻律師，2007年7月被評為河南省農民工權益保護突出貢獻律師，2007年12月被評為河南省十佳法律援助律師。這麼一個被官方高調認可的律師之所以被警方惦記，是因為他並沒有走“謝主隆恩、配合勾兌”的體制內律師的道路，而是憑著職業操守和良知，做了一系列的維權案子。他代理的高考移民案、三鹿奶粉案、小學生賣淫案、禹州天價過路費案、公安部門資訊不公開案、洛陽拆遷案等，每一件幾乎都是打破一個領域的禁區，讓人民拍手稱快，使官方難堪。除此之外，他還成立了NGO公益組織“鄭州億人平”，在中國發起了反對針對乙肝人群的歧視等的公益活動，幫助社會弱勢群體。他還代理多起涉及信仰自由、組黨、藏獨等敏感案件。這位中原大地的俠義律師，就這樣高貴地拒絕了官方的誘餌，穩穩地站到了他的父老鄉親這一邊。他就是常伯陽。

5月底河南省內的維權公民、律師和六四公祭參與者相繼被抓後，5月27日，常伯陽作為于世文和陳衛的委託律師去看守所試圖會見當事人。河南警方雖然倉促間還沒有準備好給他安個什麼罪名，一看常伯陽自己送上門來了，就直接把他也抓了。先對他以“涉嫌聚眾擾亂公共秩序”罪名刑事拘留，隨後可能覺得不妥，又更改為涉嫌“尋釁滋事罪”。到 7 月份批捕時，罪名又變成了涉嫌“非法經營罪”。當局做假做得這麼不認真，估計作為職業律師的常伯陽自己都哭笑不得。

河南警方終於湊夠了一個整數。在這些人士被抓捕後，人們把他們稱為“鄭州十君子”。

“鄭州十君子”事件，是河南警方借助中共上層對於六四這一敏感日期維穩的部署，事先擬定本省的異見人士名單，先抓人再羅織罪名的行動。這是中共臭名昭著的“嚴打”模式的再度發作。以 1983 年嚴打為代表的模式就是一旦有什麼政治意圖，就先把法律丟到一邊，通過搞政治運動的方式，運用他們手中的國家機器，從重、從快、從嚴地打擊一部分人。別看中共有時候把法治的口號喊得煞有其事，他們工具箱裡放著的這個“嚴打”手段才是用起來最順手的。

雖然中共在維穩時把法律先丟到一邊的案例司空見慣，但大多數情況下畢竟還是針對個案。像這樣以省為單位列出名單抓人的做法，把這些年來積累的一點點法治底線徹底擊穿了，一下子回到了文革時期的政治運動的模式。這挑動了社會的敏感神經。律師和公民人人自危。河南鄭州十君子的模式一旦擴展到其他省份，無人能倖免。僅僅 1 年之後的 709 大鎮壓就證實了他們的擔心。

最先行動起來的是律師。常伯陽的律師與警方交涉，要求依法會見當事人。警方不同意，理由是常伯陽所犯的事情危害國家安全。律師都被氣樂了。他們詢問警方：你們先後給常伯陽換了三個罪名，最後定他個非法經營罪，這跟危害國家安全不沾邊啊？律師要求警方舉證常伯陽具體什麼行為涉嫌危害國家安全，警方支支吾吾說不出來，說反正不讓見。不光是常伯陽，十君子中的其他人也都不讓見律師。在不到兩個月的時間裡，律師們來了 100 多人次，要求會見當事人，全部都無功而返。

鄭州十君子被關在鄭州市第三看守所，始終不讓律師會見，這讓民間同情者的不滿情緒開始累積。從 7 月初開始，先是南方街頭的羅向陽和一些公民到鄭州"三看"外舉牌聲援被抓捕的人士。之後，鄭州當局抓捕了鄭州當地聲援十君子的網友，當局的這個抓人的舉動激起網友們的憤慨，令參與聲援的人士越來越多。全國各地的聲援者們陸續來到鄭州市第三看守所外聚集。7 月 13 日屠夫吳淦也到了鄭州"三看"門口參與聲援。前來聲援的這些可愛的公民開始向"三看"的員警們做起了普法工作。他們製作了一個很大的橫幅，先用小一點的字元寫上"《中華人民共和國刑事訴訟法》第 37 條第 2 款規定，律師帶齊三證可以會見在押當事人。鄭州市公安局的一位副局長說，律師見了常伯陽等 9 人會危害國家安全"。然後他們用大號字元在橫幅正中寫道"難道律師見到常伯陽等 9 人，國家就垮了嗎？"底部還有一行小字"懇請鄭州當局告訴我們，果真如此嗎？"落款是"鄭州十君子聲援團"。

那些日子我在密切關注鄭州十君子聲援團的動向。聲援團成員很多都是各地的訪民和維權人士，他們中很多人生活拮据，但是出於義憤，都堅守在鄭州"三看"現場。不能讓在一線的抗爭人士流血又流淚，於是我給公民聲援團捐了 2000 元。最開始，我想把錢匯給在鄭州"三看"門前做行為藝術的羅向陽，請他代轉，他說自己不收錢。於是，我把錢匯給聲援團的望雲和尚，希望他們把我捐的這筆錢的一半用來補助聲援團中那些經濟困難的訪民朋友，比如給他們更換破舊的衣服或鞋子。

傲慢的員警沒有回答公民們提出來的國家會不會垮的問題。公民們按捺不住了，於是他們向員警表示，他們也想進到"三看"，到裡面去陪鄭州十君子一起坐牢。他們打出橫幅說"願與十君子同罪"，"請鄭州當局以鄭州十君子之罪名抓我們入監"。

另外一些前來聲援的公民們搞起了行為藝術。他們有些人手持通紅的《憲法》書本到"三看"門前合影，有些人則用黑色膠布在自己嘴上貼上一個叉，表示對言論不自由的無聲抗議。他們原本一開始就要穿上印著鄭州十君子的文化衫的，但是前去聯絡印刷的公民徐知漢被員警抓了去，在航空路上的拘留所關了 10 天。

警方對於公民的抗爭繼續裝聾作啞，不加理會。鄭州十君子公民聲援團決定採取絕食手段抗爭。兩人一組絕食，另兩人呼喊口號。第一次排班就排到了一周之後，可見公民參與之踴躍。七月的鄭州驕陽似火，晚上則蚊蟲肆虐。公民抗爭的熱情絲毫未減。他們打出標語說"我們為十君子絕食，十君子為良心坐牢"。民意昭昭，當公民聲援團為十君子絕食時，十君子之一賈靈敏的丈夫閻崇民來到"三看"看望聲援公民，給大家帶來了解渴的茶葉。而侯帥的父母，則冒著酷暑頂著烈日，騎著三輪車趕了二十多公里路給"三看"聲援公民送來十幾個大西瓜和兩袋自家樹上結的桃子。有位河南當地不願透露名字的五、六十歲的熱心公民，騎著自行車專程給公民聲援團送來了防暑降溫的藿香正氣水，並在無意中透露了已經給公民聲援團捐款。而有些下班路過的員警，偶爾也會私下表示對於鄭州十君子的同情……

　　和所有的政府辦公樓一樣，鄭州“三看”的大門和主樓建得威嚴高聳，一個紅色的國徽掛在藍色的玻璃幕牆上，似乎是在宣示著政權的不可挑戰。前來聲援的公民卻並沒有把他們精心設計的威嚴當回事，紛紛到掛著“鄭州市第三看守所”牌子的大門口拍照留念，似乎到此一遊，甚至到裡面坐一回牢都是一件很光榮的事情。“三看”裡面的員警嚴陣以待，他們佈置人員，在大門口專門加裝了更先進的監控攝像頭，並且派出警員帶著先進的成套的照相器材出來，對著公民不斷地拍照，試圖向公民施加無形的壓力。前來聲援的公民則舉起手機對著員警拍。形成警民互拍的一幕。員警有時出來驅趕公民，但是公民針鋒相對，要求員警說出法律依據。員警只得悻悻而去。但是他們很快又出來，要求公民出示身份證、登記身份資訊。這一動作的後果很快顯現。警方顯然是根據身份證號碼聯繫到了前來聲援的公民戶籍地的國保。上次在建三江和我一起上演暗夜狂奔甩掉“尾巴”的南京公民王健，還有菜刀王默也來到了“三看”的現場聲援，江蘇的國保專程趕來鄭州，把他們遣返回江蘇。

　　鄭州警方終於失去了耐心。8月1日下午，鄭州“三看”現場被幾十名員警突襲，公民聲援團的42名聲援者被抓捕，其中包括11位女性。其中張占、姜建軍、李燕軍、翟岩民、尹恩沛、鄧福權6人被刑事拘留。

　　全國公民前往鄭州“三看”對十君子的聲援和抗爭，是維權的公民對於中共當局開始徹底甩開作為遮羞布的法律，批量抓捕異議人士的本能的警惕和抗議。公民抗命從來不是一場力量對等的搏弈，鄭州十君子公民聲援團這次無法扳回大局，甚至也抵擋不住中共這頭出籠的利維坦的步步進逼。一年以後，河南抓捕鄭州十君子的放大版在全國上演，發生了震驚世界的 709 大鎮壓。但是鄭州十君子公民聲援團的抗爭和怒吼仍然聲震寰宇，振聾發聵。這從他們的標語上就能看到：

當法律不再保護正義，抵抗將成為全民義務！

在中國大陸的民主鬥士為了喚醒沉睡的國人，要麼身陷囹圄，要麼就是在去監獄的路上！

獨裁專制是中國一切罪惡的根源！

……

（三）香港維園紀念六四的歌聲

香港的公民社會發育得非常成熟，我一直想去觀摩學習。2013 年 6 月初我到了香港，和劉巍律師住在一起。那時，劉巍律師是香港大學的訪問學者，她有點忙。正值香港市民支援愛國民主運動聯合會即將在維多利亞公園舉辦 "六四" 24 周年燭光紀念晚會前夕，香港大街上紀念六四的氣氛很濃厚，樹立在香港大學的雕塑 "國殤之柱" 已經被學生們清洗乾淨了，學生們在排練六四歌曲，商店裡也在賣各種印有六四文字圖案的 T 恤和六四紀念品。那一年的紀念六四的口號是 "穿黑衫，悼六四"，我於是在商店買了兩件印有六四文字和港大標誌的黑色 T 恤。

一天中午，我們和香港大學法律學院的傅華伶教授一起吃飯，付教授問我：十年前，和你一起進行業主維權的人，現在還有多少人在繼續維權？比例占多少？她指的是 2004 年，我所在的社區業主們團購期房，但後來入住時，發現房屋和房屋購買合同上的圖紙有很大不同，所謂貨不對版，而開發商蠻不講理，拒絕賠償。於是，我發起和組織了 400 多戶人家，1000 多位業主進行抗議維權的事。我說：很遺憾，當年 1000 多個維權業主，目前只有我一個仍然參與維權。記得 2004 年，鼓勵業主維權，鼓勵成立業主委員會。我所在社區的業主代表經常和開發商談判，幾百業主坐在開發商的售樓大廳抗議，沒有員警過來監控，到了 3 月 15 日消費者權益日前夕，還會有電視臺的記者過來採訪業主維權的情況。我們都感歎如今不要說幾百人聚集，只要有幾十人聚集都會招致員警監控、驅散或抓捕。

六四那天，劉巍有事，我穿上在香港大學的學生商店購買的黑色 T 恤早早出了門。那時候街上人不多，我準備先去銅鑼灣逛逛。那時候銅鑼灣書店還在，各種獨立書店生意也還好，李丹的 1908 書店那時經常辦講座。

逛完書店，我來到時代廣場，看到長毛梁國雄在那裡指揮佈置現場，還有學生在絕食，我就上前去和絕食學生聊天。突然聽見有人在背後叫我名字，回頭一看，是自稱“民主小販”的楊恒均，他正拿著相機，哢嚓一聲，以突襲的方式給我和學生們拍了一張照片。我雖然有點不悅，但仍然繼續和學生聊天。學生們告訴我，24 年來，香港的天空越是晦暗，維園的火苗越是光亮。當 13 億中國內地人民仍不能公開哀悼六四死難者，同一片天空下，香港人會更加珍惜自由的星火。

過了一會，人開始多起來，有樂隊過來，樂手們穿著黑色 T 恤，唱起年輕人視為"新的六四歌曲"的《海闊天空》，很多人駐足路邊跟著一起唱：原諒我這一生不羈放縱愛自由，也會怕有一天會跌倒，背棄了理想誰人都可以，哪會怕有一天只你共我……邊走邊看，有人在發傳單，有人在賣黑 T 恤，支聯會的朋友在募捐，還有人在贈送紀念品，我領到一把印有《自由花》歌詞的小扇子。在路上，我遇到了保釣人士楊匡和他的朋友們。進維園的時候，在門口又碰到了廣州詩人浪子，浪子開心地拉我一起拍照留念。

六四晚會的場地很大，有繪有天安門廣場巨幅圖片的背景牆，很多人在那裡演講、簽名。舞臺幕布兩邊寫著八個大字：平反六四、永不放棄。我很不喜歡"平反六四"那幾個字，因為在我看來，六四是正義的學生運動，根本不需要平反，而那些施暴者要向學生和民眾下跪、道歉，劊子手終將被清算。我選擇坐在第一排靠左的場地上，靠右邊的場地上坐著許知遠和溫雲超他們。

幾位新浪微博的網友認出了我，他們送給我一個小的民主女神像，於是我就舉著民主女神像與他們一起合影，但我叫不出他們的名字。後來，他們中的一個去北京看過我，他是一位姓黃的八九一代。

會場很快坐滿了人，各個大學的學生打著本校的旗幟，有民國派人士舉著中華民國國旗，也有大陸的團體舉著大陸公民的牌子，還有人舉著"毋忘六四，繼承英烈志"、"薪火相傳，接好民主棒"等標語。雖然維園六個足球場和中央草坪爆滿，大家仍非常有序地坐在地上。天慢慢黑了下來，有人分發蠟燭和紙杯，我們小心翼翼地點燃蠟燭，捧在手心。

晚上8點，燭光晚會開始。會場螢幕播放著一些當年天安門廣場的視頻、已故民運人士李旺陽的胞妹李旺玲的錄影講話、當年學運領袖王丹的視頻講話片段、以及一名姓陸的天安門事件死難者妻子的講話視頻。

在主持人的帶領下，"勿忘六四，永不放棄"、"結束一黨專政，建立民主中國"等口號響徹雲霄。

當臺上的主持人正在說"要永遠銘記六四精神，良知讓中國人前赴後繼爭取自由和民主"時，天突然下起了滂沱大雨，很多人紛紛撐起特地攜帶的黑傘。我沒帶傘，有人跑過來用傘為我遮雨。在風雨裡，紅藍色的中華民國國旗分外好看。十五萬人站在大雨裡一起紀念六四，一起唱《為自由》、《歷史的傷口》、《自由花》，場面非常壯觀。如此大的暴雨，不僅沒一個人離開，還不斷有人舉著傘往維園裡走，連安保員警也和我們一起唱起《自由花》。"但有一個夢，不會死，記著吧。無論雨怎麼打，自由仍是會開花……"歌聲在維多利亞公園裡唱響，歌聲在香港的上空回蕩，歌聲也在我心中激蕩，震撼著我的心。我們一同點燃中國民主的希望之火，這火光照亮了夜空，照亮了香港，希望它也能照亮中國。我們在火光中一同高呼："勿忘六四！民主中國！"

由於雨太大，主辦方怕音響和視頻播放設備漏電，集會提前結束。之後，有很多人向晚會主辦者"支聯會"捐錢，支聯會正在籌集資金，準備在次年"六四"25周年時，開設一個永久的"六四"紀念館。

我在坐公共汽車回港大的路上，突然看見楊恒均和李偉東他們在路上走，李偉東向我揮了揮手，我也向他們揮了揮手。估計他們是去中聯辦參加遊行抗議，而我並不想去中聯辦，就繼續坐車，回味剛才那振聾發聵的歌聲。

那一夜我看到了香港人的情誼，那一夜我見證了香港人的堅守，那一夜在雨中我聽見了自由花開的聲音……我永遠不會忘記維園的燭光和六四的歌聲。

每年 6 月 4 日都是中國人心中永遠的痛，雖然中共政權禁止人們提起“六四”這個詞，但人們為了紀念 1989 年春夏之交天安門廣場上的亡靈會用“柳絲”（諧音“六四”）、“5 月 35 日”等詞來指代 6 月 4 日這一天。每逢這一天，中國網民在網上上傳蠟燭、白花、廣場學生遊行示威和民主女神的圖片進行紀念，儘管他們知道會因此被各網路平臺禁言銷號，但仍然年復一年地在堅守。因為他們深深知道，遺忘歷史，意味著背叛。所以他們以各種方式拒絕遺忘。每逢六四，我都會穿黑衣悼念那些為民主犧牲的年輕人，也會為他們寫下紀念的詩句。下面這首詩是我到美國第二年 6 月 4 日寫的。

《在那片土地上，禁止悲傷》

那一年
熱情的青年呼喚自由
那一月
質樸的市民送來帳篷
那一刻
民主女神像佇立在神州大地

時間停在了那一夜
那一夜
子彈射穿年輕的胸膛
那一夜
坦克開上長安街頭
那一夜
鮮血染紅號稱人民的廣場
槍聲和鮮血讓人們清醒
每一年
香港維園十萬盞燭火祭奠英靈
每一年
舊金山洗滌女神像誓言不忘
每一年
全世界譴責共產幽靈荼毒世界
魔鬼建起一座高牆
在牆內
教科書篡改了屠殺歷史
在牆內
6 月 4 日成為敏感詞
在牆內
紀念死難學生成為入獄的理由
卻阻擋不了每年那一天的到來
現在
在那片被坦克碾壓過的土地上
人們禁止悲傷！
未來

在華夏沃土

自由之花必將處處開放！

（四）支持占中：聲援香港真普選

2014 年 9 月 28 日，第二屆中國民決團模擬法庭暨反酷刑研討會在廣西舉行，近百名律師和公民維權人士參加會議。開會的地點在風景秀麗的北海銀灘，附近白虎頭村的前任村委會主任許坤跑前跑後地幫忙張羅。幾年前，白虎頭村的村民以彈弓和汽油彈對抗政府派來的武警和消防隊的強拆，鬧出很大的風波。許坤代表村民利益尋求法律援助以抵制政府強拆，被開除黨籍，並於 2010 年 5 月被北海市公安局以涉嫌非法經營罪刑事拘留，之後他被重判四年。

會議放在北海開就有了一個現場參照案件的意義。在民決團模擬法庭的環節，還特別演習了公民遇到酷刑威脅時如何應對與抗辯。

我原本是帶著比較輕鬆的心情來參加這次會議活動的。坐在飛機上就一直在憧憬著一定要光腳去踩一踩銀灘細細的白沙，到清澈的海水裡去泡一泡，累了以後上岸好好地慰勞一下自己，品嘗一下聞名遐邇的北海海鮮。但是當天晚上回到酒店打開電視，看到鳳凰衛視中文台正在播放的香港占中運動畫面時，我輕鬆的心情馬上就消失了。

作為一個人權捍衛者，我非常關心香港政局的走向；作為一個嚮往自由的女性，我非常喜歡維多利亞海港清爽的海風、街頭的美食和那些熱愛自由而有尊嚴的香港市民。

1984 年的《中英聯合聲明》約定，除了國防與外交外，香港實行一國兩制、高度自治，維持原有的立法權、行政權和獨立的司法權和和終審權。1990 年 1 月，鄧小平會見香港富商李嘉誠，在談到香港一國兩制時說："不會變、不可能變、不是說短期不變，是長期不變……就是說五十年不變，五十年後更沒有變的道理"。香港的《基本法》寫明，香港要"循序漸進原則"實行普選。2007 年香港回歸 10 周年之際，中國全國人大確定了香港實行普選的時間表：香港可於 2017 年普選行政長官，2020 年普選立法會議員。香港政府旋即指派時任香港政務司司長的林鄭月娥領導一個小組著手進行政改諮詢。2010 年開始，香港民主派人士曾多次促請政府通報啟動政改諮詢的計畫，但香港政府再無下文。

　　香港擔心中共朝廷會搞陰謀、違背"2017 年特首普選"的承諾。為此，香港大學法律系副教授戴耀廷發起了一次"陽謀"。2013 年 1 月 16 日，他投書《信報》表示，距離 2017 年時間緊迫，若香港民眾再不施以進一步的行動，普選的目的將無法達到。戴耀廷以《公民抗命的最大殺傷性武器》為題，提議發起佔領中環行動，通過示威者佔領中環要道來癱瘓香港的政經中心，從而迫使北京改變立場。這個副教授公開提出的方案像學術論文一樣嚴謹，他計畫 2013 年前半年為占中運動的論述及策劃期，2014 年初夏啟動占中運動。他還設定了運動的數個原則，例如參與人數須過萬，因警方除非出動催淚彈和防暴隊，否則不能驅散示威者，人數越多表示政府處理行動所付的政治代價隨之增加；參與者須包括社會的意見領袖，尤其是一些過去不曾違法或不屬激進的政治領袖、前任官員、宗教領袖、學者等；以違法但有限度的、非暴力方式去感召廣大群眾的正義感；必須持續進行以產生和累積足夠的政治能量，又或在街頭舉辦嘉年華會式的集會；參與者必須在誓言書表明會承擔罪責，在行動結束後向執法部門自首，由執法部門決定是否對其作出起訴；必須到了最後時刻，即港人追求真普選的夢想徹底幻滅時才可使用；應事先張揚，以展示組織者已開始實質部署行動，給對手產生強大的政治壓力；無論行動是否已付諸實行，一旦對手表明願意商討落實真普選的具體措施，行動即可結束，如對方違諾，行動可再次進行……現在和今後，戴耀廷對於街頭社會運動仍然具有很大的影響力，以至於中共給他任職的香港大學施壓，於 2020 年 7 月香港大學將他解雇，這是後話。

香港人開始實施戴耀廷的這個計畫。他們先後搞了三次商討日，廣泛徵求社會各界的意見；在 2014 年 6 月 22 日發起了一次全民公投；甚至在 7 月 2 日還搞了一次"預演占中"。

北京當局也沒閒著，他們開始反制香港人推動"真民主"的努力。的 2014 年 6 月 10 日，中國國務院新聞辦發佈《"一國兩制"在香港特別行政區的實踐》白皮書指出，"一國兩制"方針中所指的香港高度自治限度在中央授予多少權力，香港就享有多少權力，並指出在"一國兩制"中，兩制僅能"從屬"於一國，特首人選必須"愛國愛港"，特首與立法會普選制度都"必須符合國家主權、安全和發展利益，符合香港實際，兼顧社會各階層利益，體現均衡參與的原則，有利於資本主義發展，特別是要符合香港特別行政區作為直轄於中央人民政府的地方行政區域的法律地位，符合香港基本法和全國人大常委會有關決定的規定"。2014 年 8 月 31 日，全國人大常委會正式通過決議，為 2017 年特首普選方法設下框架，提名委員會要按照第 4 任行政長官選舉委員會的規定組成，維持 1200 人，特首候選人規定是 2 至 3 人，每名候選人須獲得提委會過半數（原先 1/8 即可）支持，才可以成為正式候選人。這意味著 2017 年的特首只能在中共提名的人中間 "選舉" ，真普選的希望落空。塵埃落定，香港人稱之為 "落閘" ，中共正式賴帳了。

　　抗爭剛開始是由香港的大學生開始發起的，由於警方與學生發生衝突時使用了催淚彈和武力，抓捕了黃之鋒等組織者，導致學生運動不斷升級，民眾要求啟動占中運動的呼聲很高，戴耀廷雖然覺得還沒有準備好，但形勢比人強，他於 9 月 28 日凌晨正式宣佈啟動佔領中環行動。警方在 9 月 28 日黃昏開始用催淚彈驅散市民，令民憤大規模爆發，佔領行動擴散至旺角、銅鑼灣、尖沙嘴等地，9 月 29 日至 10 月 1 日更連續 3 晚有 20 萬人上街佔領。佔領行動持續了 79 天，因為大量市民用雨傘抵擋警方的催淚彈，《時代雜誌》等外國媒體陸續稱呼此佔領運動為 "雨傘革命" 或 "雨傘運動" 。

　　香港占中運動是香港人對於中共誠信度的一次大測驗。自此之後，香港這顆東方之珠的光芒迅速黯淡。本書截稿時，2020 年 7 月 1 日中共向香港強推國安法，直接葬送了香港作為國際金融中心的地位，打開了將香港嫌犯押送到大陸受審的潘朵拉盒子，香港勉強維持了 23 年的所謂 "一國兩制" 徹底終止，香港人原本享有的多項基本人權喪失，香港一夜幾乎退回到與中國大陸等同的狀況，那是後話。

　　我在廣西北海的電視裡看到香港占中的消息，恨不能肋生雙翼，馬上飛到香港現場，參加到占中運動中去。如果香港逐步實現真普選，對於大陸向真正的法治和民主社會轉型來說將是一個樣板；反之，如果香港任由中共操控，變成另一個大陸城市，那麼不光是香港這麼一個華人文明社會的模範會被打碎，臺灣也會唇亡齒寒。我想起在內地人大逃港的歲月香港人對於大陸同胞的接濟；想起大陸人民不幸一次次遭遇天災人禍時香港人民的慷慨解囊；想起梅艷芳發起的"民主歌聲獻中華"；想起救助六四學生的"黃雀行動"；想起香港紀念六四的維園晚會，我和15萬人在大雨裡手舉燭光，一起唱《自由花》的情景……我決定，第二天舉牌聲援"爭普選、爭民主"的香港占中運動。

第二天中午，我與另外四個朋友一起舉牌，聲援香港真普選，並將其中的一張圖片發在了推特上。之後幾天，我開始關注各地公民舉牌聲援香港爭取真民主行動的情況，發現雖然中共實行網路管控和對香港占中進行汙名化宣傳，但是全國各地還是有數百人在舉牌聲援香港占中運動。

（五）亡命江南

對於發生在香港長達近三個月如火如荼的抗爭，中共控制的宣傳媒體將這些新聞完全封殺，甚至一河之隔的深圳的很多民眾都完全不知情。及至後期紙包不住火了，中共就開始斷章取義，對香港占中運動進行汙名化宣傳，把香港的和平、理性、非暴力的示威污蔑為暴徒企圖要搞港獨。中共非常害怕大陸人民知道真相，更害怕香港的街頭運動會蔓延到大陸，因此對於大陸那些舉牌聲援香港的人士進行嚴厲打擊。

北海會議結束後，我回到北京。10月4日上午10點多，一位朋友來我家談事情。他剛離開我家五分鐘，有人敲門。我以為是那位朋友有東西遺落在我家了，就問是誰啊？門外的人說，是員警，查身份證，開門！

我一聽對方說是員警，就明白怎麼回事了，因為截至當天全國已有韓穎、姜流勇、李冬梅、劉惠珍、李磊、王默、謝文飛、張聖雨等100多人因為支持香港占中被抓。我沒有開門，我問："你們幾個人？"答曰："一個人。"我說："請把警官證從門縫裡遞給我看。"答曰："沒帶警官證。"我說："我懷疑你是劫匪，絕不會開門的。"

　　之後，我將疑似員警敲門的資訊發到微博上。王宇律師看到消息打電話給我，告訴我千萬不能開門，她馬上打車過來。這時候門外的人開始踹門，威脅我說，再不開門，他就暴力破門。我說，我的律師正在過來的路上，你暴力破門，私闖民宅，威脅我的人身安全，她就是證人，你就等著坐牢吧！要不，你就回去再叫一個員警，你們倆帶上警官證和出警手續，證明你們是員警，合法出警。

　　我和門外的人對峙了20多分鐘。對方見我死活不開門，跺跺腳說："員警叫門，你也敢不開！你等著！"然後他就下樓了。

　　我猜測他去搬救兵了，於是收拾好東西，抱著我家黑貓黑澤明趕緊離開了。

　　我把手機關機，把家門鑰匙給了一個朋友，讓他幫我把家搬了（他後來告訴我說，家裡明顯有人進去過，裡面很亂）。我先找了個地方躲避，看看形勢再說。

　　離家躲避的那幾天，我得到消息，北京市公安又抓了十多個支援占中的公民，包括宋莊的詩人王藏、記者張淼、藝術家朱雁光、費小勝、崔廣廈、任重遠等人，全國已經抓了幾百人。顯然這一次全國各地發生舉牌支持香港占中的風潮，已經挑動了中共敏感的神經。在他們眼裡這是挑戰他們意識形態與執政地位的事情，與某一件因強拆民宅而起的維權官司不可同日而語。看來抓捕支持占中的人士，已經是一個自上而下統一佈置的集中收治運動了。在與員警和國保的周旋中，維權人士有過很多交流。一個很重要的經驗就是對中共所謂"執法成本"的判斷。週邊維權人士的案件，說小不小，說大也不大，警方首選的低成本方案是通過喝茶進行威脅和恐嚇。一旦嚇阻不成，那麼一旦某個運動來了以後，他們就會對長期讓他們難堪的目標人士加以打擊報復。

我知道自己在北京待不住了，於是計畫離開北京躲避一段時間。臨行前我遇到另一位也舉過牌支持占中的公民，我把我的判斷和計畫告訴了她，她也決定出京避一陣。

在中國，很多人權捍衛者的身份證會被警方標注為黃色，即重點被監控人，如果使用身份證住店，就會被查房，有時候進車站也會被員警盤查。一次我在深圳寶安區，看見路邊有個公共汽車客運站，就想進去上洗手間，正好趕上車站門口有幾個全副武裝的員警，正用手持機器檢查身份證。查完我的身份證後，他們讓我先靠邊等著。我聽到那個年輕的員警向老員警小聲請示：她身份證黃色警報，讓不讓進？老員警說：那要看她幹什麼去。耽誤了大概五六分鐘，與我同行的朋友看到這些感到很詫異，他說：看來祖國對你相當重視哦！我笑了笑，對員警說，我只是去上廁所，不坐車。如果你們不讓我在車站上洗手間，我只好找個公安局去上廁所了。他們看我是個斯文的女生，就讓我進去了。出來後，我對員警說："謝謝你們，允許我在祖國的車站裡上了一次廁所！"

這一次幸虧有了朋友的幫助和周密安排，我沒有使用手機、身份證、信用卡，一口氣從北京逃到了江蘇。江南之地多才俊，說著吳儂軟語的他們並不軟弱好欺，他們的權利意識有理有節，令當局非常頭疼。那裡經濟發展快，強拆一類的侵權案件眾多，由此引發的維權群體也比較多，我認識不少維權人士都住在江南。雖然遍地都是攝像頭，但是那時的人臉識別技術還沒有像現在這麼成熟和普及。不過在經過攝像頭密集區域時，我還是會戴上墨鏡和帽子。雖然判斷當局興師動眾、跨省抓捕的可能性不大，但是策略上我不能觸發他們的警鈴。

我儘量考慮周詳，但百密一疏，偶爾還是會出紕漏。金秋十月，正是江南菊黃蟹肥的季節，固城湖的朋友約我去慢城遊玩散心。那天，郝建老師開車帶我來到固城湖邊，到朋友提前訂好的賓館辦理住宿手續時，天色已晚。可能人也有些疲憊，我抱著僥倖心理，向酒店前臺出示了我的身份證，登記辦理住宿手續。不一會，酒店就來了很多員警。我馬上意識到自己很可能惹禍了，趁著員警還在不緊不慢地瞭解情況之際，我悄悄地從酒店的後門逃了出去。

夜很黑，路燈很少，我在固城湖邊快速地走著，心裡想著儘快遠離那個有員警和不安全的賓館。等到走累了停下來，突然發現四周空無一人，遼闊的固城湖像一個望不到邊的巨大黑洞，我開始害怕起來。但我必須振作，我開始往城區方向走。我不敢貿然聯繫朋友。我得先找到一個地方住下來觀察情況再做打算。固城湖是個不大的地方，夜已深了，街上很少看到人。我一個人在街上徘徊，一家家酒店去問，說我沒帶身份證是不是可以暫住一晚上，得到的回答都是否定的。問到最後一家時，我又冷又累，說著說著就哭了。那家小旅店的老闆看我不像個壞人，動了惻隱之心，同意我住了下來，但是說好只能住一晚，第二天如果拿不出身份證，就不能再住。

南京的朋友很好客，有一位我在公民同城聚會時認識的小姐妹帶我去玄武湖和夫子廟玩。那段時間離我生日還有一個月，唐吉田要送我生日禮物，於是我自己畫了一個手鐲的圖樣，在南京夫子廟找銀匠按圖樣定做了一個銀手鐲，手鐲背面刻有我的姓名。我非常喜歡這個鐲子，平時經常戴著。

流亡期間，我在南京的一位維權大姐吳奕芳提供的地方住了兩個星期。公民王健是個智勇雙全的人，我和他在建三江事件中相識，當時我和他同坐的那輛計程車被國保跟蹤，我們的車在夜幕中狂奔，最後成功地甩掉了尾巴。王健向朋友介紹時，開玩笑說我是他表妹，於是整個南京公民圈的人都知道我多了一個表哥。我偶爾會去王健家享受美食，他家那只雪白的薩摩耶狗娃"歡歡"也很喜歡我。

有一次南京公民帶我去莫愁湖邊觀摩湖邊的公民演講。我聽了一位老右派的自由演講，他談到愚民教育、環境污染和政府普遍腐敗的問題，講得很深刻，他的落腳點是體制必須變。之後，我和演講者交談了一會，因為我被幾個新浪微博的朋友認出，沒法繼續"潛伏"著聽演講，就離開了湖邊公民演講區域。有著美麗傳說的莫愁湖本來清麗優雅，但公園為了賺錢，把荷蘭藝術家弗洛倫泰因•霍夫曼創作的巨型橡皮鴨藝術品"大黃鴨"引進公園，把它塞進一片窄窄的湖裡，還圈起來收門票。於是，人們看到一隻十多米高的大黃鴨浮在一圈鐵皮圍牆上，很是愚蠢，像極了中共那個腆著大肚子、傲慢的領導人。

一天王健問我，在南京你最想去哪裡玩？我說，愛情隧道。於是王健開著他送貨的大卡車，帶我和另一位公民去尋找"愛情隧道"。愛情隧道是江寧區正方大道上的一段鐵路，因這段鐵路原是戰備鐵路，平時很少使用，鐵路兩邊的樹，枝葉交叉，形成綠色的隧道，據說情侶去那裡許願會幸福一生。我不想去許願，只想去看看美景。經過薰衣草坡地，不遠我們就找到了愛情隧道，雖然因為已是深秋，樹葉快掉光了，愛情隧道的綠色輪廓不是很清晰了，但我仍然很高興。我和王健坐在鐵軌上，請同來的朋友拍了張照片，作為留念。後來王健因為圍觀範木根案開庭，被南京當局秋後算帳，被判刑兩年。每每想起他，我就會拿出這張照片看看。

兩個月後，北京的朋友告訴我，當局不再繼續抓捕支持占中的人士，風頭已過，於是我回到北京。

又過了 6 個月，韓穎被當局釋放，我請她吃飯。她說，開始看守所的人對她很凶，後來聽審訊她的人說，外面很多人聲援她，於是她在看守所裡的待遇比以前有所改善。她的親身體會是，外面的聲援對被抓捕的人權捍衛者有好處，這從看守所管教和同倉犯人的態度裡能看出來，同時居住環境和生活條件也會有所改善。

之後，王藏、追魂（原名劉進興）等因支持占中被抓一年的宋莊人權藝術家也被釋放。但因支持占中遭受過酷刑的詩人王藏被當局秋後算帳，春節前後，在滴水成冰的冬天多次對他家斷水斷電斷網斷暖氣，進行迫害，致使他的妻子精神失常，一家五口被迫離開宋莊。于建嶸教授曾寫文聲援宋莊被迫害的藝術家葉海燕和王藏，栗憲庭老師也經常幫助受迫害的藝術家。

維權人士蘇昌蘭、陳啟棠、王默、謝文飛、張聖雨等，因為聲援香港的雨傘運動，被控"煽動顛覆國家政權罪"，被重判三年至四年半不等。蘇昌蘭 2017 年 10 月 26 日刑滿獲釋，但她的人身自由仍然遭到限制，因在獄中生病得不到有效治療，身體狀況仍未好轉。王默在 2019 年刑滿釋放一個多月後，又被當局逮捕。

天安門民主運動的重要人物、被中共視為那場運動的"幕後黑手之一"的陳子明先生得胰腺癌後，陳夫人王之虹曾問我有沒有好的醫生推薦給陳子明？當時我沒有可以推薦的醫生，另外陳子明已是胰腺癌晚期，那時候，家屬和朋友能做的，只有陪伴和祈求上帝。不久傳來他去世的消息，因我那時仍流落江南，不能回京弔唁，於是讓朋友幫忙寫了挽聯買了花圈送到弔唁現場，以寄哀思。又一個天安門大屠殺的見證人離世了……

在江蘇的那段日子，每天一睜眼，就會聽到有朋友被抓的消息，覺得很悲傷，也有些恐懼，那種對中共邪惡政權的恐懼和厭惡。那段時間，我相信每個支持占中的維權人士都感受到了恐懼。在南京孫林家我遇到了同樣出來避難的胡石根長老（後來在蘇州，還遇到過我離京時提醒她一起逃跑的那位朋友，她也到江蘇來避難了，看來江蘇的維權朋友很義氣）。我到孫林的書房看他做的視頻，看到郭飛雄、韓穎、王藏……這些視頻的主角都是我的朋友，他們都被當局抓捕了，我邊看邊哭。胡長老進來，看見我哭得跟個淚人似的，跟我說："別看了，出去跟我們聊會天吧。"我出去一看，飯還沒好，胡長老削了個蘋果遞給我說："蘋果富含維生素 C，多吃蘋果可以美容哦！"我知道，那是胡長老在安慰我。

第六章　上帝的憐憫沒有缺席

（一）胡石根長老

　　我第一次見胡石根，是從建三江回來後的一次飯局上。他起身跟我握手，說辛苦了。我們邊吃邊聊。他跟我講出獄後熊貓如何強迫他住進事先裝修好的房子裡，那房子佈滿監控，其實也是個監獄；講宗教的力量；講監獄裡的生活。談到家人時，他眼裡露出一絲憂傷和無奈。那時候感覺他是一個慈祥的老大哥。之後，在各種飯局裡能碰到他，因為他從事基督教宣教工作，我和朋友們尊稱他"胡長老"。胡長老是一個熱情的人，只要有機會他總愛和年輕人交流。

　　胡石根是老三屆北大畢業生，據說與現任副總理胡春華是同班同學。這讓我時常困惑：同樣的農家子弟，同樣十年寒窗苦讀聖賢書，走出校門後，為什麼一個堅持說真話、追求真理的人幾乎一輩子都在坐牢遭罪；而另一個放棄良知，投身專制暴政的人反而錦衣玉食呢？

　　胡石根第一次坐牢就得了個很長的刑期。1992 年 4、5 月間，胡石根和劉京生等人準備於六四紀念日在北京、上海和武漢等地散發傳單，抗議當局鎮壓"六四"學運示威者，1992 年 5 月 27 日他們因計畫洩露被中共抓捕。他們的方案是用航模把傳單送到天安門廣場上空散發，因事有不密，被人告發被抓。從天安門廣場上空灑傳單，怎麼說都是一個大膽和天才的想法，他們的密謀甚至有點像武昌首義的微縮版，這正是當局最忌憚的，因此獲刑也極長。北京市中級人民法院於 1994 年 12 月以"組織、領導反革命集團罪"和"反革命宣傳煽動罪"等罪名判處胡石根監禁 20 年，剝奪政治權利五年。經兩次減刑，胡石根於

2008 年服刑 16 年後出獄。

我常想，要是時間穿越到三十年後的今天，他自己去買幾台無人機自己放飛，可能就不需要找人幫忙弄航模，或許就不會洩密了。正如今天有了 VPN 技術，翻牆的人就有獲取真相的機會，中共希望利用網路防火牆、用謊言對平民進行洗腦的圖謀就不能做到鐵板一塊；有了加密安全的聊天軟體，中共秘密員警從微信後臺監視公民的通訊自由就出現了縫隙。技術進步也是促進社會變革的催化劑。如果人人都能通過衛星通信繞開中共的防火牆，中共的謊言統治體系可能一夜之間就崩潰了，誰知道呢？

胡石根長老經常說：反正都是坐牢，對我來說小監獄、大監獄的差別不大。感謝上帝給了我力量，來爭得為人的權利！胡石根長老是行動派，他做好了再一次回監獄坐牢的準備，並以此為榮。第一次出獄後雖然身邊始終都有熊貓盯著，他仍然我行我素，他要抓緊時間做事情。他常說，寧可十年不將軍，不可一日不拱卒。

胡石根在雅和博教會、中原教會和北京聖愛團契家庭教會擔任長老，也是獨立中文筆會會員。在他 2015 年再次入獄之前這幾年間所做的事情，官方在審判他時，也給出了個輪廓。

翟岩民作為證人指證胡石根時說："他網羅各個群體中具有'推牆'思想的人，利用各種場合給我們灌輸'推牆'思想，給我們洗腦，利用我們這些人完成他的中國'和平轉型'美夢。"

多名證人證言顯示，胡石根深知自己乃至宗教活動力量薄弱，不足以"推牆"，企圖通過"炒作一起起熱點案件和事件"，不斷激化社會矛盾，通過"剔縫掏磚"的方式逐漸實現"顏色革命"。胡石根自己也說："我就是想抹黑司法、抹黑公安、抹黑政府。我想讓更多的人認同我，引起老百姓對政府不信任。所有的敏感事件我都關注，我就想用這些敏感事件推動我的和平轉型理論"。

2016 年 8 月 5 日晚間，央視《焦點訪談》的《"推牆"推倒了自己》，以嘲諷的標題報導了胡石根案。《焦點訪談》節目一開始，就是胡石根在法庭上說"與其坐以待斃，不如揭竿而起"的鏡頭。然後用大量的鏡頭報導了胡石根等人在法庭上慷慨陳詞的情節，還詳細介紹了"公民力量壯大、統治集團內部分裂、國際社會介入"的"國家轉型的三大因素"，以及"轉型、建國、民生、獎勵、懲罰"的"建設未來國家的五大方案"。這些都是胡石根所提出的"國家和平轉型"的主要內容。節目中，訪民們打標語，喊口號的鏡頭也極具衝擊力。這個節目播出之後，全國人民都知道中國有了位"革命領袖"胡石根，以及和平轉型的"胡石根思想"。我猜，如果監獄中的胡石根看到這一檔央視節目，一定會開心地笑出來，中央電視臺在電視的黃金時間段向全國人民推廣他的"和平轉型思想"，這免費的革命廣告太棒了，而且還沒有找他收廣告費。

胡石根一定還想在另外一件事上感謝中共，那就是兩次判刑給他的罪名都恰如其分。第一次判 20 年刑期的罪名是"組織、領導反革命集團罪"和"反革命宣傳煽動罪"；第二次判 7.5 年刑期的罪名是"顛覆國家政權罪"。在 709 案被抓後庭審時，胡石根在"認罪"時說，他對於顛覆國家政權罪這個指控完全接受，他就是想顛覆這個國家的政權。說到這話時，他像是在得到一枚獎章以後，開心地發表獲獎感言。

事實上在北京的公民聚餐時，很多人都意識到再一次"進去"是遲早的事，開玩笑說"再不進去就老了"。但對於中共政權以什麼罪名把自己抓進去，玩笑間大家就有些斤斤計較。顛覆國家政權罪是最實至名歸的一枚金質大獎章，刑期通常都是 10 年起步，這需要像胡石根長老這樣"有綱領、有思想、有組織、有策劃"，最主要還要有能力去做出較大的業績和影響力，才能達標；如果僅僅停留在呼籲層面上，那罪名就是"煽動顛覆國家政權罪"，多了兩個字，頂多就只能算一個銀牌了，刑期是五年以下。大家開玩笑說，許志永和郭飛雄這樣的義士應該上訴，因為"擾亂社會秩序"和"尋釁滋事"的罪名把他們跟街頭小流氓拉平了，連銅牌都算不上，對他們來說太不公平。據說中共給我的罪名是顛覆國家政權罪，這讓我自豪了許久。

胡石根長老的第一次刑期 20 年，這是為六四鳴不平而受難的義士中最長的；第二次刑期 7.5 年，是 709 被抓捕的良心犯中第二長的。兩次刑期加起來，超過了南非總統曼德拉。這既是一個中國知識份子的堅守，也是一個基督徒的情懷。

路加福音 4:18 寫道："主的靈在我身上，因為他用膏膏我，叫我傳福音給貧窮的人。差遣我報告：被擄的得釋放，瞎眼的得看見，叫那受壓制的得自由。"胡石根一直謹記並踐行《聖經》裡的這句話。他的理想便是"叫那受壓制的得自由"！

（二）人民有信仰：中國的基督教家庭教會

習近平 2015 年 2 月 28 日下午在北京會見第四屆全國文明城市、文明村鎮、文明單位和未成年人思想道德建設工作先進代表時，發表講話強調：人民有信仰，民族有希望，國家有力量。四個月之後，他們就把有信仰並傳播基督教福音的胡石根長老抓捕、下獄了。

看來習近平所說的人民有信仰並不包括中國憲法裡白紙黑字規定的宗教信仰的自由。但是獨裁者的話語體系的吊詭之處在於，硬幣的兩面都被他反向地一語成讖。雖然共產黨員有沒有信仰，受到越來越多的質疑；但是人民有信仰這件事情，在中國大地上如雨後春筍一樣迅速地發展起來了。

中國的基督教信眾一直分為兩個部分。一部分是政府領導的中國三自教會；另一部分是脫離於政府管制的家庭教會。

所謂三自教會，是指在 1949 年中共建政以後搞的"三自愛國運動"。"三自"的全名是指"自治、自養、自傳"，反對宗教組織受到外國勢力的干涉，說穿了就是為了便於黨對宗教事務的管控：自治，指教會內部事務獨立於國外宗教團體之外；自養，指教會的經濟事務獨立於國外政府財政和國外宗教團體之外；自傳，指完全由本國教會的傳道人傳教和由本國教會的傳道人負責解釋教義。

三自教會除了禁止與國外的宗教界進行交流外，近年來更是不斷傳出奇聞，例如，教堂裡張貼習近平畫像代替耶穌像；唱頌詩前必須先唱歌頌中共的紅歌；牧師講經時必須要講社會主義核心價值觀等等。

真正的基督徒認為，信眾應該是信服上帝和耶穌基督，而非順從某個世俗政權，何況中國的官方意識形態仍然是馬克思主義無神論。三自教會的弟兄姊妹，對於來自中共官方對於宗教活動的橫加干預原本就心情複雜，現在教堂和宗教場所到處都是攝像頭，就更是敢怒而不敢言。因此部分不願意接受政府管制與干涉的基督教新教教徒開始脫離三自教會，在政府登記場所之外的場地開展宗教活動，他們多在信徒的家中，以家庭成員為主，這就形成了中國基督教"家庭教會"。

中國官方資料中，1997年的基督徒人數約1400萬（天主教徒400萬，新教徒約1000萬），2009年為2130萬（天主教徒530萬，新教徒1600萬）。據2018年4月，中國國新辦發佈《中國保障宗教信仰自由的政策與實踐》白皮書中的資料，2018年中國基督徒的人數為3800多萬人。前十年增長50%，後十年增長了80%！

由於中國官方數字不包括未經註冊的天主教會和基督教會成員，因此，實際的基督徒人數可能高得多，通常的估計官方控制的三自教會的信徒只占基督徒的三分之一，未經註冊的人數是註冊人數的2倍，增長主要來自於非官方控制的家庭教會。這樣推算，中國的基督徒的人數可能已接近或超過中共黨員8000萬的人數。這是繼法輪功信仰者之外的又一個與中共黨員人數等量齊觀的群體！鑒於共產黨員的信仰早已退化成對權力和金錢的崇拜，基督教徒和法輪功學員其信仰的含金量顯然要遠遠高於中國共產黨員對其信仰的含金量。

這正是胡石根在2015年709大鎮壓的人裡面被重判七年半的原因，他兩次獲刑都是因為準確地狠狠地踩在中共最敏感的神經上。

作為北京雅和博家庭教會的長老，胡石根很喜歡與人交流，因此，他也是其他家庭教會的常客，中原教會、錫安教會，甚至後來被大面積拆毀十字架的浙江的一些家庭教會都能見到他的身影。他雖然坐了

16 年牢，受了那麼多苦，但是完全一副聖徒的風範，一點都沒有消沉的樣子，總是笑咪咪的，聲若宏鐘，出口成章，鼓動性極強。胡石根和大家聚會時，通常還會做三件事：一是關心教友的生活困難，尤其是訪民的疾苦，發動大家互助；二是宣揚上帝賦予我們自由，公民要站起來；三是經常會宣講他得意的"和平轉型"理論。他所到之處，氣氛非常活躍。

大多數的家庭教會，相對比較純粹，平時的活動基本上就是查經、禱告、唱詩。但中國官方顯然不喜歡一切的家庭教會。他們最常見的打擊方式就是派出一隊員警，敲門進來查身份證，挨個登記，然後把信眾驅散。而對於被他們盯上的一些教會，例如裡面有人權律師信眾的錫安教會，員警就會直接取締。

無論如何，中國的家庭教會的規模之大、發展之快是令中共始料不及的，而要完全剿滅這種以家庭為單位的團契又令他們十分棘手。這大概是習近平"人民有信仰"論調的種瓜得豆吧，舉頭三尺有神明。這是上帝對中國人的憐憫，他讓世人得救贖。

（三）強拆十字架事件和平陽救恩堂教案

人民有信仰，野火燒不盡，春風吹又生。中共對於"拒絕接受黨的領導"的基督徒和家庭教會的打壓從來沒有停止過，全國各地每年都有基督教堂被搗毀、十字架被褻瀆、神職人員和信眾被抓被打的案例發生。這次浙江的一位顢頇的大官，又點起了一把大火。

就在習近平發表"人民有信仰"的宏論整整一年前，2014 年 2 月

27日，浙江省杭州市余杭黃湖教堂十字架被拆。這拉開了浙江為期兩年大面積強拆十字架和教堂運動的序幕。這幕大戲的導演是時任浙江省委書記的夏寶龍，他被認為是習近平的親信。對於拆除十字架的起因，舟山白泉鎮基督教堂的信徒說，夏寶龍到我們白城來，說我們十字架太高了。他說："這是十字架的天下，還是共產黨的天下？"

顯然，他所指的絕大部分都是家庭教會的十字架，因為家庭教會從來就不是共產黨的天下。但夏寶龍所說的也包括一些三自教會的十字架。夏寶龍曾說："西方敵對勢力往往利用我們幹部作風上的問題、發展中的矛盾抹黑黨的形象。基督教是西方來的，西方來的都是敵對勢力。"

浙江是全國基督徒較多的一個省，人數僅次於河南和安徽，僅溫州市700萬人口中就有120萬基督徒，基督教堂及十字架在省內十分常見。"省委書記到了溫州，看到溫州教會比較興盛。有些弟兄姐妹新造的房子房頂上都有十字架，教堂當然都有十字架。他回來就說要拆掉這些十字架，或者說晚上不能用燈。杭州最大的崇一堂，以前大約是晚上通宵十字架亮在那裡，現在就是晚上到9點鐘必須要熄燈。"教友介紹說。

自2014年4月份在浙江（尤其是溫州）開始強拆十字架、教堂運動以來，截止年底，就有超過700多座教堂上的十字架被拆，另有多座教堂被拆毀，比如眾所周知的溫州地標建築永嘉三江教堂被夷為平地。

7月21日深夜，浙江平陽發生了救恩堂血案。當晚數百名身穿制服、頭戴鋼盔、手持警械、訓練有素的拆遷人員，在平陽縣水頭鎮救恩堂前集結。他們手持棍棒瘋狂毆打守護救恩堂的基督徒，幾十人被打得頭破血流。當時無數基督徒撥打 110 報警求救，但當地警方拒不出警。8 月 14 日，救恩堂的十字架被拆除。此後平陽當地信徒及受害者張志敏、趙宏進、李前波、吳全全、黃河明、謝作忠、溫知響等開始聯繫律師維權，陳建剛、王宇、李春富、張科科、葛永喜、藺其磊等十多位人權律師組成 "平陽教案律師團" 開始介入代理此案。但由於平陽政府對當事人和家屬進行施壓和維穩，當事人及家屬隨後解除了對律師團律師的委託，本案逐漸銷聲。之後，接連不斷有教會繼續受到逼迫、打壓，十字架甚至教堂被拆毀。

浙江強拆十字架的做法很快蔓延到河南和安徽等地。每當一個教堂被拆毀、夷平，十字架被焚燒、砸爛，信眾都聚集在現場抗議、禱告。很多信眾俯身抱著十字架失聲痛哭，大聲呼喊：上帝，你在哪裡啊？快來拯救我們吧！

陳建剛律師曾多次積極組織律師團為基督教案維權，他跨越了很多基督教徒只認同信仰基督教的律師的藩籬，讓更多維權律師參與其中，把基督教教維權也當成社會運動的一部分來推動。

（四）上帝教我得自由

自小我跟奶奶親，奶奶是一個基督徒。但奶奶是地主家的小姐，家裡的教育是 "女子無才便是德"，於是她被裹了三寸金蓮的小腳，做得一手好女紅，但奶奶沒上過一天學堂，不識字。當我暑假回老家的時候，奶奶就讓我給她念《聖經》和讚美詩，她教我唱一些歌。美麗的語言和歌曲，那是我對基督教的最初印象。

在中央美院讀書時，有一門課是宗教美術。老師帶我們參觀了不少教堂，其中北京西什庫大教堂給我的印象最深。西什庫大教堂於1703 年開堂，是北京最大和最古老的教堂之一，那裡保存了美麗的哥特式建築、玫瑰花窗和花玻璃裝飾畫。從那時起，我開始深入瞭解基督教的教義教規，開始慕道，有時會去教堂做禮拜。參加工作後，我去參觀了位於巴賽隆納的高迪聖家族教堂、巴黎聖母院、佛羅倫斯的花之聖母大教堂，有了更多瞭解宗教歷史的機會。

讀《聖經》的過程，其實是一個啟蒙的過程。我自己關於自由的理念，最早來自於《聖經》，所謂"天賦人權，上帝讓人獲自由"。《聖經》約翰福音 8:32 寫道：你們必曉得真理，真理必叫你們得自由。

我生性熱愛自由，討厭被控制，尤其抗拒來自中共的洗腦教育和強迫學生入團一類的控制。

我非常反對將宗教工具化。2010 年前後，由於對中共控制的三自教會的反感，為了"得自由"，我開始接觸一些"拒絕接受中共監控"的基督教家庭教會。有時會去參加一些查經聚會，聽家庭教會的牧師證道。

2013 年，我在一次公民聚餐活動中遇到了胡石根長老。在聊天中，我提到："國內的基督徒有的很冷漠，不關心同胞的苦難，經常說，上帝會拯救他們的，然後就去過自己的日子了，不施以援手。"胡長老聲音突然提高說："是有這樣的人，我也批評他們。不過基督徒也是需要成長的，這正是我們要努力的地方！"

一天，胡石根長老問我："向莉，你受洗了沒有？"我說："還沒有。"他說："這個週末有一次施洗的儀式，你可以參加受洗。"我說："雖然我接觸基督教很久了，但還沒到受洗的時候，謝謝您！但我會去參加這次活動，去觀禮見證。"

　　2014年8月7日上午，我們來到北京門頭溝野溪的永定河邊。我們沿河而上，走到一個亭子，穿著白袍的胡長老開始講經，並帶著大家唱讚美詩。講經時的胡長老非常嚴肅、聲音洪亮，身上散發著光芒。講經結束後，胡長老和徐永海長老帶著我們走到河邊，進行施洗前的禱告，然後讓當天參加施洗聖禮的四位教會弟兄走進河裡，施洗長老按著他們的頭，讓他們全身浸沒在河水裡施洗。那次我才知道，有的受洗是真的要跳進河裡洗的。

　　洗禮是屬神和基督的宣告，是基督徒罪得潔淨、得救、成為肢體的見證。

　　歷經十多年的慕道，歷經了從雞西、建三江到709的風風雨雨，我走在"得自由"的路上。2017年初，徐永海長老為我施洗，在北京聖愛團契的弟兄姊妹的見證下，我正式歸入基督。那天，我在臉書上貼上我受洗的照片，我寫道：在苦難中擁有大喜樂。感謝主！

　　上帝一直是我堅實的倚靠，每到困難時，他總會聆聽我的禱告，給我指明方向。在逃亡的路上，我每天都在禱告，上帝也派來了救兵，在苦難中拯救我。傅希秋牧師、楊建利博士、Felix、泰國的律師和眾多NGO的朋友們都在積極營救我。

在泰國的監獄裡，我向典獄長申請，讓 NGO 的朋友給我送了一本中英文雙語的《聖經》到監獄裡，我每天堅持學習《聖經》兩個小時。那時，我經常看《聖經》裡的那句話：那美好的仗我已經打過了，該跑的路我已經跑盡了，所信的道我已經守住了。從此以後，有公義的冠冕為我存留⋯⋯

一天半夜醒來，我突然發現身邊牆上的瓷磚上出現一個巨大的白色十字架，我被驚到了。我定神仔細一看，原來是後窗的塑鋼窗戶的投影，那個形狀正好是一個十字架！我突然明白了，那是上帝在告訴我，我馬上快出去了！果然，沒過多久，我就被轉移到曼谷，兩個月後，我坐上飛往美國的飛機，抵達了自由燈塔國。

感謝主，讓我得自由！

第七章　親歷中國人權災難 709 大鎮壓

（一）山雨欲來風滿樓

　　2015 年 5 月 2 日，徐純合與母親及三個孩子在慶安火車站準備搭乘慶安至金州的 K930 次列車去探訪親友。因為徐純合曾經的上訪經歷，檢票員阻止他們上車。不久，車站員警與徐純合發生衝突，最後徐純合被員警李樂斌開槍擊斃。徐純合的妻子患有精神疾病，家庭生活十分困苦，是典型的社會底層人員。徐純合的遭遇激起了社會的廣泛同情。中央電視臺發佈了現場擊斃視頻，以證明徐純合襲警，所以員警擊斃他是合法的。但民間普遍質疑一個攜老將雛、肩負著家庭重擔的中年男人，面對荷槍實彈的員警，為什麼要以身犯險去襲警？現場到底發生了什麼？為什麼不公佈完整的監控視頻？

　　5 月 21 日，我和北京公民李英之、中央黨校教授杜光、北京大學法學院教授張千帆以及原中共總書記趙紫陽的政治秘書鮑彤等 31 人組成的中國公民群體發佈了《中國公民就徐純合案致最高檢察院和公安部的公開信》。在這封公開信裡我們認為：首先，這個案件由哈爾濱鐵路公安局來調查是不恰當的，他們所作的調查結論是不可信的；其次，我們完全不同意央視的所謂真相報導，這些經過精心剪輯的現場視頻甚至有偽造之嫌，請央視對於全國民眾的廣泛質疑給予解釋和答覆；另外由央視向全國如此報導並播出視頻，意味著這就是官方對此案做出的結論，這種做法是極其錯誤的。我們強烈要求最高檢和公安部指派得力的調查組，在調閱全部視頻（包括民間攝製的）的基礎上，全面公佈事件真相，對涉案人員作出合法、合理、合情的處置。可考慮採取公開聽證的方式。這封公開信是徵求簽名文本，很多民眾參與簽名。2015 年 6 月 2 日，即此案一個月之際，我們將此公開信和所有簽名，當面遞交給最高檢檢察長、公安部長和中央電視臺台長，並要求他們給予答覆。

社會輿論能夠瞄準中央電視臺和公安系統火力全開地炮轟，得益於一位中國公民吳淦的貢獻。慶安事件發生後，吳淦（網名"超級低俗屠夫"和"屠夫"）立即在網上懸賞徵集目擊者的第一手視頻資料，並且搶在警方找到該證人之前，從證人處獲得了完整的視頻證據。根據屠夫向外界公佈的視頻和他的調查報告，徐純合購買了火車票帶著一家老小外出探親訪友，但被懷疑是外出上訪而被阻止上火車。徐純合不服，與車站工作人員和車站員警發生爭執。期間員警拿防暴棍猛擊徐純合，徐純合挨打後搶奪防暴棍，員警拿著防暴棍連續出擊五次後將徐純合打翻在地。在徐純合已經倒地、失去反抗能力的情況下，員警李樂斌掏槍，當著徐純合老母親和三個孩子的面，將徐純合擊斃。這些視頻在網上公佈之後，徐純合案孰是孰非，鐵證如山。對此案，社會民眾已有自己的判斷。民眾質疑：徐純合並未襲警，他只是護住老幼，做了基本的抵抗，以防繼續被員警莫名暴打；退一萬步說，即使員警開槍，也不用將一個已經倒地、失去反抗能力的人殺死；員警可以槍擊其腿部或銬住他，制伏他就行了；員警涉嫌故意殺人！

屠夫在網路上非常有名。早在 2009 年湖北鄧玉嬌正當防衛、刺殺性侵者案發生時，就是這個屠夫單槍匹馬殺將過去，向鄧玉嬌母女提供幫助。屠夫當過兵，有勇有謀。那些年他看到太多政府部門和官員侵犯公民權利的事例後，就幫受害者總結出一套如何對付侵權者的辦法。這就是網路上流傳的《殺豬寶典》。《殺豬寶典》共有三冊，分別是《訪民殺豬寶典》、《喝茶寶典》和《被拆遷征地戶維權寶典》。

身為訪民的徐純合如果有機會讀過屠夫的《殺豬寶典》，或許不會冤死於員警槍口下。

屠夫是北京鋒銳律師事務所的行政助理。屠夫臉略胖，頭頂鋥光瓦亮，下頜留著一叢鬍鬚，他自嘲是"殺豬的"。如果鋒銳所是個水泊梁山，屠夫長得像個黑旋風李逵，行事像是智多星吳用，而為人豪俠仗義卻又像小郡主柴進。我印象中第一次見屠夫是在 2013 年，那時王荔蕻大姐張羅著給唐吉田律師過個生日。當時屠夫在席上陪著王大姐一杯杯喝著，心憂天下，壯懷激烈。

屠夫不光是教維權人士如何殺豬（與侵權的政府和官員鬥爭），更是身體力行參與抗爭，而且他身體力行的方式同樣充滿智慧。建三江事件發生後，屠夫與我們簡單商議後立即聯合發起建三江事件公民聲援團的公民募捐。公民募捐模式不但解決了一些公民參與公共事務的經費問題，更重要的是把捐款人拉進了對於公共事件的密切圍觀，是一個一箭雙雕的策略。除此之外，長得五大三粗的屠夫也很有才華，他經常會在公民運動抗議現場搞行為藝術。這些做法極大地提高了公民示威的影響力和傳播力，成為了那些年公共事件的基本模式，令當局十分頭疼。

對於他在網上發佈"殺豬令"，高調參與維權案件的各種質疑，屠夫這樣回答："我們無法一下子改變這操蛋國家，但至少我們在最黑暗時付出了努力，相互給予了溫暖，讓那些無助者不孤單。我們以後可以驕傲的對我們後代講，我參與了那些事，我出錢了，我出力了，我行動了，我沒有冷漠過！"

屠夫從目擊證人手上取得慶安事件的完整視頻證據後，謝燕益、李仲偉、謝陽和劉書慶四位人權律師迅速介入徐純合案。很多訪民前往慶安抗議，手舉紙牌，上面寫著：“我是訪民，向我開槍”。徐純合案發第二天，慶安縣副縣長董國生公開表揚開槍員警李樂斌，並稱徐純合為“歹徒”。被激怒的網友迅速曝出董國生“假文憑”和其妻在政府部門吃空餉，不久董國生被立案調查。線民們歡呼：一頭豬被殺掉了！

公眾和律師都希望探尋真相，還死者徐純合一個公道，以警示“公權力”，防止再次發生類似悲劇。結果是慶安圍觀的公民被抓，代理被抓公民的游飛翥、馬衛兩位元律師被抓，代理被抓公民的律師的律師葛永喜、馬連順、唐天昊、徐忠四位律師又被抓，直接引發全國百位律師連署譴責。後來幾乎所有參與過徐純合案的人權律師和維權公民在709案中都遭遇到了打壓，包括我本人。

如果單從博弈結果來看，在慶安事件中民間並沒有取得實質性的勝利。殺人兇手員警李樂斌並沒有受到懲處，虛假報導徐純合案的中央電視臺也沒有為此承擔責任。但是民間的行動和洶湧的輿情讓官方感覺灰頭土臉，他們不會善罷甘休。

在中國做維權律師的確很不容易。建三江事件是因為律師要求行使法律規定的“會見權”而起，而在江西樂平案中，律師們遇到了“閱卷權”的問題。2000年5月，江西樂平發生一起搶劫、強姦、殺人、碎屍案，村民黃志強、汪深兵等人在屈打成招後，被認定為兇手，判死緩在服刑中。2011年11月，真凶方林崽被抓，供認該案是其所為。冤情大白於天下，但檢方不對黃志強、汪深兵等人撤訴。律師要求按照法律規定調閱卷宗，推動複審，但長達 3 年都未能成功。2015 年 5 月 11 日起，多位律師再次到江西省高院連續 18 天舉牌靜坐，申請查閱當年案卷。

在樂平冤案之前，還爆出過呼格吉勒圖、聶樹斌案。坊間認為，拖延、阻撓律師閱卷，恐怕不止是江西高院的意見，可能還來自於更高層的意志。中共治下，冤案成山。如果這次允許律師閱卷、為冤案翻案的口子一開，積集多年的遍地冤案申訴將爆發式地出現，一發而不可收拾。

剛忙完慶安事件的屠夫坐不住了，他要去江西聲援。我勸他說："你在慶安事件中太冒頭，中共已經非常忌恨你了，安靜一段時間，暫時別出去了。"屠夫大大咧咧地跟我說："就算被抓進去也沒事兒！24 小時就放出來了。"2015 年 5 月 19 日早上，屠夫吳淦以他獨特的風格，到江西高院門口"賣身籌錢"，說要"準備行賄江西高院院長"。他還專門製作了"江西高院張忠厚院長，你開個價吧！"、"無法無良無德無人性，違心違法違紀違天理"的兩面大牌子站在江西高院門口，聲援律師爭取閱卷權的行動。他隨即被當地公安局行政拘留。5 月 27 日，吳淦又因所謂涉嫌"尋釁滋事罪"和"誹謗罪"，遭福建警方刑事拘留。直到 2016 年 1 月 28 日，廈門市公安局通知代理律師，吳淦已經移交天津市公安局，吳淦案正式併入 709 案。這一回，他要在牢裡度過幾千個 24 小時。

就在屠夫在江西高院"賣身籌錢"被抓不久，另一起冤案又挑動了社會敏感的神經。徐永和是山東省諸城市人力資源和社會保障局就業科副科長，他的科室負責辦理小額擔保貼息貸款。該局工傷科科長趙廷福騙貸後事發，嫁禍於徐永和。徐永和被捕後經不住酷刑和恐嚇，被迫承認收受了趙廷福的 3 萬元錢，一審被冤判有期徒刑 10 年。此事被徐永和的妻子在網上披露並求助。2015 年 6 月 14 日，十幾位維權人士到山東濰坊，圍觀徐永和案二審的庭審。6 月 15 日，這些維權人士被以涉嫌尋釁滋事罪帶走。張衛紅（張皖荷）、任鍵財（劉星）、李燕軍、翟岩民、姚建清、何宗旺等公民或被指定監視居住，或審判後服滿刑期才釋放。

慶安事件、屠夫案、濰坊事件這三起案件相互關聯，是當局有步驟的打壓維權律師和公民的開始，也是 709 大鎮壓的引子。

那段時間，習近平在對司法部長吳愛英和公安部的官員訓話時撂下狠話說：「不擁護中國共產黨的，就不要讓他們在中國做律師！」中共這個利維坦對於律師維權和公民抗爭終於失去了耐心，露出了尖利的獠牙。中國的天空烏雲密佈，打擊以律師為連結點的維權群體的冷風陣陣襲來，令人不寒而慄。

（二）709 大幕拉開

2015 年 7 月 8 日唐吉田跟我說他和張俊傑律師約好去王宇家，為王宇即將出國留學的兒子包濛濛送行。我一整天都心神不寧，右眼皮一直跳，總有一種不祥的預感，就勸唐吉田不要去了，但唐吉田說王宇律師的孩子出國留學是大喜事，不去祝賀說不過去。我沒能叫住唐吉田，但張俊傑律師卻被一個電話叫住了。他進入地鐵往王宇家走時，胡貴雲律師打來電話拉他去吃飯，說有重要內幕消息要傳達。有人猜測，胡貴雲的丈夫是高級警官，她可能事先知道 709 大鎮壓中對王宇律師的抓捕行動，所以阻止張俊傑當晚去王宇家。於是，唐吉田獨自去了王宇家。他和即將去機場的王宇的孩子包濛濛和王宇的丈夫包龍軍告別後，於晚上十一點左右回家。包濛濛他們是凌晨的航班，由於太晚，王宇律師沒去機場送父子倆，而在家等待他們登機的消息。

7月9日凌晨，王宇律師對外發資訊稱，從凌晨一點開始，她就再也無法與丈夫和兒子取得聯絡，家裡的電源和網路均被切斷，而且聽見門外有人撬門。凌晨四點多後，王宇律師突然沒有消息了。事後得知，王宇律師的丈夫包龍軍和孩子包濛濛在北京國際機場一起被抓，幾乎同時，大約二十多名員警以抓捕吸毒人員為名，包圍了王宇所住的單元樓，對王宇家裡斷網斷電後，將她抓走。

王宇成了世人皆知的"709大鎮壓"案落網的第一人"。這當然是一份殊榮。很多人猜想，可能是因為包濛濛剛好在7月9日這天要出國留學，警方為了把孩子扣下作為人質逼王宇就範才決定在這一天動手的。這只是個猜測，但是王宇律師拿到"709第一個被抓的律師"這個榮譽，她的資格是夠的。

王宇是內蒙人，一頭短髮，透著幹練。在中國的律師群體中，她是真正能戴得上"人權律師"桂冠的佼佼者之一。這頂桂冠之下，是一顆正義、悲憫與勇敢的心。反對歧視案、宗教信仰自由案、土地維權案、衝擊黑監獄案、良心犯案……這些案子都是政府極其不喜歡的，而且當事人家屬因為貧窮且是弱勢群體，有時他們能夠支付得起的律師費常常少到連路費都不夠。善良的王宇經常會被當事人的故事所感動，也經常會對當局的暴行感到義憤填膺。在律所斟酌接與不接那些案子的時候，王宇常常自告奮勇地說：讓我來！她差不多成了疑難雜症專業戶，接的案子又多，一直風風火火地跑個不停。她先生包龍軍那時是一位實習律師，他埋怨王宇不著家時，經常嘟囔："又把我們爺兒倆扔下不管了！"

王宇的工作證上的照片是一張胖嘟嘟的笑臉，剛入行時，對律師職業充滿著天真無邪的憧憬，想做一個推動法治的大律師。但社會很快把這個姑娘手裡的萬花筒摔得粉碎，還重重地碾上了幾腳。這個懷著一腔匡扶正義理想的新科律師，甫一出道，就被天津鐵路法院投入冤獄坐了三年牢。

天津鐵路法院審理王宇與天津西客站的糾紛，被法律界人士詬病為"兒子審老子"，因為天津鐵路法院法官的工資是從鐵路系統領取。這是中國怪象。後來王宇代理建三江農墾石孟文案時，遇到類似的問題，農墾系統也有自己獨立的一套公檢法體系。這次坐牢讓王宇開始認識到中國法制體系的缺陷，她在後來處理單個案件時開始向這些缺陷和惡法發起衝擊。艱難地，一點一點地揭開惡法的瘡疤。打贏一個官司，判例惠及一個群體，讓一個個被黑幕籠罩的群體見到有限的陽光。

剛剛從天津坐牢出來的王宇律師，就代理了北京公民劉女士民告官案。據北京市交通部門統計，截至 2011 年 5 月，北京市已發放約 4000 萬張公交一卡通。按照每張卡繳納 20 元押金計算，僅押金費用就超過了 8 億元；再按銀行一年定期存款年利率 3.50% 計算，僅沉澱押金的年利息就高達 2800 萬。圍繞巨額押金利息，北京市民劉女士於 2012 年 3 月 20 日向北京市政交通一卡通公司郵寄了一封《政府信息公開申請表》，一卡通公司並未給予劉女士答覆。 2012 年 7 月 2 日，王宇代理劉女士一紙訴狀將一卡通公司訴至法院，要求判令被告在法定期限內履行資訊公開的法定職責。此案吸引了 50 餘家媒體報導、數千家網站轉載，全國多個省市相繼有市民提出資訊公開申請或提起訴訟。2012 年 11 月 1 日，中國人民銀行發佈的《支付機構預付卡業務管理辦法》正式實施，公交卡押金將作為備付金，直接由人民銀行嚴格管理。王宇一戰成名。

那年蘇州的範木根案發生後，恰巧就在蘇州附近的王宇和劉曉原律師迅速趕到，成為範木根的辯護律師，我們隨即一起爭分奪秒第一時間固定證據。她和劉曉原律師精心準備庭審抗辯、嚴陣以待。2015 年 5 月 8 日，江蘇省蘇州市范木根案在蘇州中院一審宣判，法院認定範木根刺死兩名拆遷人員的行為屬防衛過當，以故意傷害罪判處其有期徒刑 8 年。範木根上訴後，維持原判，硬是讓 "公權力" 刀下留人，開創了強拆案正當防衛的判例。因為有 "範木根對抗強拆殺人後沒有判死刑，被認定為防衛過當" 這個判例，之後有些地方政府的強拆暴行得以收斂，公民維護家園的決心愈發堅定。

海南萬寧校長開房事件，王宇律師和我們一起趕到海南萬寧第二小學門口舉牌抗議，一起呼喊口號。王宇律師拿著一遝傳單站在校門口向家長和路人一張一張派發，並向人群解釋《婦女兒童權益法》。此次抗爭的勝利，除了葉海燕天才般的 "開房找我" 的傳播效力外，王宇律師在法律專業上的奔走號呼，則直接導致了嫖宿幼女罪這一刑事罪名的廢除。貪官污吏從此膽寒，幼女被害大幅減少。

以一女子之力，推動中國社會這頭怪獸往前挪動一小步，這女子多少有點猛張飛和拚命三郎的勁兒。王宇在代理常州姚寶華村民土地維權案時病倒，法院明知律師生病卻不同意延遲開庭。於是，王宇掛著吊瓶上法庭，被法警抬出去，暈倒於法庭之外；代理范木根案時與家屬去最高檢控告時被員警拖上警車帶離。因為代理民告官和人權案件，被員警威脅恐嚇對於王宇來說更是家常便飯。王宇還接手了新疆伊力哈木案。伊力哈木是中央民族大學經濟學院副教授，也是"維吾爾線上"網站的創辦人。2014 年 1 月 15 日，他在北京家中被烏魯木齊市公安帶走，被以涉嫌"分裂國家罪"逮捕。其後，烏魯木齊市檢察院宣佈，就伊力哈木涉嫌分裂國家罪，向烏魯木齊市中級法院提起公訴。對於代理律師來說，涉及新疆維吾爾族問題，這是一個高度敏感、避之猶恐不及的案子。王宇和另一位律師會見伊力哈木後，得知伊力哈木在自治區看守所羈押期間被虐待。2014 年 6 月 27 日，王宇將伊力哈木在自治區看守所羈押期間被虐待情況的控告信遞交自治區檢察院舉報中心。後因司法局和公檢法給律所施壓，律所不再給王宇出具出庭函和會見函，她被迫退出伊力哈木一案的代理工作。

另一個令很多律師避之猶恐不及的領域是為法輪功學員辯護。建三江抗爭搗毀了青龍山洗腦班黑監獄，但是當局借法律之名迫害法輪功學員的做法並沒有停止。石孟文、王燕欣、李桂芳、孟繁荔被指控利用邪教組織破壞法律實施一案，於 2014 年 12 月 17 日上午九點在建三江大興農場法庭公開審理。王宇和藺其磊、陳智勇、襲祥棟、張凱（山東）等辯護律師早上乘車前往法庭時，員警以"非法營運"為由將他們的車扣押。五位律師準備坐公車去法庭時，員警又指使公車不准搭載他們，並把他們從檢查站辦公室趕到冰天雪地零下 30 度的室外。此前，2014 年 8 月，王宇、李春富、李敦勇等律師到看守所要求見當事人，均被拒絕，期間被扣留在公安分局七個小時。 在接受媒體對該案的採訪時，王宇表示，儘管中國政府部門肆意違法行為非常普遍，抵制政府濫權也確實很難，但正是因為難，才更值得去做，通過這種博弈的過程來維護公民的權利，這樣才有意義。王宇說：「如果因為難不去維護法制、不去維權公民人權的話，那將來可能這種法制、人權問題會更加嚴重與惡化」。

那個胖嘟嘟笑臉的王宇到 709 被抓捕前常常是雙眉緊蹙。有一次她問我說，是不是她太不注重穿衣和打扮了？我知道她是沒有辦法把時間和心思放在這方面。我還知道，再強悍的女人，都有她的阿喀琉斯之踵，那就是孩子。

十六歲的包濛濛 7 月 9 日在北京國際機場和父親一起被員警抓捕之後，被單獨關押。被羈押了 40 多個小時後，被送到了天津他奶奶家裡。我決定去天津看望孩子。2015 年 7 月 12 日上午 10 點，我到天津找到包龍軍父母家，包濛濛的爺爺長期臥病在床，奶奶和一個護工在輪流照顧。我當時還見到了王宇媽媽和妹妹。

包濛濛被嚇壞了，他對我說：「阿姨，我的護照、戶口本、手機、鑰匙……所有的一切都被員警搶走了！他們把我關在一個房間裡，好多人盯著我，恐嚇我，好嚇人！我爸爸媽媽什麼時候能放出來啊？」面對孩子的恐懼和疑問，我無言以對。我只好安慰他說：「你爸爸媽媽是令人尊敬的人權律師，做過很多好事，幫助了很多人，從沒做過壞事，你堅信這一點就好。手機沒了不要緊，阿姨送一個給你。」

濛濛的奶奶留我吃飯，客廳裡的電視開著。中央電視臺正在播放 709 大鎮壓中「翟岩民電視認罪」的鏡頭，他說王宇咆哮公堂像潑婦罵街，全家人聽了個真真切切。濛濛的爺爺癱瘓在床多年，被護工用輪椅推過來吃飯，老爺子看著電視張嘴嘟囔著，因為癱瘓了說不出一句話，滿臉都是淚。濛濛的奶奶問我："他（翟岩民）和我家王宇一起工作過嗎？他怎麼罵我家王宇啊？" 我說："他沒和王宇共過事，我也不知道他為什麼罵王宇。"

所謂王宇咆哮公堂，是王宇被抓捕以後，中央電視臺播放的一段較早期錄製的視頻。視頻中顯示的場景是在某次庭審過程中，王宇在法庭上拍案而起，用手指著法庭大罵："全是流氓，全是流氓！書記員，把我說的話記錄在案。全是流氓"！央視裁取這個片斷，來汙名化709律師是一些無理取鬧、沽名釣譽的人。和往常一樣，央視並不讓人們知道一件事情的前因後果。

後來網上流出一封出自709家屬的《一群女人寫給一個女人的信》，揭開了蒙在"王宇咆哮公堂"視頻上的那層黑幕：

王宇律師：

你好！在2015年7月9日之後，我們在網上看到那個最著名的視頻，第一感覺是：你怎麼可以在法庭上指著法警罵他呢？我們很渴望看到鏡頭切換到你所指的那個方向，看那個方向到底發生了什麼事？很遺憾，我們生平只進過一個法庭，就是天津市高院的行政庭。看見那個法庭前後左右不同方位有六個攝像頭，據說這樣的佈置攝錄無死角。我們不知道你罵人的那個法庭上佈置了幾個攝像頭，只奇怪視頻上始終不顯示你所指的方向到底發生了什麼事？

在問了無數人之後，找到了在現場的律師的記錄，才知道，你所指著罵人的那個方向，是四個法警把一個女人死命壓在地上。這個女人是個犯罪嫌疑人沒錯，但是她在被員警審訊過程中，被扒光衣服，被打耳光，被員警們電擊陰部……就在這樣一個飽受摧殘的女人抗議法院開庭程式非法、站起來抗議，被法警用腳勾倒在地，四個男法警壓在了她身上。這個女人的八十歲老母親在旁聽席上看著女兒受凌辱而無法上前；提出抗議的董前勇律師被法庭驅逐了出去；而你，指著法警痛罵流氓、禽獸的畫面，就這樣被錄了下來。

　　不知道的人，只會認為你是個咆哮法庭的惡女人。但是知道真相的人，無不心酸。試問，誰能想到前因是這樣？但是，若有經歷過強大公權力對弱小平民權利殘忍踐踏的人，都知道，真相永遠是殘忍的，罪惡的，黑暗的。如果不是經歷我們自己至親的人（丈夫，弟弟，女兒……）被失蹤，我會相信那個官方用視頻講述的故事。但是，我經歷了公權力對弱小個人合法權利的踐踏後，開始思考為什麼視頻中始終不把鏡頭切換到你所指罵的方向呢？

　　如果說今天，我們這樣的只顧自己小日子的女人們都開始思考了，那麼中國任何一個人都有可能早就思考了！官方竭力隱瞞的，正是他們害怕的。凡隱藏的，沒有不顯露出來的！央視可以盡情抹黑，結果卻是大家早就學會反面理解官方新聞了！

　　我想說的是，如果我在法庭上，我們願意和你一起罵那些欺負凌辱女人的法警！如果你因此被驅逐出法庭，與你一起被驅逐出法庭是我們的榮幸！我們以前不認識你，709之後從網路上知道了你。後來驚喜地發現有一張合影照，有王峭嶺的丈夫李和平律師，有李文足的丈夫王全璋律師，有陳桂秋的丈夫謝陽律師，還有你——王宇律師。大家看了直感歎，說幾乎都"被失蹤"了！但是"被失蹤"又如何呢？你們若真是央視抹黑的那樣，為何官方遲遲不依照正常的刑事訴訟程式對待你們？官方越是這樣，我們反倒是心裡越是信任你們！

雖然你沒有家屬出來為你們夫妻發聲，但是我們巴不得我們都是你的親屬，也巴不得都是包濛濛的親屬。與你從未謀面，心卻神往！

值此五一節，祝你生日快樂！

中國 709 事件
李和平律師之妻：王峭嶺
王全璋律師之妻：李文足
王全璋律師姐姐：王全秀
勾洪國妻子：樊麗麗
翟岩民妻子：劉二敏

寫於 2016 年 4 月 29 日

我擔心包家房子裡面已經被員警裝了不少監控設備，就沒說太多話。吃完飯，我帶濛濛去商場買了部蘋果手機送給他，交代他要照顧好自己和爺爺奶奶，就準備返回北京了。就在我在火車站準備把票插入進站口的剪票機時，突然來了兩個人，從背後把我的雙臂扭住，快速擼下我的項鍊和手鐲。我一看是兩個膀大腰圓的壯漢，就大喊：你們是什麼人？要搶劫嗎？快放開我！他們見我大叫，就說，他們是員警。我說，趕緊給我看證件，否則就是劫匪！他們給我晃了一下證件，我看出是天津的國保。他們一邊一個，押著我坐進一輛警車。在車裡兩人故意用煙噴我。我說，你們趕緊把煙掐了，我要控告你們酷刑虐待我！兩人在我的堅決抗議下，不再拿煙噴我。

我被押到離天津火車站不遠的唐家口派出所。他們把我帶到一個四面牆都是軟包的房間，讓我坐到一個大木頭椅子上，約束手腳，進行審訊。我到了派出所，第一件事就是投訴兩個押我的國保在路上用煙噴我的事，審訊我的那個穿藍色衣服的國保隊長說會嚴肅處理他們。之後他們去開會，留下一個瘦弱的小員警詢問我的基本資訊。我說，我沒什麼可說的，我沒犯罪，我要見我的律師。過了一會，我要求上廁所，路過隔壁房間，發現送我進站的那位天津公民也被抓了。我咳嗽一聲，暗示我被抓了。

回到審訊室不久，突然來了好多人，除了那個小員警和陪我上廁所的女警，還有抓我的那兩個國保、國保隊長、唐家口派出所所長，另外還有兩個操北京口音的便衣。那兩個北京便衣看起來還有點來頭，連派出所所長都畢恭畢敬叫他們領導。我一看樂了，說：「你們搞人海戰術啊！你們來再多人也沒用，我要見我的律師！」天津國保隊長人挺橫，瞪著眼睛跟我說：「你別以為我們不知道你來天津幹嘛的！趕緊說！」我說：「我是中國公民，想走到哪就走到哪，這是我的自由！我不能來天津嗎？哪條法律規定我不能來天津？」國保隊長又問：「這兩天你住在哪裡？」我說：「我住在天津海河邊上的長椅上。」我必須保護幫助我的天津朋友。他們說：「我們不信。」我說：「彼此彼此，你說的話我也一句不信！」國保不知道從哪裡翻出一張我與《河殤》的作者蘇曉康先生的照片，他們指著照片問我：「你什麼時候認識他的？」我說：「不記得是在哪碰到的帥哥。我看他挺帥，就合了一張影！」那個國保隊長惡狠狠地說：「把手機密碼交出來！」我說：「絕不給！這是我的隱私。有本事你們把手機砸了，回頭你們賠我新手機。」

他們見嚇不倒我，就換了一個戴眼鏡看起來比較斯文的便衣來審問我，此人操著一口地道的北京話。北京便衣讓其他人出去，改用和我聊天的方式，來套我的話。他說："咱們好好說，你和某某某怎麼認識的？"我說："這是我的隱私，你想知道啊？那你先告訴我，你和你妻子怎麼認識的？"之後他又說："你們老說即使殺光所有報曉的公雞，天還是會亮的，公雞和天亮有毛關係啊！"我嘲笑他生物學沒學好，應該去農村住幾天，補補課。這北京便衣也沒從我這裡撈到什麼資訊。後來我想，這兩個北京便衣，應該是 709 專案組的人。我的應對原則是，自己的事情不清楚，別人的事情不知道，堅持要見我的律師！這些國寶從我嘴裡沒有得到一條有用資訊。我清楚地知道，只有這樣才能既保護同伴，又保護自己。否則，只要國寶從你嘴裡得到一條有用的關鍵資訊，他們會希望從你這裡獲得一萬條資訊，於是你就出不了公安局大門了。

從下午 4 點前被抓，到夜裡 11 點，已經七個小時了。如果到八小時不放人，員警就必須上報，拿新的抓捕手續。被審訊期間我要求吃飯，喝水。總共喝了十多瓶水，上了十來次廁所，陪我上廁所的女警都睏了。我問，我沒犯罪，什麼時候放我？審問我的瘦小員警說，領導們正在後面開會研究你的事。然後他拿出筆錄讓我簽字。我說，必須把我要求給我弟弟打電話，我要求見律師的內容加上。他極不情願添加上去，重新列印筆錄。接近 11 點 10 分，開會的員警下來了，唐家口派出所所長向我宣佈：你沒事了，一會讓他（做筆錄的小員警）送你上高鐵回北京。之後，所長讓小員警把我的行李還給我。臨走，一個天津國保嚇唬我："回北京了，這事對誰都不能說，否則再抓你回來！"我嘲笑他說："你們抓了人，居然還怕說出去，你們心裡到底有什麼鬼？誰問我這事，我都會照實說！"

在我被審訊期間，我的電話響了幾次，但我的手機被員警搶去了，無法接聽。當我被釋放時，我剛一拿到手機，電話鈴又響了，是陳建剛律師打來的。他問我：「你那邊情況怎麼樣？」我說：「我被天津唐家口派出所抓了，被審了 7 個小時，現在剛出派出所，一個天津員警現在送我去高鐵坐車。」他說：「沒事就好，趕緊回北京吧！」

我在回北京的路上，收到王全璋也被抓了的資訊。王全璋和王宇是同一個律師事務所的同事，他是在 7 月 10 日被抓的。

王全璋律師是大家公認的律界硬漢，他有一股山東人的倔勁。由於堅守原則、不妥協，他經常遭受法院法警、法官和公安人員毆打。律師們一度戲稱，王全璋和董前勇律師是「挨打專業戶」。2012 年 8 月 31 日，因代理黑龍江省東寧縣苗福信仰案，王全璋遭到東寧縣法官王傳發毆打和謾罵。2013 年 4 月，王全璋在江蘇靖江市法院出庭為信仰案辯護時，遭法院當庭拘留十天。此事引發上百名中國律師連署要求公開現場錄影並放人，引起中國及西方媒體關注報導，王全璋因此於三天後提前獲釋。2014 年 3 月 28 日王全璋赴黑龍江省建三江農墾局七星拘留所，為建三江事件中被抓的人權律師維權時，被黑頭套、被抓捕。拘留所的員警為逼迫王全璋在保證書上簽字，對他實施酷刑。他被員警抓住頭髮，用頭撞牆，被員警用拳猛擊後腦，造成腦震盪。

即使經常被法警和公安這樣非法暴力對待，王全璋律師仍然不屈不撓的代理各種人權案件和信仰案件。因為他有一顆慈悲的心。一次，他說：「他不能讓那些已經被傷害到塵埃裡的人無路可走。當他們找到我的時候，我必須幫助他們，哪怕對方出的律師費很低或者根本出不起律師費。」

有一段時間王全璋律師要轉律師事務所，一時沒合適的律所接收他，他很苦惱。一次，我和周世鋒律師等人一起吃飯，有人在飯桌上說起此事。周世鋒主任旋即說，那就讓全璋來鋒銳所吧。不久，王全璋就轉到了鋒銳律師事務所。到了鋒銳所，王全璋非常感恩，工作很努力，經常出差。一次聚會後，王全璋律師開車送我回家，他車裡很亂。他說，很抱歉，因為案子太多太忙，沒時間收拾車。他又說很對不住妻兒，因為太忙，沒法抽出更多時間陪妻子和孩子。在我眼裡，王全璋律師是個真誠而又有原則的人。他為了追求真相和正義、敦促法官按照法條審理案件，冒著可能被法警暴力對待的危險，一次次在法庭上和法官死磕。

這一次，在 709 大鎮壓中，王全璋是遭受當局打壓最殘酷的一個。從 2015 年 7 月 10 日被公安抓捕後，兩年多裡王全璋沒有任何音訊，他的妻子李文足也沒有收到任何通知，律師也沒能會見到王全璋，甚至不知生死。李文足一次次去各級公安尋人，去各級法院各級檢察院投訴控告，卻一次次未果。直到有一天官方為王全璋指派的律師陳有西在新浪微博發出消息，說他見到了王全璋，希望家屬委託他當代理律師。李文足說，為什麼我和我委託的律師努力了兩年都見不到王全璋，官派律師陳有西卻能輕易見到他？

可見王全璋兩年來與世隔絕，仍在裡面堅守，不願妥協，官方只好讓官派律師來聯繫家屬。

回到北京後，我得知王宇所在的鋒銳律師事務所被查抄了。7 月 10 日之後就陸續有消息傳出，周世鋒、劉四新、李姝雲、王方、黃力群、劉曉原、李和平律師、高月、趙威、謝燕益、謝陽、隋牧青、陳泰和律師被抓；張磊、陳建剛律師外出辦案，被就地控制、約談⋯⋯幾天之內，大批人權律師和維權公民被約談、被指定監視居住或被拘留。

709 大鎮壓的大網張開了。

（三）把誰關進籠子

中共建政以來的中國人權狀況，驗證了"一黨獨裁，遍地是災"這句話。中共建政後的前三十年忙著殺人。1950 年代初開始進行土改、鎮反，三反五反，對所謂反革命分子進行復仇清洗；1957 年開始反右運動對知識份子從肉體和人格上殺滅；緊接著 1959 至 1962 年造成 3500 万人以上饿死；1966 年開始的文化大革命，再次整死一千多萬人。鄧小平主政實行改革開放以後的後三十年，1980 年代曾短暫出現過政治體制改革的討論，人權狀況的改善也曾露出一線曙光，但隨著六四天安門大屠殺的槍聲，一切又歸於死寂。江澤民上臺以後，試圖通過練習氣功和到宗教信仰裡去尋找心靈慰藉的數千萬法輪功學員遭到殘酷迫害。

2013 年 1 月 22 日，登上中國最高權力寶座不久的習近平在中共十八屆中央紀委二次全會上發表講話說，要加強對權力運行的制約和監督，把權力關進制度的籠子裡。這一度引發人們的幻想和熱望。

時隔兩年半，中共搬出了籠子。只不過在"把誰關進籠子"的問題上，他們改變了主意。

第一個籠子先給了全國的維權律師。這個籠子除了把周世鋒、王宇、王全璋、劉曉原、謝遠東等鋒銳律師事務所活躍在維權第一線的律師一網打盡以外，還把全國各地的維權律師全都裝了進去。一時間，全國各地到處有律師失蹤，家屬不知道自己的親人為什麼被抓，也不知道他們被關到哪裡去了。直到7月15日新華社發表一篇《依法打擊極少數違法律師是為創造更好環境》的文章。文章寫道：近日，公安部指揮摧毀一個以北京鋒銳律師事務所為平臺，律師、推手、訪民相互勾連、滋事擾序的涉嫌重大犯罪團夥……

看到新華社的這篇文章後，709被捕人員家屬才知道這是由國安委主導、公安部部署，由天津公安局實施，其他各省公安局配合的一個統一行動。這是一個天字號的行動。

維權律師被抓後，還引發了一波“次生災害”，那些為被抓的維權律師辯護的律師們又被抓了。

中國司法的潛規則是，對於官方欽辦的政治犯案件，官方都會給被告指定律師，這些律師顯然是按著官方的指示前來勾兌的。如果家屬不配合官方的潛規則，自己為家人聘請律師，那麼無論是在押律師還是為在押律師辯護的律師，都有可能遭到官方的報復。李昱函不信這個邪，她勇敢地站了出來，擔任王宇的辯護律師。李昱函律師不配合勾兌，遭到當局忌恨。王宇取保候審以後被軟禁在內蒙家中，李昱函和文東海到內蒙探望王宇，發現王宇被人嚴密監視，家中密佈攝像頭，李昱函隨後公開了這些情況。於是，王宇是在遭受酷刑、失去人身自由，中共軟禁了她的父母和孩子、拿親人威脅她，在重重脅迫下所做的認錯的真相大白於天下。李昱函成為了當局的眼中釘。2017年10月9日她被瀋陽市公安局和平分局員警綁架，10月被當局以口袋罪

"尋釁滋事罪"批捕。截至本書定稿的 2020 年 11 月，李昱函律師在押已逾三年，當局拖著不判，她患有冠心病、心絞痛、甲亢等七種疾病，看守所不給她吃藥，也不讓家屬給她存錢。看守所員警雇傭女牢頭和女犯人，天天折磨她，不給溫水，只准她用冰冷的水洗澡；不讓吃飽飯，別人一餐給兩個饅頭，只給她一個。李昱函的病情需要吃一點蔬菜水果，但是蔬菜水果卻被牢頭拿去放在廁所地板上，故意在上面拉尿後第二天再讓她去吃。 中共當局在瀋陽市第一看守所裡，極盡能事、如此羞辱一位六十多歲的女律師，這讓無數中國法律人非常憤怒。

余文生律師在 709 大鎮壓對維權律師強力打壓的紅色恐怖中，明知山有虎，偏向虎山行，他為 709 家屬提供法律援助，後來又成為王全璋的辯護律師。他最怒不可遏的是當局完全無視現行的《刑事訴訟法》，剝奪家屬和辯護律師的會見權和通信權。余文生說，"不能說我是一個百分百的改良主義者，但我是改良思想非常嚴重的一個人，一直希望當局能做些改變，可現在我的改良思想幾乎殆盡了，我不相信共產黨能改變"。余文生認為，"這個年代能讓你做很多事情，能為民主的事業付出……總要有人去犧牲，為後人鋪就道路，既然我已走到這一步，也就沒什麼退路了，我也不願再退回去，那就一直往前走，直到中國社會實現真正的民主自由…… 革命軍中馬前卒，那就革命軍中馬前卒吧。"2018 年 1 月 19 日，余文生在中共十九大二中全會時發表《修憲公民建議書》，提出刪除強調中國共產黨領導的《憲法序言》等政治改革建議。隔天他就被當局以涉嫌妨害公務罪刑事拘留，家屬委任律師要會見，都遭當局拒絕。2020 年 6 月，余文生律師被判刑四年。

基督教家庭教會的組織者和基督教徒領到了 709 的第二個籠子。

2015 年 7 月 10 日，胡石根長老與會友勾洪國、劉永平在計畫前往教會聚會時失蹤，後來發現是被天津市公安局以涉嫌尋釁滋事罪監禁。

官方指控胡石根長老與維權律師李和平、周世鋒等人"密謀策劃顛覆國家政權"，獲罪的主要依據是所謂的"七味燒會議"。官方把它描繪為一次有組織、有預謀的秘密會議，其實那不過是一次普通的公民聚餐。那是 2015 年春節前夕的某一天，勾洪國臨時給我們發來資訊說，要過春節了，大家吃個飯聚一下。我們到的時候，飯店包間裡已經到了很多人。因為胡石根長老所在的教會剛活動完，所以有幾位教友也臨時過來一起吃飯。胡石根、勾洪國、翟岩民、劉永平和其他教友等人先到，周世鋒、李和平等人最後才到。因為是臨時叫人，所以根本沒人知道到底有多少人會來飯局。我因為一直在推行羅伯特議事規則，就充當了飯局的主持人。胡長老吃飯的時候還是跟往常一樣，闡述了他的三大轉型因素和五大建設方案。因為規定每個人發言不能超過五分鐘，所以胡長老闡述他觀點的發言也就在五分鐘左右，其他的時間是別人發言。胡長老幾乎在每個飯局都會闡述類似的觀點，並非是為此次"七味燒飯局"專門做的策劃。蹊蹺的是，這次飯局有人錄了音，這錄音和某些人的證言就成為了日後胡石根被定罪判刑的證據。

胡石根等基督教人士被抓後，各地方當局加大力度打壓中國的基督教家庭教會。中國家庭教會的基督徒們面對來自官方的越來越頻繁的騷擾，堅定信仰、相互扶助、天天祈禱，祈禱主讓那些打壓基督教和基督徒的罪人們獲得救贖。

活躍的公民維權人士則獲得了中共第三個籠子的關照。屠夫被抓以後，一群武漢公民不答應了，他們是屠夫的支持者。王芳的房子被強拆後，有一次她舉的牌子上寫著"要麼還我房子，要麼還我煽動顛覆國家政權罪"，這種表達的風格很像是受過屠夫《殺豬寶典》的影響。2015 年 7 月 25 日，王芳和尹旭安、耿彩文等十幾位活動人士穿著印有屠夫頭像的文化衫在武漢著名景點黃鶴樓前拍照。這是以典型的屠夫方式表達對屠夫的聲援。正處在 709 大鎮壓的高潮中的中共也毫不客氣地以對付屠夫的方式對付他們，於是這些公民被抓。後來警方和法院多次試圖迫使王芳"認罪"以減輕刑罰，但王芳拒絕認罪，她表示穿文化衫是她的權利。她因此坐了 3 年牢。

望雲和尚是屠夫的同鄉。他曾穿過一件文化衫，上面寫著"當人民恐懼政府即為暴政"，還標注了英文。自 2000 年出家為僧，2002 年正式受戒，2006 年成為福建省寧德市蕉城區九都鎮九仙禪寺主持，望雲和尚認為佛教信仰者並非要遠離或脫離社會，而應深入社會積極傳播佛教正信理念，即"於善盡心力，於惡不妥協"，以期改進社會。他經常聲援被中共政府違法傷害的底層民眾和維權人士。2015 年 6 月，他被迫離開常駐寺院，雲遊四方；7 月 9 日，其常駐九仙禪寺被當局查抄，其母被驅離寺廟；7 月 11 日，在四川省成都機場被天津市警方跨省抓捕，後被天津市河西區警方以涉嫌"尋釁滋事"和"危害國家安全"為由指定居所監視居住；2016 年 1 月，被以涉嫌"煽動顛覆國家政權罪"正式逮捕，家人為他聘請的律師請求會見遭拒。同年 8 月取保後被軟禁。

即使聲援王宇、屠夫等 709 被捕人士的很多公民被抓了，各地的公民聲援活動仍然絡繹不絕，參與的維權人士常在一起笑談：再不入獄，就老了。

戈覺平聽到王宇律師被抓以後氣壞了。在他的心目中，王宇律師是最好的人，美麗、善良、正直，願意幫助像他這樣的人申張正義。戈覺平說：王宇是我的律師，還有劉曉原律師，都是鋒銳所的，我認為他們是非常正義的律師，是難得的好律師，他們出了事情，我要是不為他們發聲還是人嗎？戈覺平拿著一張他能找到的最大的一張白紙，上書"尋找我的律師王宇"，舉著這張紙拍了一張照片發到了網路上。這馬上引來了國保的關照。從 2015 年 7 月 14 日起就被國保限制人身自由堵在家裡。戈覺平還以他車軲轆話的文字風格，寫下了以下的呼籲書：

我的律師王宇，自從王宇律師來蘇州代理我的毀房公訴案，王宇律師不畏政府開發商的恐嚇，為民鳴不平，眾人稱讚，所以王宇和愛人包龍軍為我們蘇州拆遷戶，做了很多法律援助，蘇州公民歷歷在目，像這樣的人被打壓，完全是為我們鳴不平而造成的，今天社會也只有人權律師能頂住壓力，為民請命，所以我們要站出來為人權律師呼籲，發出我們微弱的呼聲！

強烈呼籲釋放人權律師和人權捍衛者！
蘇州公民：戈覺平

2015 年 12 月 6 日

其實，即使戈覺平不跳出來聲援王宇律師，709 的籠子也張著口在等著他。2016 年戈覺平最終以"煽顛罪"落網。蘇州這一批共抓了幾十個人。其中 11 人獲罪。與戈覺平同樣罪名的還有顧義民，獲得"尋釁滋事罪"的是胡誠。另有 8 人獲"擾亂法庭秩序罪"，原因是他們 2014 年對於範木根案庭審的聲援。根據現行法律，"擾亂法庭秩序罪"法不溯及既往，蘇州當局顯然是在以"莫須有"的罪名抓人。他們覺得在範木根案等一系列的事情上吃了虧，一口惡氣沒地方出，正好利用 709 大鎮壓搞秋後算帳，打擊報復。至於法不法的，平時就是使得順手就用，使不順手就扔。按照中共的慣例，現在 709 大鎮壓運動來了，是不用講法律的。

截至 2015 年 12 月 30 日 18 時，據總部設在香港的 "中國維權律師關注組" 發佈資料的不完全統計，中國大陸計有 316 名維權律師、律所工作人員、人權捍衛者及其家屬因 709 案被傳喚、強制約談、限制出國出境、監視居住、刑事拘留或者被強迫失蹤、逮捕。

其中處於羈押或者被強迫失蹤狀態者 36 人，他們是：王宇、包龍軍、王全璋、劉四新、謝遠東、李和平、李春富、謝燕益、周世鋒、黃立群、隋牧青、謝陽、陳泰和、胡石根、高月、趙威、勾洪國、劉永平、王芳、尹旭安、林斌、李姝雲等。

我和另外三十多人因 709 案被限制出境，他們是：包濛濛、劉曉原律師的孩子、李和平律師的兒子和女兒、劉亞傑的女兒、于合金律師的孩子、蘇楠、梁小軍、斯偉江、蔡瑛、李方平、陳建剛、李國蓓、陳武權、燕文薪、葛永喜、劉正清、唐吉田等。

人們這才想起，2009 年 11 月時任國家副主席的習近平在墨西哥發表講話時就說過，"有些吃飽了沒事幹的外國人，對我們說三道四。中國一不輸出革命，二不輸出饑餓和貧困，三不去折騰你們，還有什麼可說的。"不讓別人說三道四，堵住所有人的嘴，正是這位顢頇蠻道、不學無術的獨裁者的真實內心，是他所代表的這個政黨的本質屬性。

（四）709 家屬，放下梳妝打流氓

　　一年以前，建三江四律師被抓後，前往營救的律師以絕食爭取法律規定的會見被拘留人的權利，不但沒有成功，反而被抓捕。我們原以為那是因為建三江地處邊陲，天高皇帝遠；農墾系統又是自擁公檢法的獨立王國，官方才敢如此枉法。沒想到 709 大鎮壓這樣的由中共中央部署的全國執法行動，律師會見當事人的權利同樣被剝奪了。

　　709 被抓捕的每一個人，家屬都為他們委託了兩位律師，總共請了 65 名辯護律師（這些辯護律師中的大部分人後來都被邊控不能出國，如梁小軍、程海、蔡瑛、陳建剛、李國蓓、燕文薪、葛永喜、劉正清、藺其磊、葛文秀、余文生、盧廷閣、紀中久、黃漢中、胡林政等）。律師們首先要做的就是陪同家屬去天津市第二看守所要求會見當事人。但是除了吳淦和謝陽的律師在前期成功地見到了當事人外，其他 709 的律師都沒有能會見到他們的當事人。所謂做賊者心虛。對 709 被捕律師和公民施以酷刑和親情綁架的威脅，是見不得人的。他們要達到目的，就不能讓家屬與被捕人士會見。

　　對於 709 律師的家屬來說，家人突然失蹤，活不見人死不見屍，她們感到天都塌了。一時間，空氣似乎陷入了人人自危、彷徨無計的凝滯。率先打破僵局的是李和平律師的太太王峭嶺。2015 年秋的一天，王峭嶺給大家發資訊，說李春富律師的生日到了，邀請大家一起聚一聚。李春富是李和平的胞弟，因為抗議李和平被抓把自己也搭了進去。嫂子給小叔子過生日，大家都支持，那天去了不少人。那是在 709 大鎮壓後的紅色恐怖下，第一次這麼多人聚會。大家在聚會上談論在 709 案中當局違法的地方。吃完生日蛋糕以後，我們紛紛舉牌聲援被失蹤的李春富律

師。人多了，一起走夜路，就沒那麼怕了。這次生日聚餐是一次破除恐懼的聚會。不久，王峭嶺又辦了一次李和平律師的生日會。

王峭嶺跟李和平是大學同學，成家以後一個做律師，一個做了家庭主婦。王峭嶺、李和平夫婦是一對虔誠的基督徒。李和平是那種宅心仁厚、"你打我左臉，我把右臉伸過去給你打"的老好人，王峭嶺則長期在教會當義工，性格堅強，行事麻利。李和平一直批評政府鎮壓法輪功是干預宗教自由，又積極參與聯合國禁止酷刑專案。王峭嶺清楚地知道丈夫在做什麼。709 之前她一直抱怨丈夫走得太遠，讓一家人不能過安靜的生活，她經常為此事跟李和平吵架。709 以後，王峭嶺為了尋找丈夫去跟警方打交道，自己經歷了李和平日常工作天天都會遇到的不公，她很快就理解丈夫了。因為擔心自己隨時也有可能失蹤，她給丈夫留言："和平，我很怕。怕不能向你表達我對你的愧疚。在以前，你辦理人權案件的時候，我對你有許多不理解和不認可。但是這一年來，我非常非常敬佩你。如果你出來了，我被抓進去，希望你能看到我今天寫的這些文字。"

不久，勾洪國的夫人樊麗麗跟我說，勾洪國的生日要到了，她想為丈夫辦個生日會，但不知道該邀請誰。於是，我就把這個活攬了下來。生日會那天，勾洪國的好友、一些律師以及 709 案的其他家屬，近 20 人到我訂好的餐廳為勾洪國慶祝生日。王全璋律師的兒子泉泉、李和平律師的女兒小佳美和勾洪國的兒子善兒也都參加了生日會，因為有孩子們在，所以生日會顯得格外熱鬧。緊繃的神經稍稍鬆馳一點以後，麗麗和其它 709 的家屬們慢慢熟悉起來。在這次生日宴後，她們彼此之間的聯繫也慢慢頻繁起來，她加入了 709 家屬的行列。709 律師家屬所受的磨難也慢慢浮出水面。

勾洪國被抓後，8月25日樊麗麗下樓去取個快遞，以為馬上就回，就連睡衣都沒換下。沒想到一下樓，她就被國保帶走，審問了五個半小時。兩天以後，樊麗麗的房東找到她，說昨天國保的人找了過來，拿攝像機對著他問話，拍了兩個多小時，訓斥他為什麼要把房子租給這樣的人。房東要求樊麗麗三天後搬走。樊麗麗的孩子剛出生幾個月，勾洪國有殘疾的哥哥跟他們一起生活需要照料。員警抓走勾洪國時還沒收了她家所有的銀行卡，麗麗手裡只有幾百塊錢。樊麗麗聽說王藏曾經一個月被逼遷八次，很擔心自己在北京也會被趕來趕去，只好折騰到了天津租個房住。由於被過度驚嚇，樊麗麗很快就沒有奶水了，幼小的孩子只好靠吃奶粉過活。

原姍姍剛認識謝燕益律師的時候，謝燕益正在提起2003年憲政第一訴，起訴時任國家軍委主席江澤民不顧民意、違反憲法，利用等額選舉方式繼續擔任國家軍委主席。原姍姍嚇了一跳。她問謝燕益說：還可以起訴主席的嗎？謝燕益說：可以啊，依法就可以。謝燕益律師這次因為代理慶安徐純合案件被抓走的，當時夫人原姍姍正懷有身孕。謝燕益的母親也是律師。聽說兒子被抓走以後，母親到北京和天津的公安局和各個看守所去尋找兒子的下落，沒有得到任何結果。老人家心裡很恐慌，憂慮成疾，很快去世了。原姍姍覺得做兒子的沒有能夠讓老人省心，應該讓謝燕益回來送母親最後一程，跟母親說一聲對不起，才能讓老人走得安心。她於是拖著身懷六甲的身子到看守所去求情，不但被無情地拒絕，還被扣押三天。謝燕益被抓走後，原姍姍每天晚上一睡覺就做惡夢。由於到處奔波尋找謝燕益的下落和擔驚受怕，原姍姍生產時發生中風，導致面部癱瘓。原姍姍一直沒有給女兒辦理出生證，臨時管女兒叫妹妹或者三寶，她在等著謝燕益回來給女兒取名字。

原姍姍一個人帶著三個孩子，想念丈夫，非常艱難。有一次她問小兒子：爸爸回來以後你還能認識他嗎？兒子回答說：認識啊！原姍姍說：你怎麼能認識呢？兒子說：我可以聞他的味道啊！於是兒子跑去聞爸爸睡的那張床上的味道，回來跟媽媽發脾氣說：你怎麼把床單給洗了？那上面有爸爸的味道的！

　　王全璋和李文足是郎才女貌的一對，王全璋平日裡寵著李文足，李文足也不管王全璋做的事。王全璋被抓走後，李文足一下子沒了主心骨。前六個月的時間裡每天都會哭，後來哭得眼睛看東西都模糊了。她三歲的兒子泉泉上幼稚園時被拒收。兒子問她："爸爸去哪兒了？"李文足說："爸爸被怪獸抓走了。"兒子說："我也要去打怪獸，讓爸爸回家。"孩子的話讓李文足振作起來。她和 709 其他家屬聯繫上，開始了尋找丈夫王全璋的艱難歷程。她一次次去北京市第二中級法院、中國人民最高法院、中國人民最高檢察院投訴控告辦案單位違法，一次次被拒絕、被跟蹤，被員警推倒在地，但她又一次次從地上爬起來，繼續抗爭。2018 年 4 月，李文足在原姍姍、王峭嶺等 709 家屬和維權人士的陪同下，曾經徒步從北京到天津"千里尋夫"，走到第七天時，國保闖入她們所住的旅館把她抓了回去。

　　李文足像電影《秋菊打官司》的主角一樣一次次跟員警過招，被員警罵潑婦，這讓她很在意。愛美的她原來在王全璋身邊一直是小鳥依人的淑女形象，她擔心王全璋再次見到自己時會不適應了。王全璋看上去文質彬彬，卻是鐵骨錚錚的山東硬漢。從 2015 年 5 月 10 日被抓，警用盡各種酷刑手段，硬是沒能使他屈服。因此在被抓捕後的 1000 多天裡他沒有被允許律師會見一次，成了 709 案被抓捕的人當中唯一一個音訊全無的人。無情未必真豪傑，憐子如何不丈夫。王全璋在家時，李文足什麼都不用操心，他們倆是那種"你負責掙錢養家，我負責貌美如花"的模式。李文足喜歡買漂亮的衣服。王全璋出事以後，李文足才逐漸知道，王全璋每個月給她的養家的錢，有的時候是向朋友借的。因為那時候王全璋代理了很多人權案件，律師費非常低，有時甚至沒有律師費也得去做。李文足後來接受採訪時哭著說："早知道是這樣，我當時少買點衣服就好了。"

王峭嶺是 709 家屬中最有主見的一個。在開始尋找丈夫以後，她很快發現許多跟她一樣的家屬孤立無援，生活很困難，情緒很絕望。她首先找到了李文足。從春節開始，她們開車先是從北京南下，直到廣州，後來又北上，儘量聯繫和看望每一個家屬。除了樊麗麗、原姍姍外，謝陽的夫人陳桂秋、江天勇的夫人金變玲、余文生的夫人許豔、吳淦的父親徐孝順也都先後加入到 709 律師家屬的圈子裡面來。同是天涯淪落人，"看望"很快變成了互相探望，走動就多了起來。女人們聚在一起，都想念各自的丈夫。她們會像姐妹一樣互相問對方：丈夫放出來的那天，見到他第一句話你會說什麼？

709 律師剛被抓後半年的時間裡，家屬們得不到任何消息。她們到各地公安局、看守所去打聽，也都查無此人，還經常受到員警的謾罵和污辱。王峭嶺很生氣，就罵員警是流氓，她把自己的讀書計畫先放一放，把時間拿出來跟流氓鬥。她說"我要放下書本打流氓"。李文足聽了以後馬上接話說，那我就是"放下梳妝打流氓"。

709 家屬們委屈的眼淚流了太多，她們決定振作起來。女人們首先想到的是，再次去找警方要人時把自己打扮得漂漂亮亮的，穿上喜慶的紅衣服，表達積極樂觀的態度，讓那些流氓看到她們時感到自慚形穢。李文足平時特別不喜歡穿紅色的衣服，就穿上一雙紅色的鞋子。那一天，女人們在天津去看守所要人的路上，順道去逛小商品市場，準備買一些各種紅色的小配飾。李文足看到一擺紅色的塑膠桶，突發奇想說：要不我們買幾個桶吧！她把王嶠嶺氣樂了：你買桶幹嘛呀？我們哪用得著這東西啊？李文足說桶的顏色很漂亮，堅持買了一些，說被看守所趕出來時在院子裡可以當凳子坐。幾個女人拎著桶往前走，自己都覺得很搞笑，氣氛就熱烈了起來。路過一個影印店時，她們眼睛一亮，七嘴八舌地說我們每個人可以列印一些各自想對丈夫說的話貼在桶上。

她們就這樣拎著這些紅桶去看守所尋找親人。後來女人們在一起又設計了一些時裝。大多是淺色旗袍，上面用紅字寫上各自丈夫的名字，和思念的體己話。女人們照樣每週一次前往天津看守所去要人，火車票堆到桌上都成了一座小山。但是她們不再愁眉苦臉。姐妹們走在街上，聚集在看守所門口，都有仔細的妝容，合身的時裝，每一個人挎著一個紅桶。她們不時會擺上一個 pose，走一段時裝步。她們微笑著，開著"紅桶時尚發佈會"。她們說：我們要堅強，我們要微笑，我們要讓全世界的人都知道，我們以我們的丈夫是中國人權律師而自豪！她們意識到，他們不僅是在維護她和丈夫的合法權利，而且是在維護被抓捕的眾多中國人權律師們所堅持的法治精神，為所有人爭自由求公義的精神。

2016 年 4 月 28 日，709 大鎮壓中的人權律師李和平被以"顛覆國家政權罪"判有期徒刑三年，緩刑四年。2017 年 5 月 9 日下午，李和平律師被取保。看著他和夫人相擁的視頻，我喜極而泣。我希望王全璋、吳淦、江天勇也能早點被放出來。當晚我為 709 家屬群體寫了一首詩。

《峭嶺上長著一叢美麗的竹》
—— 獻給 709 堅強的家屬們

那一夜
血雨腥風
沒了高月
也沒了和平

那一月
跨省跨境
驚了懵懂的少年
也震驚了整個世界

那一年
紅色恐怖
洗掉它們法治的畫皮
也洗去人們殘留的幻想

一天又一天
律師們要求會見
一年又一年
外面的家眷們據理力爭

謊言、威脅和暴力
成為它們的標配
信念、堅持和大愛

讓她們放下梳妝打流氓
酷刑、密審和強迫認罪
並不能改變人權的顏色
秋去春來姍姍回望
峭嶺上長著一叢美麗的竹

　　詩的最後兩句包含大部分家屬的名字。"秋去春來姍姍回望，峭嶺上長著一叢美麗的竹"，秋，指陳桂秋，謝陽律師夫人；姍姍，指原姍姍，謝燕益律師夫人；峭嶺，指王峭嶺，李和平律師夫人；麗，指樊麗麗，勾洪國夫人；竹，指李文足，王全璋律師夫人。

　　2020 年 11 月本書定稿時，王全璋和江天勇已經出獄但被限制行動自由，吳淦仍在獄中，八年漫長的刑期還剩下不到三年。

（五）酷刑、強迫餵藥和電視認罪後的審判

　　在 709 大鎮壓中，被捕的律師和公民普遍受到酷刑。

　　2017 年 5 月 3 日下午，我突然收到陳建剛律師夫人鄒女士發來的緊急求助資訊。她說他們一家和張寶成夫婦在雲南旅遊，一行六人被抓。問明情況，我馬上對外發出消息："陳建剛夫婦和張寶成夫婦今天下午 13 點多在雲南景洪旅遊被抓到景洪猛養財富中心附近的派出所。被抓的共有六人，四個大人還有陳建剛律師的兩個小孩。17 點來了十幾個扛槍的員警，分幾輛車把他們帶走了。抓人時對方沒出示任何證件和手續，他們的隨身財物被對方搶走，陳建剛律師被迫簽字。請關注！"消息發出後，很多人打電話到景洪派出所找陳建剛律師一

家，要求對方放人，各國大使館的人權官員也紛紛譴責當局的這種綁架行為。在外界的關注和聲援下，第二天一大早，陳建剛夫人和孩子坐飛機回京；陳建剛律師被審訊後，被北京國保押著開車回北京。

陳建剛律師被抓的原因，是因為他介入了謝陽案，經過幾次會見後，他連續發佈《謝陽會見記錄》，揭露謝陽被長時間施以刑訊逼供、恐嚇、辱罵、控制飲食、暴力毆打、煙熏、吊吊椅、不許睡覺等酷刑。

律師：除了不讓你睡覺外，還有其它方式逼迫你嗎？

謝：有。他們有一種慢性的整人方式，叫做"吊吊椅"，就是我說的好幾張塑膠凳子疊加起來，強迫我坐在上面，每天 24 小時中除了讓我休息的 2 個小時外，其餘時間我一直被強迫在上面坐著，雙腿不能著地。我的右腿之前受過傷，我告訴過他們，這樣整我會把我整殘廢的，我對所有來審訊我的員警都說了，他們每個人都是說"我們知道了，你說的不是個事，我們會把握的。"還有的說"你別給我講條件，讓你怎樣就怎樣！"

律師：然後呢？

謝：沒人同情我的遭遇，他們就是故意整我折磨我啊。我每天這樣 20 個小時以上地坐著，兩條腿吊著，兩條腿都痛，然後都麻木了，再後來，我右腿從上到下都腫起來。那時候是夏天，大腿小腿都腫的很厲害。

律師：你的腿出現症狀以後，他們有沒有停止對你的審訊然後為你治療？

謝：不可能停止審訊，仍然是一天 20 小時以上的審訊。

謝陽釋放以後，妻子陳桂秋發表聲明，認為丈夫行為舉止異常，強烈質疑是被國保用藥。

江天勇律師在 709 大鎮壓初期僥倖成了漏網之魚。但以他的個性，他沒有暫避風頭。當謝陽被酷刑的事實被陳建剛律師在網上公佈以後，他為被抓律師遭受酷刑的事情擔心起來。2016 年 11 月 21 日，江天勇去長沙探監看望謝陽，如漏網之魚自己向大網游回去。他很快被長沙當局抓捕，翌年 4 月底他被轉至河南監獄服刑。本想去探監卻惹禍上身，這回輪到家人去探監看他。家人與其會見時，發現他記憶力嚴重衰退，連孩子幾歲了都記不清楚了。江天勇向家人透露每天被獄方兩次強迫服用不知名藥物。

鋒銳律師事務所年輕漂亮的助理律師李姝雲也在 709 時被抓。出獄後李姝雲在社交媒體寫道：“曾在密不透風、充滿甲醛味的屋子裡被秘密軟禁了 6 個月。而其隨後在看守所的 3 個月的時光更是恍惚艱難。”她披露在共 9 個月的被關押時段裡遭到了來自管教的提審、辱罵，接連罰站 16 個小時，並被限制在凳子上 7 天一動不許動的酷刑。她被強迫吃藥 7 個月，這使她身體上產生了肌肉酸疼、精神低迷等症狀。

李和平律師是中國著名的反酷刑律師，他組織的“反酷刑研討會”很有影響力。我為支持香港占中而流亡，就是因為 2014 年 9 月底在參加李和平律師所主持的第二屆中國民決團模擬法庭暨反酷刑研討會期間舉牌。這位反酷刑的律師 709 大鎮壓中被抓。釋放後，自嘲在坐牢期間進行了一次中共酷刑深度遊。他在整整一個月時間裡每週七天、每天 24 小時戴工字鏈（手銬和腳鐐中間以短鐵鍊連接，使人腰不能直，包括睡覺時都只能一直佝僂著。謝燕益律師被釋放後，專門撰寫長文《709 記事與和平民主一百問》揭露酷刑，說他自己在裡面嘗過不讓睡覺、15 個小時站軍姿、工字鏈等各種酷刑）。他還在一天裡被強制站立 15 個小時，不能移動。他被打過。員警還不讓他睡覺，並對他進行令人精疲力竭的訊問。長期不讓見陽光導致骨質疏鬆。令這位反酷刑專家自己也感到最為恐怖的是，有時一天要被餵食六種不同的藥物，服下這種藥後，他感到肌肉疼痛，頭腦模糊，眼睛都看不清楚人，以致於一看到看守帶著一些穿白大褂的人進來就感到非常恐懼。李和平後來說，和他一同被抓進去的 709 律師很多人都跟他一樣被餵藥。李和平出獄時精神無法集中，體重下降了 15 公斤，頭髮變得很稀疏，從一個壯碩的中年人變成了一個乾瘦的老人。

李和平律師的胞弟李春富律師 2015 年 8 月 1 日被警方帶走。在被關押 530 多天後，於 2016 年 1 月 12 日被取保候審。取保後的李春富非常消瘦，時刻處在驚恐之中。他被醫院確診為精神分裂症。陪李春富去醫院的陳建剛律師說，他相信李春富律師在被關押期間遭到了非人的折磨。李春富律師後來曾透露，自己被抓之後當局天天給他餵藥。

李和平律師自己當初參與聯合國禁止酷刑專案，為民間冤案翻案。沒想到自己成為了酷刑冤案的主角。李和平律師被釋放回家後，北京市司法行政機關通知他參加 "吊銷李和平律師專業執照" 聽證會，李律師發表了一個聲明。

《709 律師李和平關於 "擬吊銷執照" 聽證會的聲明》

我因為參與了 "聯合國禁止酷刑專案"，為樂平冤案、聶樹斌冤案、周遠冤案等重大冤案洗冤，於 2015 年 7 月 10 日失去自由，羈押 22 個月，備受酷刑折磨，被 "判三緩四"，我的經歷，和其他三百多受害律師及人權捍衛者一道，成了〝709律師大鎮壓〞冤案的組成部分！

我懷著推動司法進步，減少、禁止酷刑，維護司法公正的良好願望而進行的本職工作，被誣為〝顛覆國家政權〞，是〝螞蟻搬家式〞顛覆，是〝摳磚扒縫〞式顛覆！我確實是醉了！我〝招認〞了四大罪：〝尿鹹海〞、〝捅漏天〞、〝掛太陽〞、〝摔破堝（自己造個字：王字旁，加個咼，意〝政權〞）〞，我也設法把酷刑的英文torture，放到了筆錄中……

中國在1986年就加入了世界禁止酷刑公約，已經宣示：酷刑應當絕對禁止、酷刑是犯罪行為、酷刑所得只用於證明施酷刑者犯罪。而709案中，酷刑普遍、系統性存在！

709大鎮壓使法治崩潰，使市場經濟釜底抽薪，使中國改革開放已有的兩大成果〝經濟發展和法治建設〞皆遭受滅頂之災！

我是個較真的法律人，堅信一個程式嚴重違法的判決，一定是不公的、無效的。如果我被判緩刑的判決書都是在違法前提（其實是犯罪前提）下作出的，那這個聽證會其實毫無意義。

既然偵查就是酷刑馴服，起訴就是亂扣帽子，審判徒具軀殼，聽證只是形式……正義的靈魂已經離開了這些假把式，我也不耽誤工夫了。

我聲明：拒絕參加此次聽證會。聽證會的組織者，你們自己玩吧！

中國是《聯合國禁止酷刑公約》公約簽署國。《聯合國禁止酷刑公約》對於酷刑的定義是：為了向某人或第三者取得情報或供狀，為了他或第三者所作或涉嫌的行為對他加以處罰，或為了恐嚇或威脅他或第三者，或為了基於任何一種歧視的任何理由，蓄意使某人在肉體或精神上遭受劇烈疼痛或痛苦的任何行為，而這種疼痛或痛苦是由公職人員或以官方身份行使職權的其他人所造成或在其唆使、同意或默許下造成的。純因法律制裁而引起或法律制裁所固有或附帶的疼痛或痛苦不包括在內。

如果說給良心犯餵食精神藥物是慘無人道的迫害，那麼在法庭審判之前強迫良心犯認罪則是另一類精神酷刑。

"自證其罪"在法律常識上有悖於國際法律界"無罪推定"的原則，在政治風向上令人想到中共歷史上曾經臭名昭著的遊街示眾。中共建政以來，以階級鬥爭的名義進行的各種政治迫害都把強迫認罪、寫悔過書作為其主要範式。悔過書要對自己極盡污辱之詞，通常還會要求揭發、誣陷同黨，非如此不符合官方的要求，既如此則給寫者坐實巨大的人格污點。對於傳統的中國讀書人來說，這樣的誅心之辱更甚於砍頭。在文革當中，曾經有無數的知識份子不堪遊街、批鬥、精神羞辱而自殺。1979 鄧小平當政以後，中共內部部分人士曾試圖與知識份子達成一定程度的和解，當眾遊街這樣的做法逐步被放棄，開始有限度地引入司法程式正義的概念。電視認罪，是習近平上臺以來對於毛澤東時代讓反對派戴著高帽子遊街的借屍還魂，是中國法治倒退和文革復甦的強烈訊號，是中國人權記錄惡化的標籤之一。

電視遊街的目的除了把良心犯"批倒批臭"外，還在於"以儆效尤"。為了達到讓良心犯認罪的目的，官方首先會以打"殺威棒"的方式，對良心犯施以酷刑，以屈服其意志。這就是709被捕人士幾乎無一例外遭受酷刑的原因。如果良心犯熬得過酷刑這一關，官方就會找良心犯的軟肋在哪裡，以這些軟肋來要脅。最常用的手段就是從孩子身上下手進行親情綁架。王宇律師的兒子被拘禁40個小時；陳建剛律師兒子的學校被國保"打招呼"，致使陳小樹不能去學校報名正常上小學；王全璋律師的兒子泉泉上幼稚園和小學時都受到國保干擾不能入學；李和平律師的兒子李澤遠辦理護照遭拒⋯⋯ 幾乎所有的異議人士和良心犯在被員警刑訊逼供時，都會以孩子和親情相要脅。

大多數709被捕律師和公民都被迫認罪。讓昔日優秀的律師、堅定的維權人士在被告席上認罪、懺悔，是官方導演的一幕荒誕劇。人們驚呼："這是一場騙局！是在侮辱中國民眾的智力"、"這不是審判，是披著法庭外衣的文革批鬥會"、"審判維權律師彰顯中國打壓人權進入新階段"、"中國正在面臨極權恐怖政策的復興"。被迫認罪既不影響709律師和維權人士作為人權捍衛者所做出的既往貢獻，也不會影響到他們在人民心目中的形象。人民心中自有桿秤。

江天勇去長沙之前，大概預感到"進去"是遲早的事，因此提前在網上為自己發了個聲明：能為我擋風雨的差不多都進去了，該輪到我了。我現在聲明：我絕不會自殺，只能是被自殺；我已委託有律師，不會不請律師，堅決拒絕官方指定律師；我是血肉之軀，不那麼堅強，我在非自由狀態下的放棄、悔過、承諾都是無效的。

國際NGO組織"人權衛士緊急救援協會"的創辦人彼得•達林，在2016年1月3日被中國警方在北京首都國際機場以涉嫌危害國家安全罪逮捕，並遭受酷刑和脅迫，在沒有審判的情況下，被迫在中央電視臺認罪。2016 年 1 月 25 日，彼得•達林獲釋返回瑞典。之後，彼得•達林一直在國際上揭露中共強迫認罪、讓嫌疑人電視遊街的罪行。

屠夫吳淦不配合認罪。為了讓吳淦妥協，當局將他的父親徐孝順抓捕，企圖進行情感綁架，但吳淦沒有屈服。吳淦在《開庭前聲明》中寫道："叫一個人對行使這些（寫在中國憲法中的）權利是否有罪去作辯護，我認為這是對一個正常人的侮辱。"他說："我將被判有罪，不是因為我真的有罪，而是因為我不肯接受官方指定律師，不認罪，不上媒體配合宣傳，而是揭露他們對我的酷刑和虐待。被判顛覆中共政權罪於我是莫大榮譽。在爭取民主自由、捍衛公民權利的征途中，一份出自獨裁專制政權的有罪判決書，就是頒給民主自由戰士的一座金光閃閃的獎盃。"

人權律師王全璋也不配合認罪。山東大漢王全璋一身硬骨頭，從 2015 年 7 月 10 日被公安抓捕後，1000 多天裡王全璋沒有任何音訊。關在同一監獄的謝燕益律師出來後說，他在獄中聽到王全璋律師被折磨得慘叫。

北京當局對 709 大鎮壓的受害人實施完酷刑、安排好認罪內容之後，就裝模作樣的開始了"709 系列案的庭審"。

2016 年 8 月 2 日，天津市第二中級人民法院對翟岩民進行一審，翟岩民被判緩。
2016 年 8 月 3 日，天津市第二中級人民法院對胡石根進行一審，以"顛覆國家政權罪"罪名，胡石根被判處有期徒刑七年半。

2016 年 8 月 4 日，天津市第二中級人民法院對周世鋒進行一審，以"顛覆國家政權罪"罪名，周世鋒被判處有期徒刑七年。

2016 年 8 月 5 日，天津市第二中級人民法院對勾洪國進行一審，勾洪國被緩刑。

2017 年 4 月 28 日，天津市第二中級人民法院對李和平進行不公開審理，李和平被判緩刑。

2017 年 8 月 14 日，天津市第二中級人民法院對吳淦進行不公開審
2017 年 8 月 22 日，長沙市第二中級人民法院對江天勇進行一審，法庭宣佈將擇期宣判。庭審前江天勇的父親突然被公安秘密綁架，失蹤了，後來江父又奇跡般出現在江天勇的庭審現場。

2017 年 11 月 22 日，長沙市第二中級人民法院一審宣判，江天勇因涉嫌"煽動顛覆國家政權罪"被判處有期徒刑兩年。後來江天勇刑滿釋放後，仍處於軟禁中，並未獲得自由。他在獄中遭受酷刑，雙腿受傷嚴重，出獄後也未得到有效醫治。

2018 年 12 月 26 日，天津市第二中級人民法院秘密審理王全璋案，家屬和歐美使館人員欲旁聽，被拒之門外。2019 年 1 月 28 日天津市第二中級人民法院宣判處王全璋有期徒刑四年半。後來王全璋刑滿釋放後，被當局以"武漢肺炎瘟疫需要隔離"為由，強行送回山東濟南的房子裡，原來租住在房子裡的房客被員警趕走了。他被剝奪了通訊自由，每天只能用別人的手機、在監控下和住在北京的妻子短暫通電話。他目前仍處於軟禁中，並未獲得真正的自由。王全璋後來行動稍微自由後接受媒體採訪時說："我堅持信念，

沒有認罪⋯⋯我當時也曾經質問過辦案方說，到底顛覆國家政權打擊的是言論還是行為。他們說是行為，但是他們指控我上微博是顛覆國家政權，我便問他們說請問犯罪的行為在哪？檢察院的人回我說，你打字的動作就是顛覆國家政權的行為。聽到這個，我也是無語了。"

2020 年 6 月 24 日，蘇州中級人民法院進行一審，以"煽動顛覆國家政權罪"罪名，戈覺平當被判處有期徒刑四年半。戈覺平當庭表示：不服黑幫判決，準備上訴。

眾所周知，中共對於良心犯的審判都是事先就定好了罪名和刑期，開庭只是表演。為了配合宣傳，他們會事先脅迫良心犯寫好在法庭認罪的稿子，庭審時讓嫌疑人背稿子走一下過場，官方錄影以後拿到電視臺去播放。這些橋段通常不允許出差錯，但是在 709 案件的庭審中還是出了一些有趣的插曲。當胡石根被問到"你是否認罪"時，他說："我認罪，我就是想顛覆邪惡政權"；輪到勾洪國時，他說他記憶力不好，上庭前預先寫好的稿子背不下來；周世鋒在庭審時很有風度地向他的同事兼同學黃立群鞠躬道歉，說自己不應該拉他入夥，害他遭受牢獄之災；江天勇面前放了一個很大的提詞器，他也不照著念。他說：我有罪，因為我想實施民主憲政。而 20 世紀 40 年代，中共就是打著"推翻一黨獨裁、實施民主憲政"的旗號，顛覆中華民國，奪取政權的，笑蜀先生編撰的《歷史的先聲》一書很好的驗證了這一點。而今，江天勇"想實施民主憲政"，想實現中共當初的理想，卻成為一椿彌天大罪，實在是太具有諷刺意味了。

中國不是法治社會，而是一黨獨裁。這註定政治犯不會得到公正的審判，比如，對四人幫的審判。江青不要官方指定的律師張思之，因為她很清楚，官派律師代表黨，無論哪個官派律師為她辯護，她都得不到公正審判，她索性自我辯護。事實也是這樣，所謂的四人幫受到審判，其實他們四個人是被推出來的替罪羊，最大的罪犯毛澤東並沒有被審判。製造人禍餓死 3000 多萬人、發動文化大革命鬥死無數人的劊子手毛澤東仍然被歌頌，他的頭像至今仍然懸掛在天安門城樓上。"中國搖滾之父"崔健曾經說過："只要天安門上掛著毛澤東像，我們都是一代人。我們都是這個時代的難民。"

709 大鎮壓前後，先後有範木根因捍衛家園而入獄八年；高瑜因傳播"七不講"獲刑；許志永、丁家喜、唐荊陵、秦永敏因宣導公民社會入獄；郭飛雄等因推動南方街頭運動被抓；賈靈敏因抗強拆普法身陷囹圄；伊力哈木因為宣導民族和平交流被審判；王默劍指獨裁支持占中入獄；建三江四律師因捍衛基本人權被打斷 24 根肋骨……

而今，709 大鎮壓的受難者群體也坦然面對這世紀大審判。這些中國公民用他們的生命推動中國民權運動。還是那句古話：民不畏死，奈何以死懼之？

以後在民主的中國，在未來的教科書上，這次審判將是一次授勳。

（六）守夜人被團滅之後

維權律師堅持為民請命，是這暗夜裡的守夜人，他們在黑暗中用法律的盾牌擋住無數的暗箭。當守夜人被團滅以後，野蠻人闖進人們的家園時，就沒有人為他們抵擋廝殺了。

香港的一國兩制搞了十幾年，雖然中共不斷"摻砂子"，但基本上還是個有言論自由的地方。香港的商業氣氛濃厚，有些書商就瞅準大陸不能談論政治人物留下的市場空白，出版一些大陸政治內幕和領導人、太子黨貪腐方面的書籍來賺錢。中國大陸出國的人到香港坐飛機或者轉機，很多人都習慣在香港機場買上幾本這樣的書在飛機上看。書裡面的內容真真假假，作者那麼一說，讀者那麼一聽，誰也不太較真，也就是增加一點茶餘飯後的談資。江澤民雖然在香港教訓記者"too young too simple, sometimes naive"，但是對於香港滿大街售賣關於他和歌星宋祖英的緋聞的書籍，他也不過睜一隻眼閉一隻眼。因為 1997 年說好了"馬照跑，舞照跳"，香港 50 年不變嘛！

香港銅鑼灣書店出版了不少大陸政治題材的書籍，賣得還不錯。這回他們又拿到一個勁爆的書稿，想出版這本書賺點錢。但是這一回他們攤上大事了。在 709 大鎮壓中人權律師成批失蹤後不久，那只刺青著中共黨徽的魔爪向他們伸了過來。2015 年 10 月下旬，銅鑼灣書店的股東、經理共五人相繼失蹤。其中呂波和林榮基是在深圳失去聯絡，張志平在東莞被帶走，李波是在香港柴灣同客人到書庫取書後失蹤的。而擁有瑞典公民身份的桂民海的遭遇則更玄乎，他在泰國芭堤雅一間公寓被不明男子帶走，這說明"失蹤模式"不但從內地延伸到了香港，那只黑手臂還伸進了泰國，對他國公民進行跨境抓捕。五年以後的 2020 年 1 月，寧波市法院判處桂民海 10 年有期徒刑。當瑞典政府抗議中共非法審判瑞典公民桂民海時，中國政府的回答是 2018 年桂民海本人已提出申請，恢復了中國國籍。一個外國人被關在中國的監獄裡，會主動申請加入中國國籍？連驚悚小說都不敢這麼寫。

銅鑼灣書店計畫出的那本書叫《習近平和他的情人們》。看來那個喜歡腆著大肚子閱兵的人，很不喜歡人群中有個小孩說他光著屁股沒穿衣服。

雷洋是中國人民大學環境學院 2009 級碩士研究生，畢業後在北京工作，就職於國務院國有資產監督管理委員會下屬的中國循環經濟協會，生前職務是協會生態文明中心主任。雷洋是中共黨員，生前在微信朋友圈中稱自己不關心政治，不說負能量的話。雷洋的妻子回憶說，2016 年 5 月 7 日這天是他們的結婚紀念日，晚上 9 點左右，雷洋離家準備去首都機場接親戚。他路過了社區附近的一家足療店，9:14 分被便衣員警拘捕。對方稱懷疑他在足療店嫖娼，雙方發生拉扯。雷洋在被員警制伏的過程中死亡，生命定格在 29 歲。雷洋家屬抵達派出所時被告知，雷洋因心臟病突發死亡。5 月 8 日凌晨 4 時 30 分，親屬見到了雷洋屍體。雷洋妻子後來在報案書中稱，"家屬在 8 日凌晨在中醫院太平間、和 13 日在北京市公安局法醫中心屍檢前，都看到雷洋身上右額部被重擊瘀腫、陰部睪丸腫脹、右上臂、腰部、臉部都有嚴重傷痕。"

儘管官方一再把輿論往"雷洋有沒有嫖娼"的方向上引，但明眼人很清楚，本案的核心是雷洋是怎麼死的，現場到底發生了什麼。早在 2012 年底，北京市公安局就為一線執法單位和員警配齊了具備攝錄功能的現場執法記錄儀，同時制定了《現場執法記錄工作管理規定（試行）》，明確要求，巡邏盤查、調查取證、治安檢查、交通管理、消防檢查等所有的現場執法行為都要應用"規範執法通"等現場記錄設備進行全程錄音錄影，對所有執法細節都要依照規定程式和要求記錄在案，並在 24 小時內嚴格備份歸檔，不得隨意刪除，以備檢查。但北京昌平分局東小口派出所副所長邢永瑞接受《人民日報》記者採訪時稱，當時是便衣出警，未佩戴執法記錄儀。能夠還原事故現場的，還有龍錦苑東五區社區門對面有兩個360度攝像頭，可以清晰看到事發地。5月9日下午，雷洋的同學曾去天鑫家園物業申請查看監控視頻，物業跟他們說，“監控錄影壞了”。而5月9日上午北京公安局刑偵部門曾去找過物業。

以魯難組織的人大校友會為代表，全國很多知名高校都組織了校友會，發起簽名和舉牌要求徹查雷洋案，我也參與舉牌聲援雷洋案。儘管社會普遍指責警方故意殺人，但最終官方做出了對警務人員不起訴的決定。據傳，雷洋家屬拿到了1200萬元的巨額封口費。雷洋冤案就此石沉海底。

“監控錄影壞了”的事情還在繼續發生。2017年11月23日媒體報導，北京朝陽區管莊紅黃藍幼稚園新天地分園一班級的幼兒遭到老師針扎、並被餵食成分不明的白色藥片，網上還傳出幼兒被性侵的傳言。警方介入調查後發佈了《情況通報》，通報稱，經調取涉事班級監控視頻存儲硬碟，發現已有損壞。經專業公司技術檢測，系多次強制斷電所致。網民“任易”質疑，過去五年，北京市朝陽區教委進行“平安北京”的建設，實現了教委對下屬幼稚園視頻監控的集中管理，在朝陽區教委的監控中心的大屏上，即時輪播下屬各中小學和幼稚園的監控視頻。據其瞭解，視頻斷開即發送報警，並記錄報警資訊。若幼稚園視頻監控斷網，則朝陽區教委將偵測到網路中斷的警告，同時記錄報警日誌。因此，如果教委沒有報警記錄，則幼稚園存在故意毀滅證據的情況，應受到法律追究；如果有，而教委未進行處理，則證明後者存在重大失職。官方並沒有理會這些質疑。照例以造謠為由抓捕了幾位網民，並通過經濟補償對家長進行封口。此案的真相最終不了了之。那時我正在逃亡途中，從網路上看到紅黃藍幼稚園虐童事件的大量資料後，非常氣憤。

2017 年 11 月 29 日深夜，我寫下一首詩《紅黃藍》。

《紅黃藍》

小時候學畫
以為三原色最純粹
愛極了蒙德里安

長大後才知道
三原色疊加後的黑並不難看
人民被虐殺真相被掩蓋才最黑暗

紅是殘暴的顏色，廣場上流淌著鮮血
黃是色情的顏色，連幼童也不放過
藍是悲哀的顏色，打工者在寒風中被肆意驅離

如果在這塊土地上
紅黃藍註定被邪惡的力量控制
我寧願不再畫畫

如果在這片天空下
人民繼續被匪徒綁架成為人質
年輕人必將撕碎那血一樣的旗幟

當霧霾散盡冰雪消融
紅的黃的格桑花映著藍天

一個自由新世界就會到來

紅黃藍虐童事件被媒體踢爆的同時，北京又發生了一件大事。2017 年 11 月 18 日，大興區西紅門鎮新建二村發生重大火災事故，造成 19 人死亡，8 人受傷。火災發生後，2017 年 11 月 20 日起，北京市部署開展為期 40 天的安全隱患大排查、大清理、大整治專項行動。北京市委書記蔡奇在講話中強調，首都的安全穩定再怎麼強調都不過分，要把維護首都安全穩定作為最大的政治責任，要求驅趕"低端人口"要敢於刺刀見血。

於是，北京市政府藉機驅趕持有外地戶口、低收入、低學歷和從事低端產業的所謂"低端人口"。很多出租給外地工人的公寓被停止供應電力和暖氣，30 多萬人一夜間流離失所。這些為北京服務多年的底層勞動者，北京市政府不僅不感謝他們，反而稱他們"低端人口"。他們在滴水成冰的冬夜，扶老攜幼蹣跚向城外走去。這個場景令人想起紅色高棉波爾布特在柬埔寨驅散金邊市民和德國納粹在水晶之夜驅逐猶太人……

就在唐吉田、江天勇、王成、張俊傑四位律師在建三江失蹤的一個星期前，2014 年 3 月 18 日，在河南省蘭考縣縣委常委擴大會上，習近平提醒全黨注意"塔西佗陷阱"："古羅馬歷史學家塔西佗提出了一個理論，說當公權力失去公信力時，無論發表什麼言論、無論做什麼事，社會都會給以負面評價。這就是'塔西佗陷阱'。"他進而闡發說："我們當然沒有走到這一步，但存在的問題也不可謂不嚴重……如果真的到了那一天，就會危及黨的執政基礎和執政地位。"不知道709 律師和公民被迫在電視認罪的那一天，算不算他們"真的到了那一天”。但是紅黃藍事件中兒童權益受到侵犯時，在 30 多萬 “低端人口” 被連夜驅逐出北京時，我們再也沒有看到像海南萬寧事件發生時的王宇、唐吉田律師那樣的維權律師的身影。

建三江的洗腦班雖然被人權律師和維權公民搗毀了，但是產生洗腦營的體制卻毫髮無損。洗腦營這株惡之花在新疆維吾爾族自治區的土壤裡又紮下根來。陳全國調任新疆後，自 2017 年年初起大量修建或擴建再教育基地，把幾十萬甚至上百萬維吾爾族人投入到 “再教育營” 裡進行封閉式教育改造。與此同時新疆當局先後增加招募 3 萬多名員警，設立遍佈新疆全境的 7300 個安全檢查站，新疆各縣市當地政府在大街小巷設立了成千上萬個 “便民警務站” 進行一系列維穩行動。新疆當局在 2016-2017 年間為這些警務站招聘了 9 萬名協警，2017 年遭刑拘人數猛增至 2016 年的 7 倍。雖然新疆人口只占全國總人口的 1.5%，但刑拘人數占全國總刑拘人數的 21%。新疆當局引進最新科技、打造全面覆蓋的網路監控系統，擴大強化安防監控。2018 年，中共在新疆已經打造完成了一個 “百萬人集中營”，可與德國納粹的集中營相比，因此中共被國際社會稱為 “赤納粹”。

除了紅黃藍幼稚園的監控視頻和雷洋案的攝像頭損壞之外，中國近些年發生的公共事件中，官方鮮見公佈完整視頻，藉口無一例外都是攝像設備損壞，以至於當事件發生之始網友都能準確地預測攝像頭是損壞了的。但是政府用來監控民眾的攝像頭品質卻出奇的好。就在紅黃藍幼稚園的監控視頻 “損壞” 不久，BBC 記者沙磊在貴州監控中心進行了一次實地測試。他讓貴陽警方將自己的照片列入資料庫 “黑名單” 內，模擬被公安通緝，測試警方能在多少時間內追蹤到他。結果記者坐車到市中心下車，並走到車站，指揮中心就獲得來自車站 “西客站售票廳北安檢 4 號機 "發現沙磊" 的畫面，並精確定位在 "售票廳中間柱子邊"，幾名警員迅速上前包圍他。這整個過程，只花了 7 分鐘。

英國作家奧威爾在中共建政那年出版的小說《1984》裡描述了著名的 "老大哥在看著你" 的場景，68 年後被英國 BBC 的記者在中國體驗到了。哈佛大學的孔傑榮教授感歎，2020 年平均每 2 個人中國人擁有一個攝像頭，現在中國正處在《1984》所描述的那個時代。14 億中國人民的生活，被政府全方位監控，他們生活在全世界最大的視頻監控網中。幾年後，中國藝術家徐冰利用無所不在的公共監視視頻，剪輯出的一部藝術電影《蜻蜓之眼》，就是對此現象極度憂懼的藝術作品。

中共在對人民的監控和維穩上耗費鉅資。2013 年中國國防預算支出為 7201.68 億元，"維穩費用" 預算約為 7690 億元，超過國防預算，也就是每個中國人每年交的稅金中，其中有 592 元用來 "讓政府監控自己"。這僅僅是 2013 年的資料，而這個數位每年都在上漲。

對於把 709 律師這群 "守夜人" 團滅以後，闖進公民權利後院大肆踐踏的 "野蠻人"，一位在上海打工的普通的湖南女孩表達了她的態度。2018 年 7 月 4 日，董瑤瓊把一瓶墨汁厭惡地潑在立於上海海航大廈門前的巨幅習近平畫像的臉上。一邊潑一邊說："反對習近平獨裁專制暴政……對，我今天就潑墨他了，我看他能把我怎麼樣！習近平，我在這裡等著你來抓我！"

（七）拉清單

二戰以後，人類痛定思痛。聯合國大會於 1948 年 12 月 10 日在法國巴黎夏樂宮通過的一份旨在維護人類基本權利的文獻——《世界人權宣言》，事實上確定了人權高於主權的普世價值。1966 年聯合國再次通過兩項人權公約，《公民權利和政治權利國際公約》和《經濟、社會及文化權利國際公約》。《公民權利和政治權利國際公約》規定了公民個人所應享有的權利和基本自由。主要包括：生命、自由和人身安全的權利，不得使為奴隸和免於奴役的自由，免受酷刑的自由，法律人格權，司法補救權，不受任意逮捕、拘役或放逐的自由，公正和公開審訊權，無罪推定權，私生活、家庭、住房或通信不受任意干涉的自由，遷徙自由，享有國籍的權利，婚姻家庭權，財產所有權，思想、良心和宗教的自由，享有主張和發表意見的自由，結社和集會的自由，參政權。1998 年 10 月 5 日，中國常駐聯合國代表秦華孫大使在聯合國代表中國政府簽署了《公民權利和政治權利國際公約》。

從中共發動的 709 大鎮壓來看，中共再一次向世界證明，他們並沒有打算執行國際人權法案。

習近平 2014 年 1 月 7 日在中央政法工作會議上講話：“實際上啊那些錯誤執行者，它也是有一本帳的，這個帳是記在那兒的。一旦他出事了，這個帳全給你拉出來了。別看你今天鬧得歡，小心啊！今後拉清單，這都得應驗的，不要幹這種事情，頭上三尺有神明，一定要有敬畏之心！”

就在實施 709 大鎮壓的國保和員警們“鬧得歡”的那一年，美國參議院年底通過了《全球馬格尼茨基人權問責法》，授權美國政府對違反人權及顯著腐敗的外國人士實施制裁，例如禁止入境、凍結並禁止官員在美國的財產交易。2016 年 12 月 23 日，此法案附加於美國年度國防授權法中，成為法令。

在人類文明發展到 21 世紀的今天，中共仍打著"國情特殊論"和"互不干涉內政"的幌子大肆製造人權災難，有目共睹。2017 年 1 月，中國維權人士在美國成立中國人權問責中心。7 月，追查迫害法輪功國際組織提交了迫害法輪功的中國政府人員名單；9 月臺灣法輪功人權律師團向美國國務院、國會 CECC 提交包括前中共中央總書記江澤民、前中共中央政法委書記羅乾等 40 名被控告的中共官員名單。同期，世界 23 個組織包括自由之家、人權觀察、記者無國界以及歐洲的人權團體，聯合向特朗普政府提交包括阿塞拜疆、巴林、中華人民共和國、剛果民主共和國、埃及、埃塞俄比亞、利比里亞、墨西哥、巴拿馬、俄羅斯、沙烏地阿拉伯、塔吉克斯坦、烏克蘭、烏茲別克斯坦和越南等 15 國共 17 人制裁名單，包括中共公安部副部長傅政華、北京公安局副局長陶晶在內。

中共第一個被美國政府拉清單的是北京公安局朝陽分局局長高岩。2017 年 12 月 21 日，美國政府第一次宣佈執行制裁 13 名嚴重侵害人權與貪瀆之外籍官員，另有 39 名與這 13 人相關之人士或實體，也遭到制裁。美國總統川普表示，名列黑名單的制裁對象侵犯人權與貪腐情事的嚴重性，已達危及國際政治與經濟制度之穩定的程度。高岩受到制裁，與他涉嫌迫害人權活動家曹順利女士至死有關。2013 年 9 月 14 日，人權活動家曹順利女士從北京國際機場出發，準備去日內瓦參加聯合國的人權會議時被北京國保帶走。她在羈押期間遭受到酷刑，導致健康惡化。在曹順利臨近死亡時，中共當局才允許、並強迫家屬簽署一份向監獄申請讓她取保候審，去其他醫院接受治療的聲明，以逃避她將在公安醫院去世的責任。2014 年我和王宇律師在聯合國參與對中國《消除對婦女歧視公約》執行情況進行審議的會議的時候，在日內瓦我們曾為在監獄裡得重病卻得不到有效治療的曹順利"爭取早日取保就醫"努力過。但對於"紅色魔鬼"來說，這種努力是無效的。我們眼睜睜地看著曹順利在魔爪中受虐死去，卻無能無力。

目前，包括陳全國在內的 9 名新疆官員也進入了美國政府公佈的制裁名單。根據《全球馬格尼茨基人權問責法》，總統每年應向國會報告被實施制裁的外國人姓名、制裁類型以及原因。在 709 大鎮壓中鬧得歡的大小官吏們，都有機會被拉清單。

聯合國、歐盟、美國、英法……全世界都在關注 709 大鎮壓。西方各國駐中國大使館紛紛會見 709 家屬和辯護律師，聽他們講述 709 大鎮壓的真實情況，並為他們發聲。

聯合國人權高專辦和歐美各國機構多次強烈譴責中共當局在 709 大鎮壓中對人權捍衛者、人權律師和維權積極分子的打壓。

2016 年 1 月，美國、英國、日本、德國等 12 個國家發表聯合聲明，譴責中國大規模逮捕和打壓維權律師和人權捍衛者的行為。

2017 年 9 月 5 日，人權觀察發佈《國際倡議的代價：中國對聯合國人權機制的干預》的報告，報告長達 122 頁，詳盡說明中國政府是如何騷擾人權捍衛者，尤其是來自民間的維權人士。

國際特赦發表聲明說："中共當局對 709 律師和公民案的抓捕、酷刑、起訴、判決等所有的行為，都是違反中國現行法律的。"王全璋律師被宣判後，該組織形容中國當局的判決結果是"可恥的"。"王全璋和平地為中國人權發聲卻受到了懲罰！他必須立即被無條件釋放。"

中國維權律師關注組長期關注 709 大鎮壓的受害者們，他們出版了《709 大抓捕報告》，還拍攝了紀錄片《709 的人們》。

在 709 大鎮壓期間，王宇獲得特拉裡奧國際人權獎和美國律協頒發的國際人權獎；王峭嶺獲得"法德人權和法治獎"；吳淦獲得"劉曉波良知獎"；李和平、李春富、張凱、江天勇獲得了美國對華援助協會頒發的"捍衛中國宗教自由和法治勇氣獎"；王全璋獲得青年中國人權獎、奧斯卡人權獎；李文足獲得"法德人權和法治獎"、余文生獲得"法德人權和法治獎"……

四年多來，大量國際媒體一直在跟蹤報導 709 大鎮壓系列案的進展，這給予了中國人權捍衛者很大的鼓勵和支持。

習近平的父親有一張非常有名的照片。蓬頭垢面的習仲勳，脖子上掛著一塊寫著"反黨份子習仲勳"的大牌子，被一群紅衛兵押著在遊街批鬥。據"陝西師大八一戰鬥隊批習組"整理的批鬥記錄：習仲勳在文革期間遭到批鬥，並被逼承認有"反黨野心"和"攻擊偉大領袖毛主席"的罪行。革命群眾逼習仲勳承認宣揚吹捧高崗，習仲勳被迫承認"以前與高崗一起反黨、反毛主席。以後就是策劃編反黨小說《劉志丹》"。革命群眾又指控習仲勳攻擊毛澤東豎立的"三面紅旗"（社會主義建設總路線、大躍進運動和人民公社）。習仲勳只得承認自己在銅川一個農村大隊說過這樣的話："現在的情況是政治工作差；口糧差，配備雜糧多；人口流動大……社會主義中國的農民比外國的工人都好，要是在外國早就造了反了。"當時的"革命群眾一口咬定習仲勛這是在搞反革命輿論，煽動人民群眾造反鬧事，搞"匈牙利事件"（指反黨反社會主義）。父親蒙冤時，習近平才 10 歲，也被打成黑幫子女，遭受牽連。

一樣的剝奪自由，一樣的自證其罪，一樣的遊街示眾，一樣的子女受牽連……習仲勛的兒子習近平，並沒有從父親所受的迫害中得到良知的救贖，也沒有繼承其生父的樸實品格。影響習近平紅衛兵人格形成的青少年時代，中國正處於上山下鄉的文革時期，這從習氏後來的話語資源的貧乏也可一窺端倪。他沒能接受現代文明的系統教育，他的思想資源局限在文革時期的《毛澤東選集》、沒人性的批鬥大字報以及高音喇叭裡那些"追英趕美、解放全世界"的狂妄宣言裡。他更像是毛澤東的兒子，發動了這場對人權律師和維權人士的批鬥，走向二次文革。

當習近平用"拉清單"嚇唬他的那些貪官污吏時，不可能不知道，中共執政 70 多年來給中國人民造成的人權災難罄竹難書，那本帳一直記在那裡。至於什麼時候把這個帳本的清單給拉出來？按照習近平上臺以後的一系列開倒車走向文革、尤其是 709 大鎮壓這樣公然拋棄法治的速度來看，應該很快了。有些人權人士甚至開始"喜歡"上這個長得像維尼熊一樣的胖胖的、經常讀錯別字的"小學博士"，看著他帶領幾千萬中共黨員，背朝著人類文明進步的方向一路狂奔。他因此又被維權人士稱為中共滅亡的"加速器"。

在資訊發達的 21 世紀，人民的如椽鐵筆，會把中共這個紅色納粹集團所犯罪行的清單拉出來，鐫刻在青史上。

第八章　人權律師唐吉田和離奇的車禍

（一）離奇的車禍

709 大鎮壓無論怎樣拉清單，唐吉田都應該榜上有名，每次官方對民間大掃蕩的大網都不會放過他。不同的是，這次漁獵者換了另外一張綴滿利刃、鈎鈎見血的網。

2016 年 9 月 1 日是唐吉田的生日，加拿大外長給他送上蛋糕，在場的中外朋友一起祝他生日快樂。

第二天傍晚，唐吉田和我在北京高碑店橋東北角興隆公園圍欄外的人行道上行走，突然一輛機動三輪車衝進人行道，從左後方撞向唐吉田，唐吉田大叫一聲。我回過頭一看唐吉田躺在地上，滿臉是血（其實他的血也濺到了我頭上，我直到後來洗臉時才注意到），我急忙衝上前想抓住摩托車，沒想到摩托車不僅沒停，還加大油門逃逸了。我只好回頭扶起唐吉田，我手碰到他的頭，看到滿手的血，我懵了，想不起來打 120 急救電話，當時我給住在附近的朋友打電話讓他們趕緊過來幫忙送醫院。唐吉田已經不能站立，我一個人也挪不動他，只好讓他靠著欄杆坐在路邊。住在這附近的朋友趙中元夫婦很快趕到了，幫我把他抬進計程車，送到興隆公園北邊的中國民用航空局總醫院。北京的趙中元醫生因關心中國的維權事件，在 709 大鎮壓中，他幫助過許多曾經被抓捕的人權律師恢復健康。他曾被員警抓捕、恐嚇，現在他逃亡加拿大，尋求政治庇護。

我用唐吉田的身份證給他掛號看急診，過了一會，來了三輛警車，但員警沒有露面，估計他們找醫生瞭解情況去了。

掛完號，我到急診室，醫生告訴我，初步判斷唐吉田左臂、左腿、左胯骨折，要住院，具體傷得如何需要拍片子，才能知道。因為唐吉田頭上被撞開了一寸寬的口子，耳朵也在流血，需要先在急診室處理，五官科的醫生為他縫合傷口。那時候唐吉田意識還清醒，他安慰我說："只是做個縫合手術，沒大事。血太多，你別看。"之後是去拍 X 光片和 CT 片，拿片子，辦住院手續。等我辦完所有手續，買完基本生活用品，把唐吉田送進看護病房的時候，他因為失血過多，已經昏睡過去。朋友們一直陪著我，在幫忙照料，晚上 11 點左右我讓他們先回去休息。忙完醫院的瑣事，我打電話到北京市朝陽區雙橋交警大隊報案，希望他們立案追查車禍逃逸事件。

我離開醫院的時候已是凌晨一點多，我發現那三輛警車一直在醫院停著，直到我坐計程車離開，那三輛警車才開走。

綜合各種因素考慮，有些朋友懷疑這起離奇的車禍是有司所為。

第二天，我去看唐吉田，他臉色灰白，很痛苦的樣子。他的左臂上了夾板，左腿被醫生用電鑽在腿上打孔，做了牽引固定，還吊了幾塊很重的金屬。我看著很難過，一個活蹦亂跳的人，被莫名其妙地撞了，現在只能躺在床上，像個脫線的木偶一樣。但我只能安慰他："醫生正在準備你的手術，還要等等。你生命力頑強，手術後重新站起來，應該沒有問題。" 當時電鑽鑽骨頭的那股焦糊味，一直彌漫在我記憶裡，至今難以散去。

我問主治醫生唐吉田的傷情如何，醫生說他的胯骨大面積粉碎性骨折，左腿、左手臂、肘部多處骨折，非常嚴重，需要休養幾天，等血腫消了才能做手術。醫生說，幾個部位同時做手術可以減少痛苦次數，但可能需要十多個小時，需要輸血，需要 800CC 的血，讓我去購買血液。

　　購買血液的過程讓我異常憤怒。首先是不讓朋友直接獻血給病人；我們必須拿著醫院開具的證明去他們指定的朝陽公園獻血點，找家人或朋友自願捐獻 800CC 的血給國家血庫；然後拿著獻血憑條，給醫院看後，醫院才批准你購買昂貴的 800CC 血液。當時買這 800CC 的血，花了 1000 多元。也就是說，血液中心和醫院聯手強迫病人家屬獻血，他們無償佔有，之後病人還要出高價從血庫購買高價血液製品。這是對病人進行雙重剝削，他們從輸血這一項上就賺取 200% 的高額利潤。民航總醫院和北京市血庫這次從唐吉田這個病人和他朋友身上聯合賺了 3000 多元。但面對急需輸血做手術的唐吉田，我沒法去維這個權。我熬了幾夜，血估計沒法用，只好發微信向朋友們求助，很多人願意為唐吉田獻血。最早到朝陽公園獻血點的是公民吳芳草和朱玉珍大姐，之後葉海燕從宋莊風塵僕僕地趕過來，結果葉海燕的血液不合格，沒獻成。網上和我聯繫過的江山兄弟，也趕了過來。朱玉珍大姐和江山的血液合格，我終於拿到了獻血憑條。之後，還有一位藝術家小崔從宋莊趕了過來，但朋友們獻的血已經夠了。非常感激這些朋友，在關鍵時刻伸出援手，幫助唐吉田律師度過難關。

　　一位大姐送來鴿子給唐吉田補身體。由於我從小不殺生，所以我要去找一個可以幫助人宰殺活禽的地方。那時候，北京很多地方被拆遷，東五環周邊的生鮮市場差不多快被拆光了，我找了很久，才找到一個可以幫助客人宰殺活禽的店鋪。

唐吉田是個很不願麻煩別人的人，但他躺在床上，自己不能動，也沒辦法。那時候，他需要人照顧，朋友們紛紛過來幫忙看護，還有朋友給他做營養餐送過來。特別要感謝趙中元醫生一家、李海夫婦、葉海燕、杜延林、林蕭、李蔚、陸勇、劉勇、鄭玉明、鄭建慧、吳芳草、童朝平、劉書貴、林子、季新華、祝忠孝、齊月英、野靖春、單雅娟、杜延林、林蕭、陳建剛、余文生、江天勇、付敬東、吳金聖、王譯夫婦等朋友的幫助。

很多朋友想到醫院探望唐吉田律師，但他身體虛弱，在手術前後，不能耗費太多精力，醫院也有探視制度。於是，一位律師和我每天安排三位朋友探視唐吉田，除了個別人外，朋友們都很配合探視規則。住院期間，歐盟人權官員希建國和美國的人權官員顧芮娜以及唐吉田的同學都曾到醫院探視過他。我們也非常感謝文東海、彭劍、江天勇、梁小軍、陳建剛、余文生、李方平等律師的幫助。

北京市雙橋交警大隊的員警終於來了，他們找醫生問了唐吉田的病情後走進病房，開始找唐吉田做筆錄，我在一邊聽著。員警好像對是誰開車撞的人不太關心，他們關注的重點是唐吉田的個人資訊。比如：你做什麼工作？住在哪裡？你收入多少？誰出醫藥費？但這些好像是國保喜歡問的問題，而不是交警。唐吉田要求申請道路交通事故社會救助基金。

問完唐吉田，員警準備離開。我說："你們等一下，我是報案人，也是目擊證人，你們怎麼不給我做筆錄？"他們說："過幾天，你去我們交警大隊做筆錄吧。"我說："我要照顧病人，沒時間去交警大隊。你們既然已經來了，把筆錄一起做了吧！"他們很不情願的樣子，勉強給我做完筆錄。我把交警送出病房，對他們說："希望你們儘快立案，儘快找到肇事司機。"

做手術那天，我和朋友們在手術室守著，八個小時過去了，醫生和唐吉田還沒出來，我們很擔心。童朝平律師出去買了一束鮮花，花上拴了一隻木雕的小猴子，因為唐吉田屬猴，我們都希望"這只猴子"手術成功，不久又能夠活蹦亂跳。又過了一個多小時醫生出來了，說手術很順利，但唐吉田手術失血過多，手術後需要補充輸血。

唐吉田被推出手術室，看見我們很高興。他拉著江天勇律師的手說："沒事，就是覺得很冷很睏。"之後，唐吉田被送進術後監護室住了三天。

朋友們來探視的時候，要給慰問金，被唐吉田拒絕了。他說，2014 年以來，民間維權人士處境日趨艱難，社會資源有限，此次治療不接受任何資助。於是，他委託我對外發佈了一個此次手術拒絕捐助聲明。因為建三江事件後唐吉田被查出腰椎結核，當時陳建剛律師為他募集過一次捐款。但由於當局施壓，手術無法正常進行，因此上次募集捐款仍有積存，此次手術費用暫從上次籌集款項中支取。

我接受唐吉田的委託，全權代理唐吉田"被車禍事件"。我和文東海律師到肇事車輛逃逸的路面和逃逸路線去勘查，發現那一段有幾十個視頻監控探頭。文東海和彭劍律師與雙橋交警大隊交涉要求儘快破案，追查肇事逃逸司機。我也多次去雙橋交警大隊，當面要求調看監控錄影。交警推諉，不給調看監控視頻，他們說，沒有可用的監控視頻，無法找到肇事者。一天我又去雙橋交警大隊，問查案進展。交警不告知查案進展，居然質問我：「唐吉田出院了，為什麼不告訴我們？他現在住在哪裡？他的醫藥費是誰付的？」我說：「讓你們申請道路交通事故社會救助基金，杳無音訊；找你們調看監控錄影，你們推諉不給看；找你們問查案進展，你們永遠說沒有進展；這些都是你們交警的職責，你們不作為。倒是對公民的私人資訊很感興趣！你們究竟是交警，還是國保？」

唐吉田是我見過的最能忍耐疼痛的一個人。醫生給他開的止疼藥他基本上沒吃，但手術時的全身麻醉對他記憶力有很大影響，之後他的記憶力大不如從前。手術後，醫生怕他長期躺著，會導致肌肉萎縮症，讓他用受傷的腿和胳膊做小幅度的恢復運動。他咬著牙忍著疼痛，去做恢復動作，有時恢復的速度居然超出了醫生的想像。漸漸地，他可以坐起來了，然後可以坐輪椅了。經過一個月的醫治，主治醫生說可以出院了，出院後要堅持鍛鍊，恢復腿部的運動機能，並做定期檢查。出院後，趙中元醫生經常幫唐吉田進行按摩，這對他康復身體也起到了積極作用。

但北京霧霾嚴重，北京入冬後也越來越冷，不利於唐吉田的術後恢復。我於是去南方尋找可以養傷的地方。有深圳的朋友希望接唐吉田律師到他家養傷，我去看了一下，覺得那個朋友家相對清靜，深圳冬天的天氣和溫度也適宜養傷，就建議唐吉田去深圳養傷。

對於普通人來說，從北京到深圳是輕而易舉的事情，但對於只能坐輪椅，多處骨折，尚在恢復期，不能行走的唐吉田來說，有很多實際困難。首先，他不能坐火車，他一般坐十幾分鐘的輪椅，就需要躺著休息一段時間，坐的時間太長，他受不了；更不能坐汽車，汽車太顛簸，四處骨折的地方都沒有長好。其次江天勇律師剛因為聲援 709 案的謝陽律師被抓，唐吉田也在當局 709 大鎮壓的涉案名單裡，我們都很擔心他的安全。我想了很多辦法都不行，最後我租了一輛可以躺著睡覺又不太顛簸的房車，把唐吉田從北京運到深圳。由於北方大霧，很多高速公路被封，四天後，房車才到達深圳。不過，能看到唐吉田安全到達深圳，我就很高興了。

我們給深圳的朋友帶來了麻煩。自從我們來了以後，朋友家收到的所有的郵件和包裹都有拆開過的痕跡；我去海邊散步、去市場買菜，都有可疑的人跟蹤；那位朋友也多次被當地警方約談，對方以老鄉的身份警告他，讓他好好賺錢，不要多管閒事。

春節前幾天，我借住的朋友家樓下一直停著一輛警車監控我們，我只好找其地方去住。那段時間，我心情非常灰暗。我只是作為人權捍衛者盡力幫助別人，即使按照當局那些口袋罪的法律條文，我也沒有違法，而當局卻毫無顧忌地對我進行無處不在的監控和騷擾。我非常想擺脫這種監控，但我又清楚地知道，無論我去哪裡，都像是孫悟空翻不出如來佛的掌心。在 2017 年 1 月 1 日深夜，我寫下晦暗的詩句。

《新年的第一天》

新年的第一天
我像個傻瓜
站在車站廣場上哭泣

手裡的票根
不知駛向何方

新年的第一天
我像個幽靈
坐在海邊的石頭上歎息
把心默默地放進瓶子
埋進沙裡

新年的第一天
我像朵水母
不會思想
隨著漆黑的洋流飄蕩
葬身魚腹無影無蹤

（二）唐吉訶德

唐吉田，1968 年 9 月 1 日出生在吉林省敦化市。1992 年畢業於東北師大政治系，獲法學學士學位，期間曾經參與八九民主運動。之後，他曾在延邊第二師範學校任教五年，之後在吉林省延邊州檢察院任檢察官。 在擔任檢察官期間，他通過司法考試，獲得律師執業證。

要是順著在體制內做檢察官這條道走下去，憑個人才華做一個"精緻的利己主義者"，唐吉田可以過上很好的生活。偏偏他是那種嫉惡如仇的性格，常常直抒胸臆，自詡有朝一日定要"虎嘯長白"。他覺得當檢察官的職業特點是在體制內運作，完全受制於這個體制，很難真正體現法律人的價值，而律師則不同，相對來說有一定的自由度，有機會做更多的事情。終於在 2005 年，37 歲的他給自己的人生來了個急轉彎，辭去了檢察官的公職，成為一名執業律師。

2008 年前後，全國環境相對寬鬆，大中型城市的居民社區紛紛成立業主委員會，業委會一般通過業主投票直接選舉產生；同時村民委員會海選也在各地試行；辦案過程中經常受到當局打壓和律師協會鉗制的律師們紛紛站出來為自己維權。

中國民間形容法院貪腐叫"吃了原告吃被告"。從檢察院半路出家的唐吉田顯然比其他人更加瞭解司法體制的潛規則，當然也更加瞭解挑戰體制的潛規則的難度和需要付出的代價。這個東北大漢似乎渾然不顧，甫一入行，就破馬張飛，高舉長槍，直挑體制之積弊，在北京和朋友們共同發起了一件理想主義色彩很濃的大事――北京律協直選。

一些在北京的執業律師也開始起來推動律協直選。

中國法律界的慣例是，律師必須要掛靠在律師事務所才可以執業、律師事務所和律師都要以團體會員或個人會員的方式加入律師協會。但是各地的律師協會根本不是律師自發成立的行業組織，而是由政府司法局掌控的准政府部門，律協會長由各地司法局的廳局長兼任。律協的日常權力由秘書處行使，他們通過控制律師的執業資格年審，來管控律師的行為。秘書處人員也是直接由司法局委派，秘書長和黨委書記基本都是由司法局的人直接擔任。律師協會明年向每一位律師收取高達 2500 元的會費，但是收取的會費並不是用來保護律師權益的。相反，當律師在代理當事人與政府發生利益衝突的案件、遭到政府的干涉與打壓時，律師協會不但不站在律師一邊，還經常會替司法局限制、管束、箝制律師。比如律協會向律師施壓，要求律師退出官方不喜歡的敏感案件的代理，或者要求律師無原則地與官方勾兌，按官方的意願進行辯護。

律師們認為律協收了錢不辦事，甚至反過來欺壓律師，這不公平。而造成不公的原因就在於律師協會不是自發機構，律協的管理機構不是由律師選舉產生，而是由官方任命的。當 2008 年北京律協迎來換屆選舉時，部分律師認為應該爭取讓律協從官辦機構，真正回歸到民間行業自律團體，讓律協真正為律師服務。當年 5 月，十多個律師在秦兵律師的辦公室討論，之後律師們辦了一個律師沙龍，當時有程海、唐吉田、黎雄兵、李蘇濱、張立輝、江天勇、鄔宏威、楊慧文等十多人參加。當時程海是召集人，張立輝是副召集人，唐吉田是秘書。這些律師經常聚集在一起，討論民間版律師協會的章程和選舉辦法。

2008 年 8 月底，35 位北京律師聯名簽署了一份致市司法局和律師協會的公開信《順應歷史潮流，實現律協直選 — 致北京律師、市司法局、市律協的呼籲》，呼籲律師協會進行直選，並附上了他們草擬的選舉程序。公開信認為律師協會缺乏合法的組織程序，無法代表和維護律師的權益，並對收費過高，財務不透明提出了批評。呼籲書獲得了律師們的廣泛回應。

9 月 5 日北京律師協會對這一呼籲發表了《北京市律師協會關於少數律師呼籲所謂「北京律協直選」的嚴正聲明》，指責這一做法是「私自串聯」，稱該呼籲書是「非法的」，「其本質全方位否定我國現行的律師管理制度、司法制度直至政治制度」。律協把律師要求律協直選扣上"律師要顛覆社會主義制度"的帽子。

由於推動律協直選，很多簽署《呼籲書》的律師遭受司法局和律協的打壓和報復。許多簽名律師或其所任職的律師事務所負責人被當地司法局叫去問話，要求他們交代組織或參與直選活動的動機，是否有"外部敵對勢力支持"。律師事務所的負責人被告知，如果有律師不撤銷簽名，其所在律師事務所將在年檢時遇到麻煩。

9月8日，唐吉田所在北京浩東律師事務所以"不要影響律師事務所的前景"為由要求他離職。9月24日，唐吉田律師向北京市西城區法院起訴北京市律師協會，指控北京律協的"嚴正聲明"侵犯了包括原告在內的連署人的聲譽，構成誹謗，不僅違背中國法律，也違反了中國政府已經簽署的國際人權公約。10月中旬，唐吉田律師被迫離開浩東律師事務所。

飯票丟了，但唐吉訶德面對風車挺起的長槍才剛開始舞動。這一次舞動，又把沒端熱的律師飯碗也搞丟了。

2009年4月27日，唐吉田和劉巍擔任律師的法輪功學員楊明刑事案在重慶二審開庭。法庭庭審期間，法庭不讓當事人完整發表自己的意見，也不允許律師發表意見，律師的發言不停地被打斷，被故意刁難、剝奪發言權。在無法正當行使辯護權利的情況下，兩位原律師退庭抗議法院的違法審判。律師退庭是律師捍衛當事人表達權和律師辯護權的一種正常的"自衛"手段。唐吉田因推動北京律協直選一直被北京市司法局記恨，這次司法局算總帳報復他。於是，2010年4月底，北京市司法局以兩人退庭"擾亂法庭秩序"為由吊銷了他們的律師執業證，俗稱"吊照門事件"。

律師退庭是律師捍衛當事人表達權和律師辯護權的一種正常的手段，但在中國這一破壞潛規則的做法就捅了馬蜂窩。司法局原本就對唐吉田推動北京律協直選一事耿耿於懷，這次老帳新帳一起算，正好可以好好收拾他一頓，也可以殺雞儆猴，剎一剎不配合黨的潛規則的"歪風"。

2010年4月22日上午9:30，北京市司法局以二人退庭"擾亂法庭秩序"為由，就吊銷唐吉田和劉巍的律師執業資格證舉行聽證會。兩位原律師為自己聘請了代理律師。劉巍聘請蘇士軒作為她的代理律師，高鳳泉作為預備代理人選，但他們所在的事務所因被遼寧省司法局施壓告知不能參加該聽證代理，被迫於聽證會前一天晚上匆忙返回瀋陽；而劉巍的另一位元代理律師李蘇濱被員警堵在家裡，無法出席聽證會。最終楊金柱和張樹義律師頂住了壓力作為唐吉田的代理人，滕彪作為劉巍的代理人，出席了"吊照門"案的聽證會。

辯護律師認為，律師是否違反或擾亂法庭秩序，應該由審判長或合議庭依據情節輕重作出處理，如果構成刑事犯罪，應該由公安、檢察和法院依照刑事訴訟程式追究刑事責任。在律師因為違反或擾亂法庭秩序，被訓誡、被帶離法庭、被罰款、被拘留或被判刑之後，司法部門才可以根據情節輕重作出是否處罰的決定。沒有任何法律授權司法行政部門判定律師在法庭上的行為是否擾亂法庭秩序。在瀘州中院提交的《司法建議》中，聲稱兩位律師企圖"為法輪功平反"、"利用審判平臺宣揚法輪功"、"引導當事人發表關於法輪功性質的意見"云云，不但與事實不符，主觀臆斷，憑空捏造，而且充滿文革式扣帽子、打棍子那一套。可見真正擾亂法庭秩序、干擾法院獨立審判的是 610、瀘州司法局、及其他幕後勢力。

"吊照門"聽證會引發了大量網民的網上圍觀，民間掀起抗議的聲浪。司法局如臨大敵，在舉行聽證會的地方嚴格布控，警方在門前拉了長達五百米的警戒線，並安排了數十輛警車和大客車值勤。陸續冒雨到達現場聲援的民眾與 200 多員警及便衣對峙。很多律師同仁和公民要求旁聽被拒絕，包括劉沙沙在內的上百名現場聲援的民眾被警方強行用大客車拖走。

眾多中國律師聲援唐吉田和劉巍兩位律師，譴責司法局的做法。他們認為退庭是律師的權利，並呼籲全體中國律師支持他們。李蘇濱律師認為，只有構成犯罪以及判刑的，才會被吊銷律師執業證，而現在僅僅因為他們在法庭上抗議法官違反法庭紀律，就被吊銷律師執業證，這種作法非常惡劣。

法學家賀衛方接受媒體採訪時表示，"吊照門事件"是官方對律師態度惡化的一種表現，危害相當大。律師受打壓的結果，最終導致整個法治遭到損害，整個國民的權利都得不到保障。每年對律師執照的審查情況非常嚴重，維權律師的處境越發危險，隨時可能被吊銷律師執照。唐吉田和劉巍律師被吊照，就是典型的以審查的名義進行打壓。

聽證會上出具的材料，完全不足以形成吊銷律師執業證的證據，但司法局仍然在 2010 年 4 月 30 日作出正式吊銷唐吉田和劉巍律師執業證的決定。

紀錄片導演何楊製作了紀錄片《吊照門》，記錄了當時的真實情況。何楊導演因製作維權紀錄片遭致中共報復，曾被抄家、提審，後來他移民美國。

（三）匹夫無罪，懷璧其罪

在中國，律師如果接手人權案件，就已經走上了犯罪的道路；如果接手信仰犯、思想犯和良心犯的案件，就成了這個國家的敵人。

中國律師獨立執業可以分為三個層次。最基本的是 "張三偷了鄰村李四家的牛" 一類，即民眾相互之間的糾紛，像離婚、遺產權的爭執等。在這些領域，律師的獨立執業是完全放開的。這樣的律師在政府的眼裡是無害的，還可以拿來裝點 "依法治國" 的門面。第二個層次是民告官。例如那段時期大量湧現出來的強拆案，本質上是民眾的財產權受到公權力的侵害。這些案件的律師經常讓政府很丟面子，從而招至刁難和打壓。但是在最高執政者眼裡看來，蓋子實在捂不住了可以把地方官拋出來丟車保帥，通過他們所控制的宣傳機器隨時把劇情反轉，民眾的悲劇輕輕鬆鬆就可能變成 "貪官可惡，皇上聖明" 的官宣喜劇。因此這些律師的獨立執業的空間雖然狹窄，也能存在。第三個層次則是涉及信仰犯、思想犯的人權案件的代理。這類案件是由超越法律體系的行政部門作出指示、機構先行定罪、量刑，然後再由法院象徵性地為被告指定律師，在法庭上作一番表演，把事先確定好的量刑宣讀一下，草草收場。因為良心犯和思想犯往往觸及中共賴以存在的謊言或其欺騙性的理論基礎，中共欲第一時間除之而後快，這是容不得律師進行辯護的。

在延邊當檢察官時，唐吉田看到了太多的"葫蘆僧判斷葫蘆案"這一類的冤假錯案。同樣的案件，有沒有人打招呼、有沒有人送禮，最後的定罪和量刑大不一樣。這讓唐吉田覺得與那些枉法的同事同流合污很恥辱。把檢察官的工作辭掉，做律師後，他覺得自由度大很多，至少可以潔身自好，可以不幹昧良心的事。他剛開始的計畫是做一個婚姻家庭財產糾紛領域的律師，但嫉惡如仇的個性卻讓他走上了人權律師的道路。

唐吉田第一次接觸到法輪功案是和黎雄兵律師一起去雙鴨山。黎雄兵給他看了案子的情況，他瞭解到大量的法輪功學員遭受酷刑、被強迫失蹤等的情況。在跟當事人的家屬實際接觸中，唐吉田發現他們都比較善良，對律師也比較尊重，而且他們從不提如何與官方勾兌把人撈出來的要求，只講要依法把有罪沒罪搞清楚。雖然後來那個案子唐吉田沒有實際介入，但卻激起了他的悲憫情懷。

2008 年一個偶然的機會，他和程海等人介入了河北省石家莊市的黃偉、郝秋豔案。這一對練法輪功的夫妻被強迫失蹤了。唐吉田在動員當事人家屬積極參與的基礎上，綜合使用到檢察院等部門投訴控告、打市長熱線電話、去政法委、街道辦及 610 辦公室當面交涉等方法，終於將夫婦二人從洗腦班（即所謂"法制教育中心"）解救出來。

那些年，中國大部分律師已經開始有了自我審查，那就是凡是法輪功的案子都不接。似乎接案子幫法輪功學員辯護就意味著與政府作對。只有高智晟、程海、黎雄兵、江天勇、李和平等少數律師願意接法輪功學員的案子。唐吉田很憤怒：法輪功學員這部分公民群體，他們的公民權利怎麼可以如此粗暴地被剝奪呢？怎麼可以被置之於法律之外肆意踐踏呢？於是他介入代理了很多法輪功案件：成都鐘瓊芳案、雞西劉景祿夫婦案、瀘州楊明案、黑龍江建三江案……他成了少數勇敢地堅持維護法輪功人群的基本人權的律師之一。

介入法輪功人群的案子多了，唐吉田接觸到越來越多觸目驚心的事實。官方對於法輪功人群的打擊，聽從 610 辦公室這一政府機構的指揮，完全游離於法律之外。他們不遵守法律程式、強迫失蹤、酷刑虐待……無所不用其極。在肉體迫害之外，大批法輪功學員被關進洗腦班，強迫接受洗腦轉化，很多人被施以酷刑。隨著法律救助的不斷深入，唐吉田發現法輪功學員案涉及人員數量龐大，而 610 組織指揮嚴密並持續對法輪功學員群體進行長期迫害，這完全是一個蓄意製造的巨大人道災難。唐吉田說："一個律師如果沒有真正為法輪功學員做過辯護和代理，他就不知道中國的人權災難有多深。"

唐吉田在法庭上曾經說過，這是繼納粹迫害猶太人以來的又一次人類的災難；所不同的只是納粹是出於種族優越，而中共則是擔心法輪功群體與他們爭奪民心。

唐吉田在獲得 2018 年法蘭西共和國"自由－平等－博愛"人權獎時，曾在獲獎答謝詞中說道："當下的中國大陸已走到非常關頭：是擁抱文明還是選擇野蠻；是踐行普世價值還是力推叢林法則；是抱殘守缺強化極權模式還是除舊迎新走向民主政治，已經沒有多少時間可以搖擺了。"

當不少優秀律師站出來向公民提供法律援助時，律師自身的權益和安全卻保不住了。律師被當局抓捕、酷刑、迫害的事例層出不窮。

有鑑於此，2013 年 9 月 13 日，唐吉田和江天勇、王成三名中國律師發起成立"中國人權律師團"，目的是為中國公民提供更及時有效的法律服務、維護公民權利、促進中國人權發展。人權律師團成立公告如下：

《中國保障人權律師服務團成立公告》

自今年四、五月眾多因參與要求官員財產公示等公民行動的公民被抓，到八、九月份眾多線民因所謂傳謠、造謠被抓，再到今天王功權先生被以所謂涉嫌聚眾擾亂公共秩序罪刑事拘留，我們有足夠的理由可以認為當下的中國又到了一個或重大進步或重大退步的關鍵十字路口。

我們無法保持沉默，我們必須發聲，因為我們是公民，我們才是這個國家的真正主人：

一、首先，我們必須重申現行《憲法》第二條中華人民共和國的一切權利屬於人民。

人民行使國家權力的機關是全國人民代表大會和地方各級人民代表大會。

人民依照法律規定，通過各種途徑和形式，管理國家事務，管理經濟和文化事業，管理社會事務。

第三十三條凡具有中華人民共和國國籍的人都是中華人民共和國公民。

中華人民共和國公民在法律面前一律平等。

國家尊重和保障人權。

任何公民享有憲法和法律規定的權利，同時必須履行憲法和法律規定的義務。

第三十五條中華人民共和國公民有言論、出版、集會、結社、遊行、示威的自由。

第四十一條中華人民共和國公民對於任何國家機關和國家工作人員，有提出批評和建議的權利；對於任何國家機關和國家工作人員的違法失職行為，有向有關國家機關提出申訴、控告或者檢舉的權利，但是不得捏造或者歪曲事實進行誣告陷害。

二、根據已知的丁家喜、趙長青、劉萍、李思華、魏忠平、王永紅、許志永、郭飛雄、唐荊陵等人所涉案件的資訊、結合我們的法律專業知識，秉持人類的基本良知，我們可以做出判斷：

丁家喜、趙長青、劉萍、許志永、郭飛雄等人不是什麼所謂的聚眾擾亂社會秩序、非法集會的犯罪嫌疑人，而是優秀的合法的公民，他們是為了人民的幸福、國家的強大而合法的行使自己的公民言論自由權利，他們的行為不構成任何犯罪行為。

他們不僅無罪，而且有功，他們是民族的良心，國家的脊樑，應該得到合法公正的對待，必須立即即予以無罪釋放！

三、從打擊公民行動、到打擊所謂網路謠言、再到今天刑事拘留王功權先生，這一系列的行為，引發了巨大的非議，公民社會網路社會普遍質疑反對。但相關機關絲毫沒有收手的意思，反而是變本加厲步步升級。大眾在疑惑中發問：這只是部分公權力機關的意思？還是整個最高層級國家機關的意思？這是維護社會秩序的需要？還是貪腐勢力壓制公民言論自由網路反腐大潮的需要？

今年因眾多優秀公民因行使自己的公民權利被抓，律師界先後組織了多個個案律師團，但從今天王功權先生被刑事拘留來看，類似的事情還會有很多，這種為個案而組織律師團的方式不足以應對。

為了更好的服務社會、保護公民權利，推進國家法制建設，我們認為有必要在律師界發起成立一個保障人權律師服務團（以下簡稱人權律師團），相關具體內容如下：

人權律師團的主要工作事項是為因行使自己的公民權利而被採取拘捕審判的公民提供法律服務，包括但不限於法律諮詢、刑事辯護、申訴、控告等。

所有的中國律師均可自由參加此人權律師團，誠邀律師界同仁積極參加律師團。

人權律師團是人權律師的自由聯合協作方式，所有參加人權律師團的律師地位都是平等的。

保障人權律師服務團發起人：唐吉田、江天勇、王成律師

2013 年 9 月 13 日

2020 年，中國人權律師團已有成員 300 多名律師。中國人權律師團是一個開放性的律師協作平臺，通過發起聯合聲明、介入人權案件或事件等方式為保障人權、推進法治進行了諸多努力。認同人權理念、願意維護公民基本權利的中國律師均可通過人權律師團任一成員介紹並聲明加入。人權律師團成立以來，每年都會發佈當年的十大人權案件，並對人權案件進行梳理，發表專業評論。

如今，唐吉田因腰椎結核、2016 年車禍，身體十分虛弱，已不再擔任人權律師團的連絡人。人權律師團的另外 2 位發起人也都已不再擔任人權律師團的連絡人，由人權律師團其他成員輪流擔任連絡人。其間，江天勇律師曾退出人權律師團，之後又重新加入。中國人權律

師團在風雨飄搖的中國法治環境中一直在茁壯成長，繼續捍衛中國的人權，盡力推動中國的法治進程。

唐吉田一腳踏進了人權律師這個與當局者衝突最激烈的領域，既要為信仰犯、思想犯和良心犯維權，又要為被抓的維權律師維權。他懷揣著人權至上的法治理想，而在當今的中國，這個理想就是罪。他頂著莫須有的罪名和忍受著殘酷的迫害，一路前行，從不放棄。

（四）不屈的歌者

唐吉田喜歡唱歌，歌也唱得好。我們聚會時，因為我的名字叫向莉，他經常都會深情款款地為我唱上一首《好一朵茉莉花》或者《月亮代表我的心》。他記性好，會唱的歌也多。不過大多數都是他們那個年代的流行老歌。他最喜歡唱的還是那首《少年壯志不言愁》。每一次唱起這首歌時，我都能感受到他那份"虎嘯長白"的豪情和越挫越勇的樂觀精神。

中國人常用詩和歌言志。魯迅說，我們從古以來，就有埋頭苦幹的人，有拚命硬幹的人，有為民請命的人，有捨身求法的人。唐吉田大概是反覆吟頌過這篇課文的。中國不乏鼓足勇氣者，但很多人在遭受過中共當局的酷刑後，甚至被中共喝茶訓誡一兩次以後，就知難而退了。唐吉田明知那一張無形的大網時刻都在他的頭頂上籠罩著，卻仍然橫刀立馬，拉開一副雖千萬人吾往矣的架勢，要往敵營裡去殺個幾進幾出。他說："我們做律師，最關心的是人的權利，在具體問題的理解上，可能會有差異，但不影響我們去要求人權或實現人的這些權利。"

"我們要拆掉人權迫害的每一個零件"，唐吉田說。"有的案子雖然批捕了，但是按照它所謂的規定，批捕之後要偵查兩個月，在偵查的過程中，我們仍然要讓公安撤案，而且要由檢察院監督公安撤案。因為，既然從法理上說他無罪，檢察院即使批捕了，也不應該立案，應立即撤案，檢察院有義務監督公安撤案。現在就是要把這些公檢法的人，從盲目地、機械地執行命令，轉到他必須從法理上動腦思考：他自己做這些事，現在意味著什麼？將來意味著什麼？要知道，沒有任何一個頭頭在這些非法的事情上願意留下他們的簽字的，一般都是口頭的，就像'610'的文件，早期還有，後來怕洩密，基本都是口頭的，口頭傳達或者說文字宣讀完以後收回，然後這文字就銷毀了，違法嘛。我們就是要拆掉它迫害人權的每一個零件，從本質上就不承認它，對它所有的迫害，我們都要去揭露。"

唐吉田是最有資格說這番話的律師之一。在幫助其他受迫害的人士討還公道的過程中，他自己也親身經歷了殘酷的迫害。

2011年2月16日中國版的茉莉花革命前夕，唐吉田被抓捕。2月16至3月5日在北京先後被國保秘密關押於三個地方。在此期間經歷了數次戴黑頭套(開始是黑塑膠袋)、戴手銬、一個星期左右不讓睡覺、長時間練軍姿(坐、站、蹲等)等折磨。更惡劣的是，還遭國保用高倍數燈泡烘烤，再用空調冷風吹凍，直到他患上肺結核並咳血，體重從130多斤降到不足100斤。釋放後，他被警方送回吉林老家，奄奄一息。

2013年10月16日，唐吉田陪同虎林市公民楊開成到雞西市勞教所洗腦班尋找楊開成因修練法輪功而遭綁架的妻子于金鳳，當時他們質問610辦公室主任"憑甚麼抓于金鳳？"王主任無法回答。交涉過程中，雙方發生口角，610 找來員警把唐吉田律師和楊開成帶走，隨後傳出兩人遭行政拘留五天的消息。唐吉田被抓後，身體狀況急劇惡化，腹瀉不止。

2014 年 3 月下旬，唐吉田和其他三名維權律師受家屬委託前往黑龍江建三江青龍山農場的洗腦班（即所謂的 " 法治教育基地 "），尋找失蹤的公民。這四名律師和當事人家屬也被抓捕，引發了著名的「建三江事件」。被員警抓捕後審訊時，唐吉田指出員警不依法出示工作證，不告知訴訟權利，更不是兩個員警一起問話，也沒有開執法記錄儀同步錄音錄影，屬於程式違法，拒絕配合做筆錄。這招致幾個員警上來打耳光，他們還用裝滿礦泉水的瓶子打他的腮部，把他的牙打掉了。打完問他簽不簽字，唐吉田說這樣的筆錄不合法，不簽。然後員警把他雙手銬到後背，蒙上頭套，架到大興公安分局院內一個房間，然後用繩子將他雙手吊起來，五、六個員警對他進行拳打腳踢。「他們像給牲口釘掌一樣把我吊起來，對我前胸部進行擊打。過程中，我非常難受，很快全身就冒汗，感覺到天昏地暗，呼吸困難。他們還威脅要對我進行活體取腎」，唐吉田後來回憶說。唐吉田最後迫不得已答應和他們好好談。押回去審訊室，員警又開始打耳光、用礦泉水瓶打他的臉部。筆錄簽字後，員警把他銬在大興分局一個值班室，從 21 號早晨被員警控制到那天晚上，員警總共就給他吃了兩個小麵包。22 號到拘留所那天晚上，才正式吃到飯。一個名叫于文波的國保大隊副大隊長下手最狠，打得最起勁。事後唐吉田回到北京，到醫院檢查時，發現 10 根肋骨被打斷。

2016 年 9 月 2 日，由於被 709 大鎮壓的餘波波及，唐吉田在北京街頭遭遇離奇車禍，命懸一線。

一次唐吉田在接受媒體採訪時談到酷刑問題時說：

1、在工作中發現的酷刑問題很多，尤其是法輪功學員在被刑事追訴、被非法拘禁於法制教育基地或中心（俗稱洗腦班或黑監獄）過程中經常伴隨著酷刑，如四川成都的鐘芳瓊、蔣苎君、遼寧瀋陽的吳業鳳、黑龍江建三江的石孟昌、石孟文、韓淑娟等。

2、我自己於 2009、2010、2011、2013、2014 多次被非法拘押。其中 2011 年 2 月 16 至 3 月 5 日在北京先後被國保秘密關押於三個地方。在此期間經歷了數次戴黑頭套、戴手銬、一個星期左右不讓睡覺、練軍姿、出汗後空調冷風下吹等遭遇。國保們給出的理由是我越過了當局的紅線；2014 年 3 月 21 日，在黑龍江建三江先是在審訊室被國保拳打腳踢，用滿滿的礦泉水瓶擊打頭面部，繼而被戴上手銬，蒙上黑頭套帶到另一座房子裡吊起來狂打，過程中他們叫囂要將我活埋、活體取腎、犬決，或者送洗腦班去，打完後押回審問室又遭打罵、後背被貼身澆涼水。國保給出的理由是我和其他律師朋友為非法拘禁受害者維權挑戰了他們的權威。

3、酷刑問題的普遍性和中國的政治制度有關，更確切地說是和不以保障人權為宗旨的刑事訴訟模式有關，即中國的刑事訴訟法主要是為員警偵查提供掩護：整個刑事訴訟基本上是在員警主導下進行的，且過於依賴嫌疑人的口供定案（口供被一些人稱為“證據之王”），辦案人也不用出庭接受盤詢，員警為了破案往往不擇手段獲取嫌疑人的供述，導致酷刑呈全域性氾濫。有人說，酷刑對員警就如同臭豆腐，聞著臭吃著香，越吃越上癮。

4、政府在方式上略有調整，至少有意打死人的不會像以往那麼多，但精神折磨及各種軟暴力仍被大量使用，利用親情、友情、愛情綁架當事人，使其不得不屈服於政府的壓力。

5、減少中國酷刑的努力方向：一是要促使中國政府儘快將禁止酷刑公約的內容國內法化，並不再有任何保留。二是要求中國政府履行義務，將公約的內容向全社會尤其是公職人員進行普及，提高全體國民反酷刑的自覺性。三是改造中國的刑事訴訟模式，構建以法官為中心的刑事訴訟格局，員警要出庭接受盤詢。四是對酷刑實施者進行嚴厲制裁，民主國家應限制一些人入境。五是對酷刑受害者給以及時的救援，包括但不限於心理輔導等，最好能讓其中的一些人走到反酷刑的行列裡來。

6、越來越多的律師遭遇酷刑，一方面是官方忽視人權的本性使然，另一方面由於律師在為他人維權過程中能與各界保持聯繫，啟動民眾自主意識的同時也讓自己與違法的官員發生更多碰撞。因此，在政府眼裡律師尤其是人權律師就成了眼中釘，被視為新黑五類的首位。

2016 年的車禍以後，他的健康幾乎被摧毀，情緒有些低落。偶爾，我跟唐吉田通電話，我很想安慰他，話到嘴邊又覺得有些多餘。囁嚅半晌，我說：你再為我唱首歌吧！

他還是那樣一貫地不善於拒絕人，只是略帶歉意地說，現在好多歌的歌詞都記不全了。然後就在電話那頭唱了起來。歌聲裡少了一些昔日的豪邁，多了一個中年男人內心的蒼涼——

幾度風雨幾度春秋
風霜雪雨搏激流
歷盡苦難癡心不改
少年壯志不言愁

第九章 逃亡之路：紅色魔爪無遠弗屆

（一）向莉夜間"喝茶"記

因為 2012 年 7 月 27 日去廣渠門橋下祭奠北京市民丁志健，被不明人員跟蹤，我第一次知道了"熊貓"（國保）一詞的含義；因為一同去祭奠的網友被熊貓戴黑頭套毒打而對中共的黑社會行徑憤恨至極，我漸漸走上了捍衛人權之路。這意味著，我與"熊貓"的"親密接觸"只是時間問題了。

2013 年 11 月 20 日晚 8 點 20 分左右，北京市公安局朝陽分局酒仙橋派出所及社區員警在未出示任何證件的情況下，闖入我位於 798 藝術區宏源公寓的家中，就我在網上發佈和轉發有關廢除勞教的帖子，對我進行訊問。警方在辦案的過程中，並未出示任何法律文書，也未在執法過程中依法打開出警記錄儀。員警訊問的時間大約持續了 30 多分鐘。我猜測他們除了來審查我網上發帖支持廢除勞教的事情外，還有可能是因為我去雞西營救唐吉田律師的事，把我列入重點監控人員名單，過來"踩點"，核對身份，找到住址，方便以後定點監控。我意識到，我被熊貓"喝茶"了。

"喝茶"對於維權人士和異議人士，是一個特殊的名詞，它意味著員警或國保找你問訊。喝茶，一般沒有正常的法律手續，國保一般也不帶你去公安局，而是找個地方喝茶、喝咖啡或者吃飯，進行問訊，一般也不會做筆錄，這通常是一種對公民進行維穩或恐嚇的方式。異議人士在中國大陸被國保請喝茶是常事。

當天夜裡趙永林律師和很多網友知道此事後，一直在網上為我呼籲。陳建剛律師對我說，你一定要將被"喝茶"的事寫出來，並且一定要打電話投訴控告他們非法出警。

第二天我把員警訊問的經過，也就是喝茶的經過，寫成文章發在互聯網上，與網友分享喝茶心得。我在互聯網上一直使用實名，這是我去除恐懼的一種方式。喝茶文章如下：

《向莉夜間喝茶記》

昨天，員警非法強闖民宅，我被迫喝茶一次，寫出來與大家分享喝茶心得。此次喝茶，員警執法犯法要點如下：

1．未出示證件，員警強闖民宅。
2013 年 11 月 20 日 20：20 我一人在家看書，忽然敲門聲大作，我問是誰，答曰員警。我說先給我看警官證，才能開門。外面的兩個人說，開了門才給我看警官證，我說我一人在家，萬一你們是劫匪呢，不開。之後他們找來物業的葛經理，葛經理敲門，我開門說："請先給我看警官證！"他們沒給就推門闖進屋了。我說，請物業葛經理留在屋裡。而那兩位著員警服裝的人讓葛經理出去了。葛經理關門出去後，剩下我一個人面對兩個穿員警服裝的人周旋。

2．非法出警。
為了確定來者是員警，而非劫匪。我讓較瘦的人出示警官證。警官證上寫著：朝陽分局警官閆立勝，警號 033437。我讓較胖的人出示警官證，答曰沒帶警官證，警號 030977，名叫鄭岩。這時候趙永林律師打來電話說："一定要讓他們出示訊問手續和打開出警記錄儀。"我於是問閆警官,你們是否有出警手續?答曰:不需要手續。我說,你們必須開出警記錄儀。答曰,開了。我抗議說,我沒看見你們開記錄儀,記錄儀沒有亮燈,也無信號閃爍。閆警官不理會我的抗議,繼續問話。

法律規定,必須有兩位警官同時出警,才是合法出警,合法出警必須出示手續,整個出警過程必須打開出警記錄儀。始終,我只看到一個人的警官證,只知道一人是員警,無法確認另一人的身份;他們不出示任何辦案手續;也不顧我的抗議,不開記錄儀。基於這三點,這兩位員警涉嫌非法出警。

3・非法訊問。

詢問時,閆警官和我分坐桌子兩邊,自稱鄭警官者坐在我背後的沙發上,時不時插幾句話。

訊問前,閆警官說:依法訊問你。但他並未說根據哪條法律來訊問我。有誰知道,哪條法律規定線民發帖或轉帖討論廢除勞教問題,必須接受員警的訊問?

訊問前,員警沒說我要依據事實回答他的提問。

訊問完畢,閆警官指著筆錄下面一行說你在這簽字吧。我說我沒看,不會簽字的。我堅持了兩次,閆警官才說你看吧。我發現,很多我的話被省略了,於是我在上面寫:部分屬實。

4・訊問內容(我有錄音)

閆:我們是朝陽分局酒仙橋派出所員警,依法對你訊問(閆中間兩次接電話)

鄭:我是中北社區片警。

閆："向莉在舞蹈"是你的網名？微博號是多少？

向：是我新浪微博暱稱。微博號不記得了。

閆：你最近是不是發過一個關於勞教的帖？

向：我轉過好多關於勞教的帖，你問哪一個？

閆：律師那個。

向：我轉了。怎麼了？轉發討論勞教的帖子違法嗎？不違法吧！

閆：我在調查。是哪天的事？

向：前天吧。已經被刪了。真奇怪，微博是讓人發言的，公民發了言馬上被網站刪掉，這就是憲法第 35 條所說的保障公民的言論自由嗎？公民是不是有自由言說的權利？是否有言論自由？

閆：言論是有範圍的。

向：有什麼範圍？我說廢除勞教的事，危害誰了？十八屆三中全會《決定》不是說要廢除勞教麼？勞教都要廢除了，我們討論一下，居然要被警方調查？

閆：你說什麼了？

向：我說贊成廢除勞教，還要警惕變相勞教的現象，黑監獄就是變相勞教的一種。

閆：還有別的嗎？

向：沒了。

21 點左右，員警離開我家。

5 · 投訴控告

2013 年 11 月 21 日上午 10：40 我多次撥打投訴電話 12389，均為忙線中。我接著撥打 110 投訴，工號為 443 的接線員接到了轉給工號為 957 的辦理投訴。在我電話投訴期間，對方多次催促為掛機，極為不耐煩。

過了 5 分鐘朝陽督查回電：回應投訴昨晚的鄭警官無警官證、閆警官無任何手續、夜闖民宅、非法訊問的事情。朝陽督查答覆：酒仙橋派出所的督查官員將在一天之內給我回覆處理結果。

6．喝茶經驗小結：

1）中國不是法治社會，員警在辦案過程中經常違法！至少我碰到了。公民有責任、也有權利監督員警依法辦案，違法的地方不能配合，必要時要給予曝光。

2）不出示警官證，不能讓穿警服的人進私人住宅，對於身分不明的闖入者，可以採用任何手段進行自衛。

3）不出示警官證和出警手續、不開記錄儀，可以拒絕配合訊問。

4）物業帶來的人也未必是真員警，物業人員和穿疑似警服人員，如無手續應禁止其進私人住宅。

5）發現員警違法一定投訴到底，否則他們下次會更加欺負你。12389 和 110 都可以投訴。

6）發生私闖民宅事件，一定要第一時間報警，聯繫親朋好友，或發微博微信求救。

我在 2、3、4 這三條上做得不夠，自我檢討一下。希望此文對以後可能被非法出警、非法訊問的朋友會有所幫助。

《向莉夜間喝茶記》發表以後，在網上迅速流傳。除了新浪微博的網友們大量轉載外，《維權網》、《數字中國》等媒體也紛紛刊發。這讓我幾乎被網友們當成了"喝茶專家"。直到 2019 年，還不時有網友找我："向莉，趕快把你的《喝茶記》發給我看一下，我要被叫去喝茶了！"

被網友問的多了，我總結出了一套對付員警騷擾的策略。但凡有網友來問時，我就傾囊相告。

　　一個是"三不策略"，即不合作，不回答，不理睬。"不合作"是指無論員警提出什麼誘人的條件，都不上當，面對員警的小恩小惠、裝模作樣、語重心長的各種威逼利誘不動心，例如不接受他們提供費用在所謂敏感日子裡外出旅遊；"不回答"就是對於來自電話或當面的貌似漫不經心、無關痛癢的小問題小心識別，不要上當，因為只要你回答一個，後面就有100個設計好的問題在等著你；"不理睬"則是對於員警不斷的短信和電話騷擾不回覆不回應，或者直接將手機關機。

　　二是"一問三不知"。即"別人的事情不知道，自己的事情記不清，不隨意在法律文書上簽字，簽字前需要問律師意見"。我見過太多的維權人士因為不熟悉員警的伎倆，或者不知道利用現有的法律作有效的抗爭，而被警方設計構陷的例子。你只要開口說話，就被他們記錄在案；只要簽字畫押，就會成為定罪依據，今後百口難辯。

　　後來有網友告訴我，看了我寫的《向莉夜間喝茶記》再去喝茶，"心裡有底多了"。有些網友在被喝茶時，向國保進行"反喝茶"，向他們講解公民權利的基本知識。

　　中國人的傳統觀念裡有很重的"民不與官鬥"的思想，在中共精心設計的洗腦教育和宣傳中浸淫出來的中國人沒有受過個體權利意識的訓練，因此大多數的中國人都會"怕員警"，這助長了公權力的肆意妄為。但是恐懼是可以去除的。"被喝茶"就是一種去除恐懼的很好的訓練。當大多數中國人可以坦然面對"喝茶"，不再恐懼，那就是中共發抖的時候。

（二）有吏夜敲門

我在前面說到"黑頭套"時提到過，中國公民被員警抓捕後，是沒有沉默權的，這使得老百姓在中共政府面前處於徹頭徹尾的弱勢地位，民怕官，內心通常都會充滿恐懼。警方正是利用這一點，對公民施以恐嚇威脅，無所不用其極，包括利用他們掌握你的個人隱私、家庭成員情況、威脅工作單位、做局構陷等各種招術，逼人就範，使大多數原本想維護自身權利的人退卻。因此，從事人權捍衛工作，克服恐懼就成了第一道坎。

大概是找我喝茶的效果讓他們給我打上了最壞的差評，以至於他們覺得像我這樣的人，請我喝茶撈不到什麼油水。後來當我"攤上事兒"的時候，他們會採取其它辦法來對付我。記得 2015 年有一次他們懷疑我做了一些聯絡同道方面的工作，又沒掌握確實的證據，他們就沒有再請我喝茶，而是採取了跟蹤尾隨的方式。這讓我又好氣又好笑，感覺自己在演偵探電影。那些"尾巴"不怎麼高明，我走，他們也走；我停，他們也停，一下就被我識破了。我就不再去見我的朋友，一會兒坐公交，一會兒擠地鐵，開始兜圈子遛他們。抽空還拿出手機假裝自拍，向後拍他們的臉，嚇得他們連忙躲閃。

在大街上上演偵探劇情玩貓捉老鼠的遊戲，被我當成了克服心理恐懼的訓練課，但是當我家中不止一次被員警光顧時，就不那麼輕鬆了。我出門時，經常會按照偵探小說裡的方法，在門內地板上灑上少許麵粉，或者在門縫裡夾上一張紙條或線頭，這樣進門前我就知道，在我離開期間，家裡是否來過不速之客了。員警也不令我失望，他們經常會趁我不在時前來我家，幫我驗證我的這些小方法是否有效。讓我好奇的是，他們開鎖的技術是不是像電影裡演的那樣嫻熟。

我因為參與籌建"建三江事件公民聲援團"並去建三江營救被非法抓捕的人權律師，引起了當局的關注。2014 年 3 月 27 日晚我回到北京家中，發現冰箱被損壞，晚上有不明人士三次來敲門。我感到很恐懼，從第二天開始我只好住到朋友們給我提供的住處。在接下來的十天裡，我換了幾個居所，給我提供居所的有藝術家、法輪功學員、體制內的朋友。

後來，因我支援香港占中，警方給房東施壓，他們不讓 798 藝術區的任何人租房給我，我位於 798 藝術區的"向上空間工作室"被迫關閉。我在北京的住處也不斷受到警方的騷擾，開始體會"有家不能回"的滋味。

警方開始對我進行全方位的調查和監控，他們甚至跑到我初中同學和朋友家裡調查我，並警告他們和我保持距離。我坐火車回老家，下火車的時候會被火車站的員警攔截、盤問。有一年我回老家，約好了要去看望也住在潛江市的異議人士姚立法先生。姚立法是自 1987 年以來以"個人無黨派自薦"成為中國首位自薦當選的人大代表，他多次在公共場合批評基層政府的違法亂紀行為，致力於爭取民主的鬥爭，他曾被美國政府邀請去美國觀摩美國總統大選。因此，他長期被國保監視居住，沒有基本的人身自由。他多次被抄家；他的護照被沒收了，無法出國；國保在他家門口安裝了監控攝像頭，當他在學校工作時、在上下班的路上和晚上在家休息時，會有三撥人對他進行監控。當我回到潛江時，我發現無法聯繫到姚立法，他的兒子姚遙也不清楚父親的去向。後來我得知，因為我回到潛江，姚立法被國保開車拉出湖北，去江蘇“旅遊”了一段時間，直至我離開潛江他才回家。

2015 年 5 月底，我知道他們不讓我“六四”期間待在北京，剛好我也想去杭州看望朋友，就提前買了去杭州的火車票。臨行前一天下午，我回家，發現家裡沒電，去看屋外的電閘，發現電閘不在閉合的位置，我沒在意，以為是一般跳閘，就把電閘合上，去超市購物了。在超市我接到轄區派出所員警的電話，說他正在我家門口，讓我開門。我說我不在家，就把手機關機了。買完東西，回到家也沒看見員警。到了晚上 10 點左右，突然傳來砸門的聲音，我沒吭聲，之後就聽見員警在門口喊：開門！我還是沒吱聲。突然，家裡一片漆黑，我家停電了，但窗外其他住戶家裡仍然燈火輝煌，看來員警把我家電閘拉了，我突然明白了，下午的電閘也是被員警拉下來的！他們堵門，就是警告我六四不要待在北京。他們一直敲門，直到 10:20 左右，發現屋裡還是沒動靜，就走了。我聯繫住在我家社區對面的李方平律師，讓他到我家樓下看看員警走了沒有。他說，樓下沒看見員警。此時，正好包龍軍和戈覺平開車到社區門口。於是，我摸黑收拾好行李，坐車離開。當晚，我住在朋友家，第二天就坐高鐵去了杭州。

在杭州遇到了自由作家莫之許。當時屠夫吳淦因為赴江西聲援樂平冤案閱卷權剛剛被抓。莫之許跟我說，屠夫幹過的事你都幹過，比如組建公民聲援團、公民聲援團的募捐、去前線維權等，你要小心啊，或許下一個進去的就是你！我當時沒太當一回事。

6 月中旬我回到北京，沒多久就發生了 709 大鎮壓。王宇律師被抓之後，我到天津看望包濛濛，被員警抓捕審問。我這才緊張起來。從天津回到北京後，壞消息不斷傳來，身邊越來越多的維權人士被約談、被失蹤、被拘留，國內空氣異常緊張、壓抑。我判斷這一回是來者不善，比抓支持香港占中人士的那一次更加氣勢洶洶。我於是決定前往泰國旅行，避避風頭。7月16日，我在北京國際機場出境過海關的時候，被海關工作人員攔截。他們口頭告知我：北京市公安局以"出境後，有可能危害國家安全"為由，限制我出境。我讓他們出具書面通知，他們拒絕出示，也不賠償我的機票損失。

我從北京國際機場海關那裡得不到被邊控的具體原因。後來有律師告訴我，709案已經被審判的人中間，有人的供詞裡提到過我十幾次。另外還有兩個重要原因，一是在當局給胡石根定罪的主要依據是"七味燒會議"，那次會議我是主持人；二是我在709大鎮壓期間參與了轉移律師和幫助709家屬的行動。

習近平上臺後急於向中外各方勢力展示權力、秀肌肉，2015年9月他要在北京舉行盛大閱兵式。國保警告我，9月不要待在北京。於是，我只得離開北京，到雲南去旅行。10月初我回到北京後，有消息傳來：唐志順和幸清賢試圖營救因父母被捕而被警方軟禁和虐待的維權律師王宇16歲的兒子包濛濛，幫助他出國學習，三人在緬甸小猛拉被中國警方跨境抓捕了。我因為探望包濛濛而被天津警方抓捕過，預感到員警會因包濛濛三人被跨境抓捕的事再找我，於是我沒回家住，把手機關了，到北京郊區山裡遊玩了幾周。這期間，我只在爬長城的時候開過一次手機，用過一次電話。然而就在我開機的那段時間裡，有兩個電話打了過來，一個是物業的電話，問我是否還住在社區，我家漏水，讓我趕緊回去處理（當初，北京當局就是用這個方法誘捕李春富律師的）；一個是轄區派出所的電話，讓我馬上去派出所一趟。用完電話，我將手機關機，遮罩手機信號，繼續遊玩。一個月後我回到北京家裡，仔細檢查了一下，家裡沒有一丁點漏水的痕跡，但家裡的物品有被人翻動過的痕跡。

2016年年初的一天晚上，國保又到我家堵門，不讓我們在自己家裡過年。等國保走後，朋友開車把我和唐吉田送到海澱韓穎家住一晚。結果第二天一大早唐吉田出門，他一開門發現國保就站在在韓穎家門口，怎麼和他們講理都沒用，就是繼續警告：不要在北京過年。國保還威脅唐吉田不能再做人權律師團，尤其是不能做營救王宇律師等人的事，否則隨時可以抓他。為減少危險，我們不得不去郊區打擾另外一位朋友，在他家過年。

聽說限制出境的期限一般是半年，我準備再碰碰運氣。2016年8月9日，我啟程去香港旅遊，在北京首都國際機場過邊檢時，又遭到了海關人員攔截，限制出境的理由仍然是"可能危害國家安全"。我問機場海關人員，是誰限制我出境？他們說，不知道是哪級公安機關發的限制令。我說："別騙我了，你們既然對我實施邊控，為何沒膽量告訴我實情？"後來我到北京市出入境管理處查到是天津市公安局限制我出境。我是北京戶口，居然是天津市公安局（在709大鎮壓中，天津市公安局充當北京當局和北京市公安局的"黑手套"）發的邊控指令，這正好印證了民間傳言，的確有一個709大鎮壓的抓捕名單和邊控名單。之後，我對北京國際機場海關非法限制我自由出境的行為，進行了行政覆議，但一直沒收到相關部門的回覆。

2016年底我到深圳住在朋友家裡時，也被秘密員警監控和跟蹤。

2017年6月，我在雲南旅行。6月23日，我再次試圖從昆明去香港旅行，又在機場被海關攔截，理由仍然是我出境以後“可能危害國家安全”。我問他們是不是因為709案？他們威脅我說：何止709案，你還有更多事兒，你別想出去了！

顯然我的名字上了中共的黑名單。“你別想出去了”的背後，潛臺詞就是隨時都可以抓捕我。人為刀俎，我為魚肉，我感覺到了來自無底的黑洞般的深深的威脅。此時正值中國諾貝爾和平獎得主劉曉波去世前後，有一個在美國的朋友勸我出國。他對我說：“劉曉波死在中共的監獄裡了，你還年輕，一定要想辦法逃出來！逃出來才能做更多的事情。”他的這句話，讓我下定決心，開始做逃亡的準備。考慮到逃亡過程中被捕是大概率事件。為了應對被捕後失去自由的狀況，2017年7月13日，我錄了一個“不自殺聲明”的視頻，發給朋友們保存。聲明的內容是：

我是北京公民向莉，鑒於709案有許多人被迫吃藥、被迫認罪、被迫解聘律師，我現在聲明如下：本人身體健康，沒有冠心病、心臟病、高血壓、糖尿病等疾病，也沒有精神類疾病。本人性格開朗、樂觀，熱愛生活，不會自殺。本人不會解聘自己之前雇傭的律師，家屬也沒有這個權力。本人不會自證其罪，更不會上電視臺或通過視頻認罪。以後如果有違反上述聲明的事情發生，一定是在酷刑之下被迫的，請大家不要相信。

要告別了。我寫了一首詩《親愛的》，那是我當時心情的寫照。

《親愛的》

親愛的
到了再見的時候
你的情話猶在耳邊

親愛的
到了離別的路口
那些美好珍藏在心底

親愛的
他們說吵不散的是最好的
我承認我是個逃跑主義者

親愛的
感謝你陪了我這麼久
在這春風不度的年月

親愛的
我斜倚在古道條石上
這小鎮也突然下起雨來了

（三）偷越國境線

2017 年 7 月中旬，我來到雲南邊境，準備逃亡，於是發生了本書開頭的那一幕。

要想從中共的紅色魔爪中逃出去不是一件容易的事，我必須精心準備。我用安全的通信方式聯繫了一個國際人權 NGO 組織，他們給了我專業的安全指導；我準備了幾個電磁遮罩袋，用來放手機、身份證、銀行卡等物品，防止暴露身份；我還準備了帽子和口罩，如果不得不到攝像頭多的地方去，就儘量戴上帽子蒙上臉，防止被攝像頭"人臉識別"。

　　我不能告訴任何人我的逃亡計畫，哪怕是最親密的人。到達邊境後我更必須保持絕對的"無線電靜默"，不能向任何人求助，必須要萬分小心。我只能在逃出國境以後再設法尋求國際人權組織的幫助，在此之前，為了不走漏風聲，一切只能靠自己。

　　從賓館跳窗逃出來後，我花了一周的時間，裝作旅遊者的樣子在雲南邊境那個小城的一些紀念品商店閒逛，漫不經心地邊挑選紀念品邊跟店主閒聊，慢慢地知道了一些情況。從雲南邊境偷越國境，一般有兩個途徑。普通的偷渡客一般從金三角走，這條路徑相對成熟，比較容易出境，但出境以後的風險很高，謀財害命的事情常有發生；另一個是繞開金三角，從其它邊境檢查站混出去，這個難度比較大，被發現的概率也高，需要有人裡外配合，靠自己闖關幾乎沒有可能。

　　我評估了一下，普通人走金三角問題不大，但作為人權捍衛者，走金三角太過兇險，因為中共在金三角的勢力很大，更何況我還是一個單身女子。於是我決定嘗試第二種方式。我清楚地知道，第二種方式不光存在很高的被邊境查獲的風險，同樣也存在著被"蛇頭"敲詐、出賣甚至失去生命的危險。我意識到，這將是我生命中第一次豪賭。是的，為了自由，我必須賭一次！在不能找朋友幫忙找到可信任的人的情況下，我必須靠自己的能力和運氣去找到一個能幫助我偷渡的蛇頭。在一個當地人的指引下，我幾乎是憑著女性的直覺，以相面的方式，確定了帶我偷渡的人。為了防止他對我謀財害命，我跟他說偷渡前我只能付他一部分錢，等事成之後，會有朋友匯錢給他支付剩餘的費用。現在想來，真要是遇人不淑，我這些小兒科的把戲其實是不管用的。我唯一能做的，只能祈求上帝保佑。

7月下旬的一天的凌晨4點多鐘，我被前來接我的人敲門叫醒，睡眼朦朧地坐上了他們的車。在到達邊境檢查站附近的小鎮後，我被安排在一個小吃攤上吃早點，雖然我心裡有些惴惴不安，吃不下，仍強迫自己吃了一碗米線，因為之後有一天的路要走，而路上沒法吃飯。之後，他們安排我上了另外一輛車。我被要求蜷縮橫躺在後座，儘量壓低身體，不能被外面的人透過玻璃窗看到。我知道關鍵時刻到來了，小心地照著他們說的做，大氣也不敢出，像一隻壁虎一樣，把身體和頭緊貼在車的後座上。這樣蜷縮著顛簸了半個小時，車子終於停了下來。開車的人招呼我下車，他告訴我：「你已經安全過關，這裡是另一個國家了。」此刻，我一顆懸著的心才放了下來。

但是風險並沒有過去，鄰國邊境公路上也到處是軍警的關卡檢查站。他們讓我坐上另一輛麵包車，走了不到半小時，司機停了下來說：「不能走了，前面有軍警查車。」帶路的人趕緊打電話聯繫。過了好一會兒，來了一輛摩托車。我被要求坐摩托車從小路走，繞過軍警的那些檢查站。載我的摩托車手是一個會說漢語的中年男人，他熟練地在崎嶇的山路上繞來繞去，還不時地向村民打聽前方有沒有新的檢查站，換了好幾條路線。我因為剛剛成功跨越國境線，心情有點放鬆，在摩托車後座小聲哼起許巍的歌：「沒有什麼能夠阻擋，我對自由的嚮往……"，開始欣賞起異國鄉村、熱帶叢林的美景來。當我們的摩托車來到一條河邊等待渡船時，我總算有了一點喘息的時間。看著渡口稀疏的小樹和蕭瑟的蘆葦叢，我突然覺得有些傷感，開始構思起一首詩來：

《渡口》

走到渡口
要穿過悠長的街巷
電線上落滿
鴿子和憂傷

月色籠罩
風急浪高
偶爾撩起心痛
河水浸沒了眼眶

村上村樹
在岸上賽跑
我什麼都可以不要
在這起伏的波濤上

離開渡口
要穿過悠長的街巷
拎著山竹
如同拎著沉甸甸的希望

渡船終於過來了，載著我們向對岸駛去。我站在渡船上看著對岸，似乎在看著我重生的彼岸。幾十米寬的河道，用不了多長的時間。當渡船行至河中間時，我們赫然看到對岸的碼頭上，十幾個軍警坐在那兒值班！我的心剎時又提了起來。

渡船靠岸了，前面有人陸續下船。我看清楚那些軍警並沒有挨個檢查行人的證件，這讓我驚魂不定的心稍稍安定了些，心想只要不引起懷疑，上了岸坐上摩托車趕快逃離就好了。

等到我們上得岸來，載我的那個摩托車手卻怎麼也找不到摩托車的鑰匙了！他說，他必須坐渡船原路返回，到對岸上船的地方尋找遺失的鑰匙。我被他留在碼頭上等他回來。此時，乘客都已離去，碼頭上只剩下我和值班的十幾個員警。我知道這時候只要有任何一個員警察覺出有什麼異樣，甚至閒得無聊以查證件為由前來向我這樣一位單身女子搭訕，我就會前功盡棄。我必須故作鎮定，但心情非常緊張。那位摩托車手在對岸上船之處的河岸上找到了他的摩托車鑰匙。但是他坐渡船來回一趟的這個半小時，真的讓我體會到了什麼叫聽得到心跳的聲音。我一秒一秒地數著時間，恨不得時針轉快一點。

感謝上帝，我捱過了這驚險的一關。之後，摩托車手順利把我帶到事先安排好的落腳地方。這一天下來換了四次車，幾撥人馬，驚魂未定，勞累奔波，已經很累了。但我心裡有事，還是很難入睡。我站在窗前望向遠方，那裡是我的故國。我今天逃離中國，走上了流亡這條不歸路，不知道此生還有沒有機會再回去。那塊土地上的人民被共產黨的惡靈劫持，深重的人權災難還在繼續，但是那裡有我深深愛著的親人、同學、朋友……不知道此生是否還能與他們相見？

我遠沒有到達安全的彼岸，逃亡之路仍然前途未卜。暫時安頓下來後，我開始聯絡國際人權機構尋求幫助，接著是漫長的等待。等待期間，我換了十多個住的地方，心裡很焦急，但自己又一點勁也使不上。2017 年 11 月的一天我發現我房間的窗臺上來了兩個“和平的使者”———一對鴿子。《聖經》曾有記載：大洪水後，諾亞從方舟上放出一隻鴿子，讓它去探明洪水是否已經退盡。最後鴿子銜著一條橄欖枝回來，表示人間尚存希望。因此鴿子和橄欖枝就成為了和平的象徵。我告訴自己，當鴿子看上我的窗臺，我離自由應該就不遠了。母鴿子很快在窗臺的大花盆裡下了兩顆雪白的蛋，鴿子夫婦開始在窗臺上交替孵蛋。於是，我每天給鴿子換乾淨的水和食物，和大鴿子一起期盼小鴿子的誕生。17 天後，當小鴿子用嘴啄開蛋殼的時候，我開心極了，馬上用柔軟的布給他們做了一個舒適的窩。高興之餘，我寫下一首詩。

　　《鴿子看上我的窗臺》

　　天使的翅膀撲面而來
　　鴿子看上了我的窗臺

　　我在看書她在下蛋
　　我在梳妝她開始抱窩

　　奉上水果和燕麥
　　她用眼睛警戒著霧霾

　　心兒撲通通
　　不敢越雷池一步

我斜倚在窗邊看
她依偎著虎皮蘭

兩顆心都在巴望
小鴿子用嘴啄開她的未來

又過了一個月，我得到消息，我須經由泰國飛往美國。這意味著，我需要第二次偷越兩國的邊境。開弓沒有回頭箭。於是，2018 年 1 月 10 日我輾轉進入泰國，找到一個司機送我去曼谷國際機場。我想當然地以為司機會很有經驗地避開盤查或者打通盤查的關節，但是沒想到，這個司機直接把我送到了泰國移民局在邊境設置的檢查站。沒有合法入境手續的我馬上被送進了泰國邊境的移民監獄。我與泰國移民局官員經過一晚的談判後，他們答應第二天早上開車送我去曼谷機場。沒想到那個泰國司機在第二天上午又到移民局告密，第二次將我出賣，使我未能成行。那個司機到底是什麼身份？還是他各個方面的錢都收？如果只是一個普通的的司機，那為什麼他第二天又到移民局第二次出賣我？或者有其他勢力讓他這麼做，目的是讓我無法赴美？到現在為止，我都百思不得其解。

飛往美國的機票被迫取消了，我被關進了泰國邊境的監獄，開始了長達七個月的泰國監獄生活。

一年後，替我養狗的王峭嶺告訴我，就在我被關進泰國邊境移民監的那一天，我的狗狗“甘地”在北京遭遇車禍，去世了。那真是一個灰暗的日子，狗狗和我相隔千里，我們同時在遭遇痛苦。王峭嶺說，李和平律師剛出獄的那段日子，心理上有些創傷，情緒一度起伏，是我們的狗娃甘地一直陪著他，給了他莫大的安慰。是的，我的甘地一直是一隻治癒系的狗狗，她有讓人安靜和鎮定下來的本事。雖然時隔一年，我聽到甘地出事的消息後仍然泣不成聲！這是我的第二隻狗離我而去。上一次是因為去建三江，我把愛犬"奧巴馬"，一隻灰色的雪納瑞，請鄰居代養。鄰居在社區花園遛它的時候，鬆開了狗繩，可憐的奧巴馬誤食老鼠藥去世。

（四）在泰國邊境監獄的鬥爭

進移民監不久，我被轉移到另一個小的監獄。在被送去監獄的路上，我第一時間告訴了美國兩個 NGO 的朋友：出了意外，我將被送去另一個泰國監獄。營救我的國際 NGO 團隊馬上通知了聯合國，聯合國很快就派了專員和我見面，並給監獄打招呼，說我是聯合國難民，希望他們不要虐待我。國際 NGO Freedom House 及時為我在當地聘請了律師。NGO 工作人員和律師在我入獄的第一個月，每週都會來探監，這對我的心理建設有著非常重要的意義。我知道外界在關注我，並展開了積極的救援工作。在探監的時候，NGO 的朋友和我商議救援事宜。最後，我的 NGO 朋友和律師決定對我進行低調營救，除非我的境況進一步惡化或者得到我的授權，他們才會對外公佈我被泰方抓捕的事情。

在泰國監獄的歲月比較艱苦。首先是語言不通，在裡面講泰語或其他東南亞國家的語言，只有我一個講著蹩腳英語的中國人。其次是獄警會想辦法折磨她看不順眼的犯人，其他犯人也會欺負在語言上屬於少數派的犯人。

那個監獄一進去就強迫犯人剪頭髮，如果犯人不願意剪，女副典獄長就扔一個飯碗到這個犯人頭上，親自動手給犯人剪一個極短、極難看的鍋蓋頭。我不願意剪多年留起的長頭髮。於是，我向副典獄長抗議說："我的案子還沒審，還不能判定我有罪，在判定我有罪之前，我不剪頭髮。"因為聯合國提前給監獄打過招呼，副典獄長同意我在入獄的前兩個月不剪頭髮，等審完我的案子再決定剪還是不剪。兩個月過去後，看不慣我的獄警就問副典獄長，所有犯人都剪頭髮，她為什麼還不剪頭髮？副典獄長向我的律師和會見我的 NGO 人員表示，她壓力很大。於是，我和律師商量，我象徵性剪一點頭髮，以減輕副典獄長和我的壓力。

雖然監獄在剪頭髮方面讓了步，但那個看不慣我的獄警，仍然想方設法折磨我。前兩個月，她指派了三個犯人專門盯著我。

剛到監獄沒幾天，我到了生理期。中國人都知道，此時不宜用涼水洗澡，否則容易生婦科病。監獄規定，犯人每天下午進監室前，要用冷水淋浴一次。因為監獄裡沒有熱水，那一天下午，我就沒去淋浴。這個情況，馬上被盯我的犯人報告給那個員警。第一次員警強迫我馬上去淋浴，我拒絕了，但答應第二天去淋浴，以保證衛生。第二天，那個員警讓舍監告訴我，為了懲罰我，我必須每天早晚各一次用冷水淋浴，並派舍監押著我淋浴。於是，好幾個月裡，我都被迫每天用冷水淋浴兩次，而別的犯人每天只需要淋浴一次。遭受這些虐待後的直接的後果就是，在我出獄後一年的時間裡，我仍然非常怕冷，有時候中午都穿著厚外衣。

一次，因沖涼的地太滑，我摔倒，腳指頭腫了，瘀血嚴重。但監獄方不給我用藥，一周後兩個指甲蓋全部變黑，我去投訴。於是，監獄護士讓我坐在醫務室門口的臺階上，直接用鉗子拔掉指甲蓋，連麻藥都沒打，很多犯人上前圍觀。十指連心，鑽心地疼，但是，我沒哭。我告訴自己，必須忍住，否則犯人會看不起你，員警就更欺負你了！過後，我把拔出來的指甲蓋拿給來探監的 NGO 人員看，她們哭了。

監獄裡少不了鬥爭，每個人都要鬥智鬥勇，找到問題的解決之道和個人的生存之道。

泰國的監獄總會接外面的訂單，讓犯人幹活，給監獄賺外快。我的工作是給裙子手工繡花，大概一上午能繡三朵大花和幾片葉子，由於這是精細的手工繡花，所以一個星期只能繡完一件裙子。那時，我在監獄裡買了一件黑色 T 恤，利用閒置時間，在上面用白線繡上 freedom 的英文，準備出獄的時候穿。後來我到了美國，在一家二手商店看到一條泰國手工繡花的裙子，和我繡過的裙子一摸一樣。於是，我把那條裙子買下，作為紀念。因為我在監獄繡花時坐的地方光線比較好，有犯人嫉妒。一個和某個牢頭"相好"的女犯人要跟我換工作的地方，我拒絕了。於是，她找茬打我，我打了回去。因為我知道，在監獄裡挨打和被家暴是一個道理，一定要第一時間制止，否則就會無休止地被打！我打回去後，馬上大叫，引起獄警注意。因為監獄裡的監控視頻拍下了她先動手打我的那一幕，我要求獄警處罰她。於是獄警作出裁決，對她頒佈了限制令，讓她從此以後不能對我伸拳頭，並且要始終和我保持五米遠的距離。從此以後，再也沒有犯人敢對我動手。

由於語言不通，我會碰到一些麻煩。一次，我沒有及時按員警的臨時要求拿走自己的水壺，牢頭告訴我，我被獄警懲罰給所有女犯人洗一日三餐的飯盆，也就是一天要洗 600 個飯盆，並且洗一個月。我不想直接跟獄警發生衝突，因為如果有犯人當眾掃了獄警的顏面，她會百倍的報復那個犯人，之前的淋浴處罰事件就是教訓。於是，我就跟牢頭訴苦。那個牢頭的右腿有點毛病，走路一瘸一拐，經常被人嘲笑，而我從不歧視她。因為她會講英語，我有時會找她聊天，給她講一些中國發生的故事和世界各地的趣聞，還會分享給她一些食物，所以我和她的關係一直不錯。我對她說："那個獄警臨時改變了水壺的放置地點，我不懂泰語，也沒人用英語告訴我這個臨時變化，因此我沒能及時拿走水壺，這並不是我的錯。但我不想公然反對，惹獄警不高興，也不想因為這事驚擾聯合國，你有沒有解決的辦法？"那個牢頭想了想說："我可以派三個小隊，早中晚替你洗碗，你當監工就可以了。這件事需要保密，只能你和我兩個人知道。只要你和我不說，員警就不會知道。"問題就這麼迎刃而解了！我交的那個牢頭朋友在監獄裡，幫了我不少忙。

對於監獄的犯人來說，有三件事情非常重要：食物、探監和書信。

監獄裡食物匱乏，每當監獄小賣部有牛奶或水果都會被犯人在十分鐘內搶購一空；甚至有人為了多吃一點，擠破頭想進炊事班，我偶爾會被員警叫到炊事班幫著做湯圓。

因為我被抓的事情對外保密，只有我的泰國律師和國際 NGO 的朋友知道，所以，只有他們兩周探視我一次，而我幾乎收不到書信，但我仍每週堅持給 NGO 的朋友寫信。後來，我告訴前來探視我的朋友，我非常希望收到信件，因為週末的時候幾乎每個人都能收到信，唯獨我收不到信，我很難過。此後不久，有一次週末監獄發信，員警終於叫到了我的名字。我這一次收到兩封來自美國朋友 Bobby 和 A 的來信，我高興得跳了起來。在監獄裡，我曾將這兩封信讀了無數遍，上面有的字被我的淚水洇濕、變模糊了。那段時間，我經常讀《聖經》裡的那句話：「那美好的仗我已經打過了，該跑的路我已經跑盡了，所信的道我已經守住了。從此以後，有公義的冠冕為我存留……」

在監獄裡，犯人總有大把的時間獨處，所以我總是在小聲哼歌。那時候你才知道，你的記憶力有多壞！一首歌裡總有幾句歌詞，你想不起來。我能記得完整歌詞的只有六首歌：《成都》、《星》、《甜蜜蜜》、《橄欖樹》、《那些花兒》、《囚歌》。其中，人權律師常伯陽作詞、我的朋友于浩辰作曲的《囚歌》總能在我悲傷的時候，給我力量，讓我很快振作起來。它讓我想起國內還有那麼多人權律師、人權捍衛者和公民朋友們仍奮鬥在抗爭的最前線，還有人被強迫失蹤、被酷刑、被餵藥……他們那麼堅強，我有什麼理由悲傷？

《囚歌》常伯陽

我在裡面，陽光在外面
親愛的父母，不要悲傷
這不過是黎明前的黑暗

我在裡面，月亮在外面
親愛的妻子，不要哭泣
月缺總會月圓

我在裡面，小鳥在外面
親愛的女兒，不要仇恨

我在裡面是為惡人贖罪
也希望為你們，撐起一片自由的藍天

我在裡面，你們在外面
親愛的朋友，不要為我惋惜
外面的世界，何嘗不是沒有圍牆的牢監

在監獄裡的時候，正逢泰國的雨季，我經常坐在監室裡，望著窗外的芒果樹發呆。樹上的芒果已經由綠變黃，掛在樹上，在陽光下閃閃發光，像極了聖誕樹上點綴的禮物盒子。日子一天一天過去，而我的案子仍然沒有進展，不能不發愁。

在監獄裡，我還有幾個消遣，那就是學英語、畫畫和寫詩。監獄裡都是泰文書，於是《聖經》和幾本舊的英文雜誌成了我的英語教材。因為沒有英語字典，很多英語單詞的意思是我猜測出來的。

無論何時，藝術總能帶給我平靜和美好。我曾花三個星期回憶畢卡索的《和平鴿》，最終我把它完整地畫出來了。我在監獄裡寫了十多首詩，那些詩有的哀傷，有的奮進，更多的是祈禱。每寫完一首詩，我總會幻想走出監獄的那一刻，希望那時，我不要喜極而泣，而是"揮一揮衣袖，不帶走一片雲彩"。出獄時，我把那幅畫和我寫的一些詩歌夾在《聖經》裡，帶了出來。

在情人節那天，監獄安排男監和女監的情侶或夫婦會面。泰國是一個相當開放的社會，無論男監還是女監都有不少同性戀情侶。在情人節那一個星期，監獄小賣部和炊事班裡的東西格外豐富，犯人可以購買可口的食物、鮮花和巧克力相互贈送，表達愛慕之情。這裡情人節的氣氛和監獄外的世俗社會一樣濃。但我沒有心思過情人節，只是冷眼瞧著這一切，寫下一首詩，作為紀念。

《情人節》

這一天
男人和女人
漂浮在甜膩的氣息中

套上鮮花編織的絞索
陷入巧克力熔成的陷阱
不能自拔

當鑽石成為愛情的絆腳石
當宗教的意義被遺忘
人們無可救贖

這一天
瓦倫丁和他堅貞的愛情
被金錢擊碎

暗夜過後
當浮華散去
帶血的玫瑰將再次盛開

2018.2.14 寫於泰國監獄

泰國的監獄條件極差，女監經常是 100 多個人住一間屋，每個人只有 14 片瓷磚大小的位置。獄方提供兩張毯子，一張毯子墊地上，一張毯子蓋身上。但一想到那些受難的 709 律師和維權人士在中共監獄裡遭受的毒打、強制灌藥、精神折磨等酷刑，我就覺得我遭受這點苦難比起他們來真是小巫見大巫，對那些受難的 709 律師和公民更增加了一分敬意。

泰國的監獄裡還有相對的宗教自由。犯人 85% 是佛教徒，10% 是穆斯林，5% 是基督徒。國際 NGO 的朋友給我送來了中英文版《聖經》。監獄規定，犯人必須每天早晨 5:30 起床學習，當佛教徒開始誦讀佛經的時候，我就開始讀《聖經》。整個女監總共有八個基督徒，而我住的那個監室，只有我一個人是基督徒。在每個月最後一個週末，獄警會帶著女監的基督徒去對面的男監，讓我們和男監的基督徒一起做禮拜。我很期待做禮拜，因為那時我們基督教的弟兄姊妹可以一起唱歌、跳舞、一起讀經、做分享。有時候，會有從美國和英國來的宣教團進監獄宣教。典獄長特許，宣教團成員可以用手接觸犯人的身體，為他們禱告。每次禱告的時候，我都非常開心，開心到流淚。我知道上帝沒有放棄我，祂借著宣教團成員的雙手，帶給我力量，告訴我不要放棄希望，苦難很快就會結束！

在監獄裡，一些犯人心理壓力很大。我親眼看見，睡在我旁邊的一個泰國女犯人，因焦慮家中的孩子無人照顧，頭髮從髮根開始變白，一夜間白頭。我很慶幸，我到現在仍然是滿頭青絲，沒有一根白髮。

每每深夜醒來，看著天花板，我都會在心裡痛恨那個出賣我的司機。直到一天半夜醒來，我看到牆上顯現出一個白色十字架，我才突然釋懷：那個司機和監獄裡的苦難都是上帝用來考驗我的！苦難過後，就是光明，我離獲得自由應該不遠了。

（五）紅色魔爪伸進曼谷移民監

在邊境的監獄被關了 5 個月之後，我接到通知，我將被轉移到曼谷的移民監 IDC。在得知我將要去曼谷的那一天下午，我迅速將所有在監獄裡得之不易的日常生活用品，比如梳子、指甲剪、裝浴露的盒子、裝零食的盒子…… 還有一些衣物和吃的，送給那些與我要好的犯人。因為她們常常用笑臉安慰我，其中的三個犯人在我脆弱的時候，曾經和我相擁而泣。在我離開監室的時候，我看見一些女囚犯在裡面鼓掌、向我揮手。我也微笑著向她們揮手道別。再見了，窗外的芒果樹！再見了，曾經讓我夜不能寐的地方！我知道，我離自由更近了一步。

邊境移民監獄的兩個女警開車送我和另一個老撾人去曼谷移民監獄。警車一路顛簸，我吐了幾次。在路上，我拿到了行李和手機，我用手機與在美國的 NGO 朋友取得聯繫。他們告訴我，曼谷移民監總部的環境更為複雜，我需要掩藏身份，等待飛往美國。在路上，兩個女警問我，去曼谷移民監有什麼要求？我說，我希望清淨一點，能否讓曼谷移民監把我安排在中國人少的監室。她們說會儘量試試。

8 個小時後，我終於到了曼谷移民監。進了曼谷移民監後的第一天，就有 "難民" 在放風的時候給我拍照，然後問我姓什麼、叫什麼、為什麼會到移民監，我沒說話。在接下來的兩個多月的時間裡，我拒絕回答所有類似的問題。這個移民監獄的中國人比較多，為了隱藏身份，我堅持只講英文，不說漢語。一些負有管理職能的犯人有特權，他們有時持有手機。放風的時候，有中國"犯人"接近我，拿手機給我拍照，還向我同監室的巴基斯坦人打聽的我的個人資訊和生活狀態，這些資訊估計都傳到了中國大使館。

因為曼谷有聯合國難民署的分部，曼谷移民監裡也設有聯合國難民署辦公室，所以在移民監住了很多拿到難民身份的人員，我也很快拿到了聯合國難民卡。在移民監的中國人，法輪功學員身份的中國難民因為案子簡單明瞭，安置到第三國的程式較快。我在曼谷移民監的兩個月，那裡就安置了兩個法輪功學員去美國。

泰國員警極其腐敗，在移民監如果你想求員警幫你辦事，他就會給你開出相應的價格。除了出獄或安置去第三國他們做不到，幾乎沒有員警做不到的事情。

在移民監也有人有特權，比如住在我旁邊的南韓小姐妹。移民監不允許犯人有鐵器，於是犯人們都用塑膠飯盒和塑膠勺子。但南韓小姐妹不僅有不銹鋼的刀叉、剪刀，各種藥品也一應俱全，員警都裝沒看見。她們經常能找獄警借手機打電話，每週還能出監獄去上兩次英語課。

為了照顧穆斯林犯人，也為了省錢，移民監只免費供應雞肉和雞蛋做的菜，其實就是雞骨架燉黃瓜、雞骨架燉木瓜、雞骨架燉酸竹筍，每天輪換著來。雞肉被監獄廚房的人剔走，做成小份的炒菜賣錢。監獄裡的穆斯林每天中午有外面穆斯林團體專供的午餐，一般是牛肉飯、雞腿飯、玉米和穆斯林點心。每天中午發穆斯林特供餐的時候，我們基督徒都饞得直流口水。我總會想，為什麼基督教團體不給監獄的基督徒專供午餐呢？為了改善生活，我偶爾會找南韓小姐妹借餐刀一用，把自己買的黃瓜和番茄切成丁，做沙拉吃。因為在泰國移民監吃了太多雞骨架，後來我一聞到雞肉的味道，都會有下意識的生理反應，喉頭發緊，有點反胃。所以，直到現在我都不吃雞肉。

在曼谷移民監，除了打聽出去的消息，就只有吃飯、讀書和睡覺幾件事可以做。由於曼谷移民監沒有足夠的戶外活動場地，放風時間很短，每隔一天犯人們有兩個小時的放風時間，放風的主要內容就是到院子裡小賣部門口排隊購物，所以裡面的犯人很容易發胖。在那兩個月，我除了讀《聖經》之外，還讀了英文版的《霍比特人》和 Paulo Coelho 的小說《the alchemist》。並且，我堅持每天跳舞，以保持身材。每天晚飯後，我站在屬於自己的 14 塊瓷磚上，哼著曲子跳舞，儘量讓自己全身的肌肉得到鍛煉。那時候，我最喜歡哼的曲子是《Do Re Me》、《See You Again》和《藍精靈》。有犯人諷刺我："你每天這麼開心地跳舞，難道你想在移民監住上一輩子？"我沒有回答。我知道上帝很快就會安排我去美國。

一個月後，我被告知，我得到了美國政府發給我的第二個人道簽證（因為原有的簽證過期了）。

我拿到了簽證之後，國際 NGO 的朋友給我買了 7 月 23 日從曼谷機場飛往洛杉磯的機票。臨去機場，有一個中國"犯人"看到我拿著行李準備去機場，立刻拿出手機打電話。我估計，他是給中國大使館打電話。一起等車去機場的那十多個人都上車走了，唯獨我被留了下來。十分鐘後，泰國移民監告訴我：你不能去機場了，你的飛行取消了，有人要對你進行背景調查。

這是我赴美的機票第二次被取消。參與救援我的 NGO 的朋友得知我飛往美國的第二張機票也被取消了，非常驚訝。他在電話裡說："十多年來，我參與過很多人權案子，你的案子是最艱難的。你的案子就像坐過山車一樣，每當你即將成功離開的時候，就突然有神秘的力量把你往黑暗裡拉，馬上你就跌到谷底，失去所有的希望。"律師也在電話裡告訴我，我不能簽署任何文件，因為我不認識泰文，他們怕中共買通移民監讓我簽署同意遣返我回中國的文件或者其他對我不利的文件。

7 月 24 日，中國大使館派來了五個人要調查我的背景，給我一張長長的中英文的調查表要我填寫。我說，我要打電話給我的律師，我不知道你們是什麼人。於是，我走出會見區域，往監室方向走去。突然，一個從中國大使館來的男人，箭步飛奔到我身後，揪著我的衣服說，不准走，我們還沒問完！我甩手打掉他拉我衣服的手，讓獄警把他驅逐出犯人監室區域。此時，我深切感覺到了恐懼。即使我到了泰國，他們還能跑到泰國曼谷移民監來威脅我、審問我。我在泰國的監獄裡的那段時間，晚上睡覺常常會夢見自己被中共的國保騷擾和抓捕。那個紅色的夢魘是真實存在的，如影隨行，揮之不去。

（六）虎口脫險，飛往美國

7 月 27 日中午，我正準備吃午餐，有員警叫我，笑著說，你可以出去了。我以為他在跟我開玩笑。我說，別逗我了，我的機票前幾天剛被取消了。他說，是真的，你今天可以飛美國了。我簡直不敢相信自己的耳朵。於是，我迅速換上那件繡有 freedom 字樣的黑色 T 恤，帶上一小包行李，跟員警走出監室。

這一次，我沒在監獄的公共空間等去機場的警車，而是在監獄裡的聯合國難民署辦公室裡躲了兩個小時。在那兩個小時裡，我一直在禱告，求上帝保佑我這次能順利飛到美國！兩個小時後，聯合國的官員告訴我，開往機場的警車已經開到監獄大門口了，我迅速出了辦公室，一路小跑到那輛警車上。那輛車上共有八個人，除了我之外，還有一個英國人，四個巴基斯坦人，兩個斯里蘭卡人。那是一輛半敞篷的警車。當警車向機場開去時，風在我的耳邊呼嘯。我腦海裡閃過法國電影《虎口脫險》裡的嬤嬤和飛行員們一起脫離虎口，飛向自由的鏡頭。

由於中共的紅色魔爪無處不在，營救我的 NGO 朋友們有了前幾次我被取消機票的經歷後，這一次格外小心。到達曼谷機場後，他們讓我坐上了輪椅，有專人前來協助快速通關。到了仁川機場轉機時，仍然是用輪椅快速轉移我。

美國時間 7 月 27 日中午，我乘坐的飛機降落在三藩市國際機場。一位身材高大的美國員警直接推著輪椅到飛機上，一路小跑，把我送到機場移民局，並陪我接受移民官員的問話。看著我順利入關後，那個員警如釋重負，向我揮手說，祝你在美國一切順利！

揮別送我的美國員警，我走出機場大門，"人道中國"前主席葛洵先生在門口迎接我。見到我，他長長舒了一口氣說："你在逃亡的路上幾乎九死一生！這次終於到美國了！"

不一會，楊建利博士也打來電話，得知我安全到達三藩市，他很高興！儘管那時，我還沒見過楊博士，但從心裡深深感謝他對我的救援。幾乎每一次在關鍵時刻，他和傅希秋牧師都做了重要推動。

在去三藩市的路上，國際 NGO 自由之家負責我案子的 Felix 也和我通了電話，他很高興。他說：“你很堅強，我為你感到驕傲！”我說：“謝謝你們的努力營救，希望有一天能見到你，我想當面向你致謝！”Felix 在電話裡邀請我將來去他們在華盛頓的自由之家總部參觀訪問。

在我到達美國三藩市後，周鋒鎖、方政和三藩市灣區的朋友們在 Garin Park 公園舉行龍蝦燒烤聚會，歡迎我到達美國。

在我到達美國的第二天，我接受了自由亞洲的專訪。我說：“目前滯留在泰國的中國難民有數百人之多。中共當局對政治異議人士的迫害已從國內延伸到海外，滯留泰國的中國政治難民更時刻受中共的恐怖威脅，處境非常危險、艱難。”

8 月中旬，明鏡電視的陳小平先生對我做了電視專訪，我談了自己的捍衛人權之路、談了 “709 大鎮壓”，並在電視上感謝參與救援我的美國人權組織：公民力量的楊建利博士、人道中國的葛洵先生、自由之家的 Felix 和對華援助協會的傅希秋牧師，是他們讓我絕處逢生，來到自由美國！也感謝在路上參與救援我的各國 NGO 女孩！

2019 年 8 月，在去華盛頓旅行的時候，我把我在逃亡路上寫的詩歌《遠行》唱給朋友們聽，有朋友為我記錄下了曲譜。

《遠行》

這是一場
說來就來的夏雨
春意消逝
卻望穿秋水

這是一次
說走就走的旅行
詩已破碎
而遠方還在

你在渡口守候
用你熱情的雙眸
你在山巔召喚
用你顫抖的雙手

從洱海到依江
從蒼山到金塔
你說快來吧
這裡的葡萄已經熟透

第十章　茉莉花開會有時

（一）療癒和憂傷

　　2018 年 7 月底到達美國後，我在三藩市灣區安頓了下來，經歷了很長一段時間的心理調整和心理治療。

　　在中國從事人權捍衛事業時，隨時要準備和中共的秘密員警鬥智鬥勇，隨時有可能被抓進監獄，長期處在一種緊張的鬥爭狀態。回想特警曾經對準我的衝鋒槍口，回想曾被十多個國保按倒在地，回想經常性被鬼魂般的秘密員警跟蹤騷擾……總會感覺到那種無處不在的恐懼，依舊籠罩和包圍著我。偷渡到泰國後，我第一天就進了監獄，意外地在國境之外成了一個囚犯，大半年的異國囚禁煎熬，是靠著堅定的信念硬撐過來的。這些精神創傷殘留內心，非短期可以揮去。剛到美國的那一段時間我會經常做噩夢，夢裡都是在中國的那種非正常的鬥爭、躲避、奔逃的狀態，或者就是泰國移民監獄裡的幽閉、看不到出口的狀態。在夢裡，我似乎是一個身患幽閉恐懼症的小女孩，極度渴望逃離恐怖的狹小空間和邪惡世界，極力掙扎，想要找到出口，但就是找不到出口。我知道，這個出口就是自由和安全。有時候，一覺醒來，發現自己在夢中哭，抓著自己的頭髮哭，醒來後，我還能繼續哭半個小時。

　　到美國後，我回歸到了一個正常的、安全的環境。無論是在街市、公園、餐廳、學校，看著身邊的美國人談笑風生，自由自在地嬉笑玩樂，我就會想起那個不自由、不快樂的母國，以及留在那裡的戰友們、朋友們、親人們和所有的平民百姓。常常，身處快樂的美國人之間，我卻悄悄落淚，為那些不自由、不快樂的中國人落淚。

正如秋瑾曾經慨歎的那樣：如許傷心家國恨，哪堪客裡度春風！

由於 2018 年的前 7 個月我在泰國坐牢，那段時間中國發生的事情對我來說是空白。來到美國以後，我迫不及待地去瞭解這段時間中國發生了什麼。儘管明知道希望渺茫，我還是像愛麗絲對於仙境充滿美麗的幻想一樣，期待奇跡的出現。結果當然是令人失望的。那段時間中國人權捍衛者行動的空間進一步逼仄，中國的人權律師和維權人士受到的高壓再進一步升級。除此之外，2018 年上半年我在坐牢期間中國發生的兩件事著實突破了我想像力的下限。

一個是 2018 年 3 月 11 日，中共通過了《中華人民共和國憲法修正案》，其中的第十四項修憲建議刪除了國家主席、副主席"連續任職不得超過兩屆"的限制，從法律層面為習近平掃除了國家元首終身制的障礙。這個青少年時代浸淫在毛澤東發動的文化大革命和上山下鄉運動中、思想資源極度貧乏甚至經常念錯別字的"革命闖將"，終於按捺不住他"將倒車開到底"的革命豪情，準備甩開膀子大幹一場了。

沐猴而冠的獨裁者總要扯虎皮作大旗，為自己壯膽。2018 年 5 月 4 日，中共在北京高調紀念馬克思誕辰 200 周年，習近平發表講話；5 月 28 日，由中國共產黨舉辦、來自 50 個國家的 75 個共產黨的 100 餘位領導人和代表參會的慶祝馬克思誕辰 200 周年專題研討活動在深圳開幕。而後，中共人社部副部長邱小平提出"黨要領導工人共同管理民企、共用民企發展利潤"的論調，而民間的吳小平發表了一篇題為

《中國私營經濟已完成協助公有經濟發展的任務，應逐漸離場》的文章，這再次提醒世人，共產黨的目標是"消滅私有制、解放全人類"。這些舉動，加上習近平對於"人類命運共同體"的論述，人們不禁驚呼：一個毛澤東附體的共產黨獨裁者要開始禍害全世界了！

中國時局的發展，在我坐牢期間似乎在遵循墨菲定律，這令我很憂傷。然而更大的憂傷還在接踵而來。

2020 年元旦前後，武漢肺炎爆發。在疫情發展之初，李文亮醫生發出了病毒警報。他先是於 2019 年 12 月 31 日凌晨 1 點半，被醫院領導叫到武漢市衛健委詢問情況；天亮上班後又被醫院監察科約談，並在此後應要求寫下了一份《不實消息外傳的反思與自我批評》。2020 年 1 月 3 日，他因"在互聯網上發佈不實言論"而被武漢市公安局武昌區分局中南路街派出所傳喚，提出警示和訓誡。隨後中央電視臺多個頻道反覆播放關於包括李文亮醫生在內的"八名散佈謠言者被查處"的新聞，指出"網路不是法外之地，對這些散佈謠言的人必將依法查處"。

越來越多的證據表明，中共在疫情初期隱瞞了真實情況，這是導致全球疫情失控的直接原因。本書完成時的 2020 年 7 月中旬，全球的感染人數超過 1300 萬人，死亡人數近 60 萬；美國的感染人數達到 300 多萬人，13 萬多人失去了生命。美國總統指責中共隱瞞情況之餘，還批評中共在武漢疫情期間雖然禁止了中國國內的交通，但並沒有停止中國的航班飛往全世界……細思極恐！

香港的情況令人揪心和憤怒。香港 2014 年的占中運動並沒有爭來真普選，民眾對於中共是否會遵守一國兩制的承諾的信心本已十分脆弱，偏偏政府在 2019 年上半年借一宗刑事案件強推"送中條例"。如果這一條例得以實施，即意味著香港與中國建立起引渡關係，從香港抓人可以直接送到中國去受審。這顯然是與當初一國兩制承諾的香港司法獨立、終審的原則相違背的。美國開國元勳傑佛遜曾說過：當不義寫進法律，抵抗就成為義務。這也是戴瑪在提到的"抵抗的義務"和羅爾斯所謂的"公民抗命"。2019 年 6 月 9 日，香港民眾 100 萬人上街遊行抗議，反對送中條例，提出五大訴求，由此拉開了長達半年的反送中運動的序幕。香港警方完全失去了昔日自律文明的風采，甚至雇傭黑社會團夥，在街頭對於示威者殘酷施暴，數以千計的年輕人失蹤、墜樓或浮屍海上。

我和海外支持中國民主運動的同仁們組織成立了"全球支持香港聯盟"，聯絡分佈全球的民主同仁，聲援香港的自由鬥士們，幫他們爭取各階層資源。我會見了美國著名人權議員克里斯·史密斯先生，向他遞交了香港朋友們期望的制裁名單，那是一份呼籲美國政府制裁那些參與鎮壓民主抗議運動的香港政府和大陸政府官員的名單。每一天，我都在推特上為香港人吶喊，傳播他們的抗爭，為他們的遭遇悲痛。

2019 年 11 月 9 日的清晨，我哼著《願榮光歸香港》的曲調，用十分鐘完成了一首詩歌《天使在香江》，獻給 2019 年在獅子山上、在維園、在街頭、在校園、在立法會、在商場、在海上……為香港的民主和未來而戰的香港年輕人！

天使在香江

五年前
我撐傘與你同行
五年後
我翹首為你高歌

直唱到
百萬人湧上香江街頭
直唱到
獅子山戴上珍珠項鍊

我知道
香港地鐵白衫人的兇狠
我知道
維多利亞港的水很涼

看那
青春的髮絲在空中飛揚
那是
天使的翅膀掠過香江

夏日閃爍
稚嫩臉孔日益堅強
秋風烈烈
願榮光歸香港

香港這顆東方之珠還是不幸地、無可避免地淪陷、黯淡了。中共對於香港市民五大訴求的回答，比預想中還要來得野蠻和無恥。2020年7月1日前夜，中共人大表決通過《中華人民共和國香港特別行政區維護國家安全法》，標誌著中共直接插手干預香港事務。鄧小平當著李嘉誠的面言之鑿鑿、寫進香港基本法的"五十年不變、五十年之後更不需要變"的承諾，勉強維持了23年後，正式壽終正寢。美國政府立即作出反應，川普總統簽署《香港自治法案》和行政令，取消了香港的特殊貿易區地位。川普總統表示："他們（香港人）的自由、權利被奪走，香港隨之而去。在我看來，香港再也不能跟其他自由市場競爭了。"

　　有人不解，香港作為世界三大金融中心之一，中共為什麼要把這只下金蛋的母雞殺了呢？難道他們不懂得沒有獨立法治就不會有世界金融中心地位的道理嗎？有人說，習近平上臺以來，把前任留下來的一手好牌打個稀爛，這是為什麼呢？我想或許可以用習近平"不忘初心"的誓言來回答。他們的初心，往大裡說是要以共產主義統治全人類；往小裡說是維持一黨獨裁和權貴特權利益。普世價值和人民的基本權利在他們國家主義幌子的面前，都被軋得粉碎。令人擔心的是，文明世界面臨著被這個邪惡的利維坦分化瓦解的危險，因為短視的政客往往看不到未來的災難，這也是很多西方國家對中共政權實施綏靖政策的惡果之一。

　　好在以美國和英國為首的五眼同盟國家向香港人敞開了懷抱。他們表示，會向這些英勇反抗中共鐵血統治的香港人提供庇護。法國和德國也在歐盟推動反制《香港國安法》為香港人提供庇護的措施。希望這些英勇的香港人能夠找到安全的出口。

（二）雪融化的聲音

1910 年，遠在海外的同盟會領袖被保皇黨梁啟超譏諷為"遠距離革命家"，一位名叫汪兆銘的青年為了挽回民眾對革命黨的信心，毅然決定回國行刺清廷高官。行前《致南洋同志書》中稱："此行無論事之成敗，皆無生還之望。即流血於菜市街頭，猶張目以望革命軍之入都門也"。事洩被捕後在獄中賦詩："慷慨歌燕市，從容作楚囚。引刀成一快，不負少年頭"。

百年前先賢們幾乎把中國推進到了民主和文明社會的邊緣，但國運不幸被一個叫"共產主義的幽靈"所劫持，把災難深重的中國人又拉回了蒙昧和黑暗。100 年之後，我們不得不重複先賢們走過的路、流過的血和淚。在美國，我有幸結識了很多海外異議人士，他們是中共暴政公開的反對者。我和朋友們一起，去三藩市市政廳、金門大橋、斯坦福大學、中國領事館、好萊塢以及白宮抗議和示威，抗議中共對人權捍衛者、人權律師、異議人士、維權人士和上訪者的鎮壓，呼籲釋放政治犯，開放黨禁和報禁，開放民主政治，還人民以人權。我們舉辦和參加了了很多有價值的研討會、聽證會。得道多助，失道寡助，從海外仁人志士和從事人權捍衛事業的外國友人的身上，我感受了正義力量的強大。

更讓我看到希望的，是國內的猛士。

陳秋實律師無論是形象和口才都頗有網紅潛質，他自己似乎也樂此不疲，經常錄些視頻發到網上。但是他錄的那些視頻、說的那些話，卻"不為權貴唱讚歌，只為蒼生說人話"，這讓黨國很不待見，他也沒有少"被喝茶"。但他依然我行我素，號稱"不移民、不閉嘴"。武漢肺炎發生以後，中央電視臺的主持人以高八度的階級鬥爭腔調滾動播報對於李文亮醫生等"造謠者"的懲戒，給國內傳遞了明確的封口令。陳秋實律師本能地意識到有人在隱瞞疫情真相，他擔心這種隱瞞會給中國和世界闖下大禍。人命關天，良知和使命感驅使他逆向而行，以公民記者的身份去武漢一線進行實地採訪。從他剛到武漢時發出的視頻來看，他有點害怕。不光是害怕染上疫病，更害怕他自己的人身安全。但是他沒有退。他在錄製的一段視頻中說：

"如果能夠為國家而死的話，那是我的榮耀。在北京的三個律師朋友手上有我的刑事辯護委託合同，我已經隨時做好了進監獄的準備；其中一個律師手上有我的遺書，我已經隨時做好了非正常死亡的準備。你可能會覺得，你就是個錄視頻的律師，你至於嗎？現在你只要發個視頻說不是祖國養的你而是你媽養的你，都可以被定性成尋釁滋事。像我這種天天磨磨叨叨的人，我被抓不是早晚的事兒嗎？但是我依然會堅持我今天所說的三句話：第一，保持革命樂觀主義情懷；第二，天天講月月講年年講；第三，怕死不做共產黨員，怕死你就不要批評共產黨員"。

2020 年 2 月 6 日，在武漢從事疫情現場採訪報導的陳秋實失聯，就像突然從人間蒸發了一樣，迄今沒有任何消息。當然大家都知道他是被中共抓走了。同樣挺身而出、調查報導武漢肺炎真相被中共當局抓走的還有武漢公民方斌和原中央電視臺主持人李澤華。

如果說陳秋實、方斌們只是底層民眾的匹夫之怒，那麼據稱與王歧山有舊、有著紅二代身份的華遠地產集團董事長任志強的衝冠一怒，則又是一聲炮響。任志強 2016 年 2 月 19 日在微博上評論 "央視姓黨" 的照片時說： "當所有的媒體都有了姓，並且不代表人民的利益時，人民就被拋棄到被遺忘的角落了"，他因此受到留黨察看一年的組織紀律處分。任志強決定以後每年的這一天都自我閉嘴，不議朝政。2020 年 2 月 23 日，武漢肺炎發生後中共中央召開 17 萬人大會，明明是隱瞞疫情責任人的習近平在會上的長篇發言被吹捧成了一個鼓舞人心、英明正確的戰略部署，為世界指明了防治疫情的的方向。任志強感覺像是吃了一個蒼蠅。不情願被愚弄的他沒能守住 "自我審查" 的戒條，又寫了一篇文章。他說： "我也好奇並認真地學習了這篇講話，但我從中看到的卻與各種新聞媒體和網路上報導的 '偉大' 完全相反，那裡站著的不是一位皇帝在展示自己的 '新衣'，而是一位剝光了衣服也要堅持當皇帝的小丑。儘管高舉一塊又一塊的遮羞布試圖掩蓋自己根本就沒穿衣服的現實，但絲毫也不掩飾自己要堅決當皇帝的野心，和誰不讓我當皇帝，就讓你滅亡的決心"！任志強因此被帶走，失去自由至今。

千人之諾諾，不如一士之諤諤。清華大學許章潤教授是中國人權問題的權威專家，在 2014 年的一次研討會時他曾表達過 "絕對的主權不存在，絕對的人權一定要存在" 的觀點。他的行文風格半文半白，頗有古風，使用的有些漢字他的那位擁有清華大學博士學位的校友習近平不一定認得出。許章潤教授對他這位校友的治國理政顯然並不買帳，他發表了一系列的文章表達心聲，並以《戊戌六章》的書名在美國集結出版。這個 "位卑未敢忘憂國"、"居江湖之遠則憂其君" 的士大夫氣質的教授，痛心於新冠疫情引發的全球厭華效應正在發酵，文明社會對於共產極權體制重新產生了警覺，使得中國的國家信譽掃地，中國空前孤立於世界體系。他要吶喊。他長期在房門後邊掛著裝著牙刷和換洗衣服的行囊，隨時準備去坐共產黨的牢。那個行囊現在派上了用場。他不但被中共抓捕了，還丟掉了在清華大學教授的飯碗。他在《世界文明大洋上的中國孤舟》一文中發出了一個中國當代知識份子內心苦悶的怒吼：

> 夠了，這發黴的造神運動、淺薄的領袖崇拜；
> 夠了，這無恥的歌舞昇平、骯髒的鮮廉寡恥；
> 夠了，這驕驕漫天謊言、無邊無盡的苦難；
> 夠了，這嗜血的紅朝政治、貪得無厭的黨國體制；
> 夠了，這七年來的荒唐錯亂、一步步的倒行逆施；
> 夠了，這七十年的屍山血海、亙古罕見的紅色暴政。

陳秋實們、任志強們、許章潤們一個個站了出來，不負少年頭和良心。在網路上，他們擁有成千上萬的擁簇和粉絲，這些粉絲道路以目、愛恨分明、嫉惡如仇，地下火在燃燒。凜冬即將過去，我聽到了雪融化的聲音。

（三）等待花開

美國《獨立宣言》開宗明義："我們認為這些真理是不言而喻的：人人生而平等，造物者賦予他們若干不可剝奪的權利，其中包括生命權、自由權和追求幸福的權利。為了保障這些權利，人類才在他們之間建立政府，而政府之正當權力，是經被治理者的同意而產生的。當任何形式的政府對這些目標具破壞作用時，人民便有權力改變或廢除它，以建立一個新的政府；其賴以奠基的原則，其組織權力的方式，務使人民認為唯有這樣才最可能獲得他們的安全和幸福。為了慎重起見，成立多年的政府，是不應當由於輕微和短暫的原因而予以變更的。過去的一切經驗也都說明，任何苦難，只要是尚能忍受，人類都寧願容忍，而無意為了本身的權益便廢除他們久已習慣了的政府。但是，當追逐同一目標的一連串濫用職權和強取豪奪發生，證明政府企圖把人民置於專制統治之下時，那麼人民就有權利，也有義務推翻這個政府，並為他們未來的安全建立新的保障"。

法國作家維克多‧雨果有一句名言：當獨裁是一項事實，革命就成為一種權利。這些觀念現在被稱為普世價值。正如一加一等於二，到了中國不會等於三一樣，如果有人用"中國特色"來搪塞，那麼他不是愚蠢，而是良心壞了。

無論中共如何宣傳它的經濟建設的成就，中國的人權正處於被野蠻剝奪的狀況，這是一個基本事實。這些剝奪人權的暴行不僅隨時可能作用到每一個中國人身上，還禍及全球人類的安全與福祉，例如中共打壓醫生擴散真實疫情資訊導致武漢肺炎疫情失控，不僅讓中國人民過了一個所謂"歌舞昇平，白骨累累"的春節，還讓武漢肺炎傳播到海外，從而貽禍全世界。一黨獨裁，遍地是災。改善中國人權狀況的唯一出路在於推翻中共的獨裁統治，實現民主與法治，還中國人民以自由。西方社會試圖通過幫助中共發展經濟來"和平演變"，以為中國一旦富裕起來以後便會"倉廩實而知禮節"，是對共產黨本性的誤解。西方國家扶植起來的共產黨獨裁政權，手上掌握了原子彈、生化病毒、人工智慧……那些短視的政客和前往中國撈金的資本家，已將自己置於危牆之下。

中共對於國民人權的剝奪的普遍惡果在於使得中國人失去了思辨

力和判斷力，淪為獨裁政權的奴隸。當你的子孫從小學起就被戴上紅領巾，唱著《我們是共產主義接班人》；當他們上學階段接收到的知識都是經過精心挑選的，沒有機會得到思辯訓練；當他們在報紙、電視、網路上看到的資訊都只有一個版本和口徑；當他們言論自由權利受到侵犯時欲言又止、自覺地開展自我審查；當他們被默認為無神論者隔離於宗教的心靈滋養之外……我們的子孫都變成了精緻的利己主義者，不知人類之高貴品格為何物矣！

　　"子孫為奴我有罪"，每一個人都有起來改變的責任。香港街頭的示威者說："我現在不站出來，我們的子孫以後還得站出來，我不想讓他們怪我們這一代人"。菜刀王默回答他父親"為什麼受難的是我兒子"的問題時說："因為我也有兒子"；胡石根長老說："寧可十年不將軍，不可一日不拱卒。"每一個人的能力有大小，但是只要兄弟登山，各自努力，螞蟻雄兵，足以潰千里之堤。所以，每當有人問我："中共什麼時候會倒臺？"我總是回答："隨時！"

　　海外是另一個戰場，也是當年中國茉莉花革命的策劃地，在這裡有眾多華人、國際友人和在中國大陸抗爭一線的人們一起遙相呼應、在為將來的民主中國而努力。推倒"中共獨裁"那堵牆，是我們這一代人的使命。

　　中共政權並沒有想像中的那麼強大。和所有的獨裁政權一樣，中共是靠謊言維持統治的。言論自由，就成了他們的阿基里斯之踵。2011年發生在中東的茉莉花革命，正是利用當代互聯網技術提供的言論自由平臺的便利，使獨裁政權經年累月、挖空心思用謊言搭建的貌似強大的國家機器在一夜之間轟然倒地。

言論自由和信仰自由之重要，以至於被美國的先賢們列於美國憲法第一修正案，這也是中共耗費巨額公帑打造互聯網長城防火牆的原因。但是，人類對自由的嚮往是"牆"所不能阻擋的。當年柏林牆的轟然倒塌就是一個很好的例子。伊隆·馬斯克的星鏈計畫從技術上已經可以讓人們可以繞開防火牆，通過直接連接衛星訪問互聯網。魔高一尺，道高一丈。上帝在安排這一切。阿基里斯之踵已被鎖定，箭已離弦。讓箭飛一會兒。

我又翻開了《世界人權宣言》，扉頁上的字，每一個都如千鈞沉重：鑒於對人類家庭所有成員的固有尊嚴及其平等的和不移的權利的承認，乃是世界自由、正義與和平的基礎；鑒於對人權的無視和侮蔑已發展為野蠻暴行，這些暴行玷污了人類的良心，而一個人人享有言論和信仰自由並免予恐懼和匱乏的世界的來臨，已被宣佈為普遍人民的最高願望……

在三藩市灣區，我最喜歡去的是半月灣。那裡是太平洋的東岸，海浪拍打著沙灘，不舍晝夜。浩瀚的太平洋，它或許也在見證東西兩岸兩種社會制度的優劣和兩個國家實力的競爭。民族復興、大國崛起，只是獨裁者麻醉人民的夢囈。只有對人權的保障，才是國家存在的終極意義。我時常會在黃昏時坐在半月灣海岸的長椅上，面對落日餘暉發呆。太平洋的那邊就是中國，那是我回不去的故鄉。長椅的周圍開滿了各種不知名的野花。恍惚間，我夢見自己回到了中國，那裡已經有了言論自由、信仰自由、免於匱乏的自由和免於恐懼的自由。天空的霧霾已經散去，和煦的陽光灑滿山川。我拿起畫筆，在畫布上點綴上一株株含苞欲放的茉莉花。

花開那天，再相聚！

部分參考資料

《溺亡車主丁志健的最後 3 小時》
都市快報
2012 年 7 月 24 日

《可操作的民主：羅伯特議事規則下鄉全紀錄》
寇延丁、袁天鵬著
2012 年 4 月，浙江大學出版社

《民主的仙女需要天梯》
笑蜀著
2013 年 2 月 18 日

《從未忘卻！民間首次公祭六四死難者》
吳雨著
2013 年 4 月 3 日

《中國人權律師團成立公告》
人權律師團發起人
2013 年 9 月 13 日

《1001 行動》
公民力量著
2013 年 9 月 25 日

《我的自我辯護詞》
王默著
2015 年 6 月 3 日

《離開梳妝打流氓》
709 家屬著
2016 年 7 月 8 日

《中國維權律師關注組 709 大抓捕報告》
中國維權律師關注組著
2016 年 7 月

《專訪唐吉田律師：要準備未來的一個審判》
鄭言著
2016 年 7 月 9 日

《血肉強拆 —— 從賈敬龍到戈覺平》
梁小軍著
2016 年 11 月 15 日

《開庭前聲明》
吳淦著
2017 年 8 月

《709 記事》
謝燕益著
2017 年 9 月 8 日

《709 律師李和平關於“擬吊銷執照”聽證會的聲明》

李和平著

2018 年 5 月 16 日

《張思之論》

陳建剛著

2016 年 11 月 15 日

《殺豬寶典》

吳淦著

2011 年

《歷史的先聲——半個世紀前的莊嚴承諾》

笑蜀編著

1999 年，汕頭大學出版社

《她們的征途》

趙思樂著

2017 年 10 月，八旗文化出版社

《世界人權宣言》

聯合國大會

1948 年 12 月 10 日

《願榮光歸香港》

香港反送中運動抗議者著

2019 年 8 月

國家圖書館出版品預行編目 (CIP) 資料

歲月不靜好—人權衛士說中國 / 向莉 著 -- 初版 --
[臺北市] : 匠心文化創意行銷 , 2020.12
面 ; 公分 -- (對話中國文庫 ;4)
ISBN 978-986-99655-1-4 (平裝)

1. 向莉 2. 傳記

渠成文化　對話中國文庫 004
歲月不靜好—人權衛士說中國
作　者 向莉
圖書授權 對話中國
圖書策畫 匠心文創
發 行 人 莊宗仁
出版總監 柯延婷
專案主編 王丹
專案企劃 謝政均
美術設計 顏柯夫
內頁設計 顏柯夫
編輯校對 匠心文創
E-mail　cxwc0801@gmail.com
網　　址 https://www.facebook.com/CXWC0801
總 代 理 旭昇圖書有限公司
出版日期 2020 年 12 月　初版一刷
總 代 理 旭昇圖書有限公司
地址新北市中和區中山路二段 352 號 2 樓
電　　話 02-2245-1480（代表號）
印　　製 安隆印刷
定　　價 新臺幣 260 元
ISBN　978-986-99655-1-4

【 企製好書匠心獨具 ‧ 暢銷創富水到渠成 】